015

행복한
뫼르소

대우휴먼사이언스 015

행복한
뫼르소

소설 속 주인공과 함께하는 철학 산책

유헌식 지음

아카넷

머리말

———

새로운 나에게 이르는 오솔길을 찾아서

이 책은 음미할 만한 가치가 있는 소설을 철학적으로 읽고자 하는 의도에서 구상되었다. 소설은 비록 허구일지라도 삶의 한 단면을 인문적 상상력으로 재구성함으로써 삶의 실상을 형상화한다. 소설에서 부각된 삶의 핵심적인 단면을 추상화하면 철학의 개념으로 이해할 수 있는 여지가 생긴다. 이렇게 소설과 철학의 만남을 통해 이야기로서의 소설은 뼈대를 얻고, 설명으로서의 철학은 살과 피를 얻을 수 있다.

이 책에서 소개하는 소설들은 문학의 역사에서 고전으로 평가되는 작품들이다. 이들 작품에서 나는 소설 속 주인공의 자의식적인 행로, 즉 주인공의 '나_{자아}'가 어떻게 변화하는지에 주목했다. 모든 소설은 기본적으로 '나'에서 시작하며 '나'를 통과하여

'나'에게 이른다. 1인칭이든 3인칭이든, 소설은 작가가 작중 인물에 투사하는 '나'를 중심으로 구성된다. 그래서 독자는 의식적이든 무의식적이든 '현실의 나'를 '소설 속의 나'에 대입하곤 한다. 좋은 소설이 독자의 인간적 성숙에 기여하는 것은 이러한 맥락에서다. 작가가 주인공을 통해 인간과 세계를 바라보는 시각에 편승하여 독자는 자신이 미처 깨닫지 못했던 새로운 자기를 만나게 된다.

이 책이 다루는 소설 속 주인공들인 「이방인」의 뫼르소, 「파리대왕」의 랠프, 「방드르디, 태평양의 끝」의 로빈슨, 「참을 수 없는 존재의 가벼움」의 토마시, 「연금술사」의 산티아고, 「데미안」의 싱클레어, 「빌헬름 마이스터의 수업시대」의 빌헬름 그리고 「뱀파이어와의 인터뷰」의 루이스는 하나같이 '나의 문제'에 골몰한다. 이들이 처하는 문제 상황과 극복 방식을 접하면서 독자는 그들의 삶과 자신의 삶이 만나는 접점을 생각하게 된다. 소설 속 주인공의 삶은 어느 지점에서 내 삶과 맞닿아 있을까?

소설 속 주인공의 삶의 여정이 나와 다르더라도 독자는 소설 읽기라는 간접 체험을 통하여 현재의 나를 돌아보게 된다. 소설 속 주인공들은 자기가 원하는 자기가 되기 위해 현재의 유혹을 뿌리치면서 험난한 여정을 돌파하기도 하고, 현재의 욕망에 빠진 자기를 정당화하다가 새로운 만남에서 자기를 찾기도 하며,

자신이 부정하고 있는 대상이 사실은 자기 안에도 있다는 사실을 깨달아 번민과 방황 속에서 새로운 삶의 길을 찾기도 하고, 자기에 대한 타인들의 오해와 왜곡으로 인해 빚어지는 불행에 과감히 맞서 죽음을 불사하기도 한다. 소설 속에서 '나'를 둘러싸고 벌어지는 난맥상은 이렇듯 다양하지만 어느 경우든 자기와 타자_{타인}의 관계에서 야기되는 갈등 상황이 극복된다는 점에서는 차이가 없다.

이 책에서 다루어지는 다양한 형태의 '나'를 접하면서 독자들의 '나'가 반응할 수 있기를 기대한다. 삶에서는 속도보다 방향이 중요하며, 부피보다 질량이 중요하다. 때에 따라서 버려야 할 내가 있는가 하면 지켜야 할 내가 있다. 내 안의 무엇을 끊어내고 무엇을 취할 것인가? 현재 나를 힘들게 하는 것은 무엇이며, 이 걸림돌을 끌어안고 갈 것인가 아니면 뛰어넘어 갈 것인가? 내가 접하는 타자는 무엇이며 나는 어느 정도까지 그에게 나의 길을 양보할 것인가? 나를 중심으로 제기되는 숱한 질문들 앞에서 소설 속 주인공들이 확답을 줄 수는 없겠지만 적어도 참고할 재료는 제공할 것이다.

소설을 통한 '새로운 나 만나기' 프로젝트는 모든 소설이 기본적으로 나와 타자의 관계 문제를 다룬다는 전제에서 유효하다. 나와 타자의 관계는 이 책에서 크게 세 경우로 나뉜다. 첫째 내 안에 있는 타자_{새로운 나}를 깨닫기/깨우기, 둘째 나를 타자에 맞추기 그리고 셋째 나를 타자에게서 지키기. 첫 번째는 내가 새로워질 수 있는 요소를 내 안에 지니고 있었는데도 알지 못하다가 타자의 경험을 통해 새로운 나를 깨닫게 되는 경우이며, 두 번째는 나를 고집하다가 결국 타자의 힘을 긍정하여 나를 버리고 타자의 질서에 따르는 경우이고, 세 번째는 타자를 만나면서 내가 허물어지기보다는 오히려 내 안의 가치를 새롭게 인식하는 경우이다.

'나'를 중심으로 진행되는 소설 속의 이러한 정황은 작품들 속에서 다양한 모습으로 나타난다. 「이방인」의 뫼르소는 현실의 낯선 관행에 맞서 진실과 정직으로 저항하다 사라지지만 그의 삶은 행복했다. 「파리대왕」은 무인도에서의 낯선 경험을 통하여 선량한 소년들이 자기 안에 감춰져 있는 야만성을 발견하는 과정을 그리며, 「방드르디, 태평양의 끝」은 로빈슨이 타자인 자연에 동화되어 가는 과정을 추적한다. 「참을 수 없는 존재의 가벼움」은 가벼움의 토마시가 어떻게 무거움과 화해하는지를 보여준다. 「연금술사」의 산티아고는 자아의 신화를 찾아 떠나서 유혹과 장애를 극복하고 다시 자기를 찾는 데 성공한다. 「데미안」은 싱클레어가 타인과 관계하면서 자기 안의 이중성을 깨달아 성장해가는 과정을 보여주며, 「빌헬름 마이스터의 수업시대」는 빌헬름이 자기의 꿈을 좇다가 현실의 벽을 깨닫고 인정하여 그 안에서 자기 실현의 길을 모색하는 여정을 그린다. 그리고 「뱀파이어와의 인터뷰」의 주인공인 뱀파이어 루이스는 인간성을 상실한 뱀파이어 세계에서 인간성을 지키기 위해 끝까지 고군분투하는 모습을 보인다.

이 책은 문학평론집이 아니다. 그래서 등장인물의 성격이나 작품의 플롯을 분석하는 일 등은 서술의 목적에서 벗어나며, 설령 포함된다고 해도 문맥을 설명하는 일에 국한되어 있다. 이 책은 주로 작품 속 주인공들의 심리와 행동의 변화에 초점을 맞추어 핵심 주제에 해당하는 텍스트를 충분히 인용하고 면밀히 해석하여 여기에 철학적인 의미를 부여하는 일에 주안점을 두었다. 그래서 작품 속 '나'의 특수한 경우가 인간의 보편적인 문제로 승화되어 독자의 '나'는 주인공의 '나'를 자연스럽게 만날 수 있을 것이다. 철학의 안내에 따라 소설의 숲 사이에서 새로운 나에게 이르는 오솔길을 찾는 데 이 책이 조금이나마 보탬이 된다면 큰 보람이겠다.

2017년 4월
유헌식

차례

일러두기
이 책에서 인용한 소설의 문구들은 국내에 번역된 한국어판을 참조하고
영어, 독일어, 불어권의 판본을 비교하여 지은이가 정리한 것이다.

1

이방인

부조리에 맞서 나를 지키다

> 나는 빨리 좀 뒤죽박죽이 된 말로,
> 그리고 우스꽝스러운 말인 줄 알면서도,
> 그것은 태양 때문이었다고 말했다.

무관심한 태도

　소설 「이방인」은 이렇게 시작한다. "오늘 엄마가 죽었다. 아니
어쩌면 어제. 양로원으로부터 전보를 한 통 받았다. '모친 사망,
명일 장례식. 근조謹弔.' 그것만으로는 아무런 뜻이 없다. 아마 어
제였는지도 모르겠다." 어머니의 부고를 받은 뫼르소의 반응은
무덤덤하기 그지없다. 그는 어머니가 죽은 것이 오늘인지 어제
인지조차 모른다. 단골 식당에 갔을 때 식당 사람들은 모두 그를
가엾게 여겨 함께 슬퍼해준다. 식당 주인은 어머니란 단 한 분밖
에 없다는 말로 그에게 애도를 표하고 그가 나올 때는 모두들 문
간까지 바래다준다. 그런데 이렇게 다른 사람들이 그에게 조의

를 표하고 위로하는 것에 대하여 그는 좀 어리벙벙할 뿐이다. 그에게는 그들의 위로가 당연한 것이 아니라 낯설다. 그는 어머니의 죽음을 맞은 사람이라면 누구나 갖게 될 감정을 느끼지 못하고 있다.

어머니의 장례식에 참석하기 위해 양로원을 방문했을 때도 마찬가지다. 매장 전에 어머니를 마지막으로 보겠느냐는 제안을 거절하는 데에서도 그리고 어머니의 연세가 많으셨냐는 질문에 정확한 나이를 몰라서 "그렇죠, 뭐" 하고 얼버무리는 데에서도 죽은 어머니에 대한 무관심한 태도가 드러난다. 그는 심지어 어머니의 시신이 있는 방에서 담배를 피우기도 한다. "그러자 담배가 피우고 싶어졌다. 그러나 나는 엄마의 시신 앞에서 담배를 피워도 좋을지 어떨지 몰라 망설여졌다. 생각해보니, 조금도 꺼릴 이유는 없었다. 나는 문지기에게 담배 한 대를 권하고, 둘이서 함께 피웠다." 그는 다른 사람들이 당연하다고 여길 만한 행동, 그 상황에서 기대되는 행동을 하지 않는다. 조금도 꺼릴 이유가 없었다는 그의 말은 그가 자신의 욕구에 따라 솔직하게, 어머니의 죽음에 무관심하게 행동하고 있음을 보여준다.

장례식이 끝났을 때에도 어머니의 죽음에 대한 그의 담담한 반응은 달라지지 않는다. 집으로 돌아오는 버스 안에서 그가 느낀 것은 그저 이제는 드러누워 실컷 잠잘 수 있겠구나 하는 안도

행복한 뫼르소

감이다. "나는, 일요일이 또 하루 지나갔고, 엄마의 장례식도 이제는 끝났고, 내일은 다시 일을 시작해야 하겠고, 그러니 결국 달라진 것은 아무것도 없다는 생각을 했다." 어머니의 죽음으로 인해 뫼르소의 무미건조한 일상은 잠시 흐트러졌다가 다시 원래대로 돌아간다. 어머니의 죽음과 장례식은 그의 일상에 영향을 미칠 만큼 큰 의미로 다가오지 않았다. 그다지 특별할 것도 없는 사건일 뿐이다. 그는 장례식 다음 날 수영을 하러 가고, 거기서 만난 마리에게 영화를 보자고 제안하고 또 그녀와 함께 밤을 보낸다. 그 모든 행동은 바로 전날 어머니 장례를 치른 사람의 행동이라고 보기 어렵다. 그런데도 뫼르소는 비난받을 만한 그런 행동을 거리낌 없이, 자신의 행동이 남들에게 어떻게 보일지에 무관심하게 자기 하고 싶은 대로 한다.

무관심은 관심이 없다는 말인데 '관심'에 해당하는 영어 단어 'interest'에는 '이해관계'라는 뜻도 있다. 그러니까 무관심한 상태란 곧 이해관계에 얽히지 않는 상태다. 뫼르소는 자신이 한 말이 자기에게 유리하게 작용할지 아닐지 상관하지 않고, 다시 말해서 어떤 이해관계에 얽히지 않고 거짓 없이 있는 그대로 말한다. 이러한 무관심한 태도는 그가 살인죄로 기소되어 예심판사와 나누는 대화에서 분명하게 드러난다. 신을 믿느냐는 예심판사의 질문에 뫼르소가 믿지 않는다고 대답하자 예심판사는 분노한다.

"그는 분연히 주저앉았다. 그럴 수는 없다고 하며 누구나 비록 하느님을 외면하는 사람일지라도 하느님을 믿는 법이라고 말했다. 그것이야말로 그의 신념이었고, 만약 그것을 조금이라도 의심해야 한다면 그의 삶은 무의미해지고 말리라는 것이었다. '당신은 나의 삶이 무의미해지기를 바랍니까?' 하고 그는 외쳤다. 내가 볼 때 그것은 나와는 아무 관계도 없는 일이었다. 나는 그에게도 그렇게 말했다." 뫼르소는 예심판사라는 지위의 인물이 자기에게 행할 영향력에 전혀 관심을 보이지 않는다.

그는 평소에도 상대방이 자기의 말을 듣고 어떻게 생각할지 개의치 않는다. "저녁에 마리가 찾아와서 자기와 결혼할 마음이 있느냐고 물었다. 나는 그건 아무래도 상관없지만, 마리가 원한다면, 그래도 좋다고 말했다. 그녀는 내가 자기를 사랑하는지 알고 싶다고 했다. 나는 이미 한 번 말했던 것처럼, 그건 아무 의미도 없는 말이지만 아마 사랑하지는 않는 것 같다고 대답했다." 뫼르소는 마리가 자기 말에 상처받지 않을까 염려되어 속에 없는 말을 일부러 꾸며내지 않는다. 그는 상대방의 감정이나 자기에 대한 평가를 염두에 두어 상대방이 자신에게서 듣고 싶어 하는 말을 만들어내지 않는다. 자신의 실제 감정에 충실하게 가감 없이 직접적으로 자기 생각을 노출하는 뫼르소는 그래야만 자신과 상대방에게 진실하고 떳떳하다고 생각한다. 자기와 타인 사이에 감정적인 혹은 물질적인 보상과 이해의 관계를 따지지 않고 오직 자신의 심정과 판단에 성실하게 그는 반응한다.

그를 찾아온 변호사와 대화를 나누는 장면 역시 마찬가지다. 변호사는 뫼르소에게 그가 어머니의 장례식 날 무심한 태도를 보였다는 사실을 조사원들이 알아냈다고 말하면서 그날 마음이 아팠냐고 묻는다. "물론 나는 엄마를 사랑했지만 그러나 그런 것은 아무 의미도 없는 거다. 건전한 사람은 누구나 사랑하는 사람들의 죽음을 다소간 바랐던 경험이 있는 법이다. 그러자 변호사는 내 말을 가로막았는데, 매우 흥분한 듯이 보였다. 그는, 그러한 말은 법정에서나 예심판사의 방에서는 하지 않겠다고 약속하라며 나를 다그쳤다." 자신의 말이 몰고 올 파장에 무관심한 태도, 진실을 말하는 그의 태도가 얼마나 위험한지 잘 알려주는 대목이다. 진실을 생각하기는 쉬워도 발설하기는 어려운 이유는 발설이 초래할 위험을 대개의 사람들은 감당할 수 없기 때문이다.

있는 그대로 말하기

뫼르소는 자기가 처한 상황에서 마땅히 ~이어야 한다고 요구되는 바에 따르지 않는다. 어떤 가식도 과장도 없이, 타인의 평가에 개의치 않고, 있는 그대로의 자기를 드러낸다. 그의 말과 행동은 그 자신에게 가장 정직하고 진솔한 행위이다. 「이방인」을 각색해보겠다는 어느 독일 독자에게 보낸 편지에서 카뮈가 지적했듯이 뫼르소에게는 죽는 한이 있더라도 거짓말을 하지 않겠다는 결연한 거부의 자세가 있다. 그는 결코 '마땅히 ~이어야 한다 should be'는 당위를 따르지 않는다. 오직 '사실이 ~이다 be'는 존재의 실상을 따를 뿐이다. 본질이 아니라 실존에 입각해서 그는 말하고 행동한다.

카뮈와 더불어 실존주의 문학의 대표 작가로 꼽히는 사르트르는 "실존은 본질에 선행한다 existence precedes essence"는 유명한 명제를 남겼다. 여기서 본질이란 어떤 것이 어떠하도록 미리 정해져 있는 특성, 즉 본성 nature이다. 우리가 인간인 이상 인간으로서 마땅히 ~이어야 한다고 규정된 바, 누구라도 당연히 지켜야 한다고 요구되는 도리가 인간의 본질에 속한다. 예를 들어 인간에 대하여 맹자처럼 선천적으로 주어진 사단四端을 말한다든지 칸트처럼 인간이라면 누구에게나 정언定言명법을 요구할 수 있다든지 하는 것은 인간의 본성本質과 관련된 사항이다. 하지만 이렇게 인간에게 보편적으로 요구되는 본질적인 덕목과 달리 인간이 실제 현실에서 부딪치는 상황은 일률적으로 규정할 수 없으며 그 상황에서 개인이 취하는 태도도 개인마다 다를 수 있다는 의미에서 실존이 문제가 된다. 미리 어떠해야 한다고 정해진 본질은 없으며, 상황에 따라 얼마든지 다른 가치와 선택이 가능하다는 실존의 의미가 여기서 부각된다.

'왜 사는가?', '삶의 의미는 과연 무엇인가?' 하는 물음을 두고 삶의 이유와 원인으로 구별하여 설명할 수 있다. 이를 지금 관건이 되고 있는 삶의 본질과 실존의 차이와 연관하여 살펴보자. 삶의 원인은 우리로 하여금 살도록 만드는 근원적인 힘이며, 이유는 우리가 삶에 부여하는 의미다. 삶은 그 자체로 이미 주어진 것이어서 거기에 어떤 의미가 미리 내포되어 있는 것은 아니다. 삶은 그 원인을 알 수 없는 힘에 의해 추동되는 것일 뿐 삶의 의미가 삶을 유지시키는 원초적인 힘은 아니다. 따라서 삶에 어떤 의미를 부여하여 그것을 삶의 본질이라고 얘기할 수는 없다. 본질은 그러한 의미 부여의 결과인 것이지 그 의미가 산출되는 근거는 아니기 때문이다.

인간이라면 당연히 어머니의 장례식에서 눈물을 흘리도록 되어 있고 어머니 장례식 다음 날 여자 친구와 즐겁게 놀러 다니고 함께 밤을 보내는 것은 있을 수 없는 일이라는 식의 관습적인 사고는 어떤 행위나 제도에 대하여 우리가 의미를 부여한 결과다. 특정한 행위나 제도가 갖는 의미는 그것들 자체 안에 들어 있는 것이 아니라 인간이 그것에 대하여 부여한 것, 인간에 의해 만들어진 결과물이다. 따라서 행위나 제도가 갖는 의미는 필연적인 것이 아니라 자의적이고 개연적인 것이다.

어머니의 죽음은 단지 하나의 팩트이다. 그 사실과 그 일로 슬퍼한다는 행위 사이에 필연적인 관계가 성립하지는 않는다. 인간이라면 누구나 어머니의 죽음 앞에서는 슬퍼하기 마련이라는 의미 부여 또는 규정이 자의적으로 이루어진 것뿐이다. 그런데도 그 둘 사이에는 필연적인 관계가 성립하는 것으로 간주되고 어머니의 죽음 앞에서 슬퍼하지 않았다는 이유로 뫼르소는 이해할 수 없는 이상한 종자, 인간의 도리를 저버린 패륜아로 낙인찍힌다. 재판에서 증인으로 출석한 양로원 원장은 장례식 날 담담한 뫼르소를 보고 놀랐다고 대답한다. 뫼르소는 양로원 원장의 증언을 이렇게 옮기고 있다. "담담했다는 것은 어떤 의미인가 하고 물으니까 원장은 구두코를 내려다보더니, 내가 엄마를 보려하지 않았고, 한 번도 눈물을 흘리지 않았으며, 장례식이 끝난 뒤에도 무덤 앞에서 묵도를 하지 않고 곧 물러났다고 말했다. 그를 놀라게 한 일이 또 하나 있다고 했다. 장의사의 일꾼 한 사람으로부터, 내가 엄마의 나이를 모르더라는 말을 들었다는 것이다." 아들은 어머니의 죽음 앞에서 눈물을 흘려야 하고 무거운 표정으로 묵도를 해야 하며, 아들은 마땅히 어머니의 나이를 알고 있어야 한다. 이러한 것들은 인간의 본질에 해당한다고 양로원 원

24

장은 생각한다.

그러나 뫼르소는 다만 자신에게 정직하게 행동했을 따름이다. 거짓 없이 있는 그대로, 자신이 느끼는 그대로 말하는 뫼르소의 행동은 다른 사람들에게 이해할 수 없는 행동으로 비쳐 거부반응을 일으킨다. 예심판사의 태도에 대해 그는 이렇게 서술한다. "그는 여전히 좀 피곤한 표정으로 내가 한 행동을 후회하고 있느냐고만 물었다. 나는 잠깐 생각을 하고 나서, 진정한 후회라기보다는 차라리 좀 귀찮다 싶은 느낌이라고 대답했다. 나는 그가 나를 이해하지 못하는구나 하는 인상을 받았다." '후회'는 자신의 행동에 대해 윤리적으로 판단할 때에만 가능한 심적 상태이다. 하지만 뫼르소는 자신의 행동에 대해 윤리적인 판단을 하지 않을뿐더러 오직 현재의 느낌에 솔직하게만 대꾸한다. 이러한 그의 태도가 예심판사의 눈에 정상적인 것으로 보일 리 없다. 자신의 현재 감정 상태를 가능한 정확하게 포착하여 '귀찮다 싶은 느낌'이라고 표현했지만, 그의 이러한 노력이 예심판사에게는 '엉뚱한 답변'에 지나지 않았던 것이다. 자신의 실존에 근거하여 뫼르소가 보이는 반응을 예심판사의 본질주의적 시각으로는 전혀 이해할 수 없었다.

뫼르소의 행동은 심지어 상대방의 분노를 사기도 한다. 변호사가 뫼르소에게 어머니의 장례식에서 자연스러운 감정을 억제

했다고 말할 수 있느냐고 묻자 뫼르소는 "아뇨. 그건 사실이 아니니까요"라고 대답한다. 변호사가 뫼르소에게 기대한 대답은 아마도 '마음속으로는 무척 슬펐지만 겉으로는 내색하지 않았다', '마음이 아팠지만 그 감정을 억제하고 담담하게 보이려고 애썼다'는 식의 대답이었을 것이다. 하지만 뫼르소는 그의 기대와는 완전히 다른 대답을 한다. 그러니 그가 뫼르소를 좀 밉살스럽다는 듯이, 이상스러운 눈길로 바라본 후에 화가 난 얼굴로 가버린 것은 당연하다. "무엇보다도 내가 그를 난처하게 만들고 있다는 것을 알 수 있었다. 그는 나를 이해하지 못하고 오히려 원망하고 있었다. 나는 내가 다른 사람들과 다를 게 없다는 것, 조금도 다를 게 없다는 것을 그에게 딱 부러지게 말하고 싶었다. 그러나 그러한 모든 것은 결국 별로 소용이 없는 일이었고 또 귀찮기도 해서 단념하고 말았다."

뫼르소는 자기가 생각하는 대로 가식 없이 말하는 사람이다. 그가 사실대로 말해도 변호사는 그의 말이 '자연'에 거슬리기 때문에 '사실'로 받아들이지 않았다. 어머니의 죽음 앞에서 슬픈 것은 자연스러운 것이고, 자연스러운 것은 곧 사실적인 것이라는 등식에 뫼르소의 태도는 들어맞지 않았던 것이다. 하지만 뫼르소의 입장에서 볼 때, 대체 누가 어떤 것을 '자연스러운 것'이라고 정해놓았단 말인가? '자연스러운 것'도 인간의 시각에서 자연스러운 것일 뿐이다. 누군가는 어머니의 죽음 앞에서 얼마든지 깊은 슬픔이 아니라 안도감을 느낄 수도 혹은 별다른 감정을 느끼지 않을 수도 있다. 그런 사람들이 어머니의 죽음을 슬퍼하지 않는다고 해서 자연스럽지 않다고 하는 것은 어머니의 죽음 앞에서는 슬퍼해야 한다는 문화적인 관습을 맹목적으로 따른 결과에 지나지 않는다. 이러한 위선적인 거품을 걷어내고 냉정하게 사실만을 따진다면 뫼르소의 생각에 어머니의 죽음을 슬퍼할 이유가 그다지 없는 사람들은 자기와 마찬가지로 어머니의 죽음에 적당한 거리를 두고 처신할 수 있다. 그런 점에서 그는 자기가 다른 사람과 별 차이가 없다고 생각한다. 하지만 이런 그의 생각과 행동을 변호사는 이해할 수도, 용납할 수도 없어 결국 화가 난 얼굴로 가버리는 것이다.

　단지 진실을 말한다는 이유로 사람들은 그를 이해하지 못하고 이상한 사람으로 취급하며 심지어는 용서받을 수 없는, 인간성이 결여된 존재로 낙인찍는다. 그리고 뫼르소에 대한 그런 판단은 그에게 내리는 판결에 그대로 적용된다. 판결에 앞선 논고에서 검사는 자기가 맡은 다른 사건인 아버지를 살해한 사건보다 뫼르소의 무감각함 앞에서 느끼는 전율감이 오히려 더 크다고 말한다. 그는 뫼르소가 세상일에 대하여 보이는 담담한 태도를 '무감각함'으로 이해하고 그러한 무감각함이 부친 살해사건보다 더 경악스럽고 위험한 일이라고 생각한다. 그의 생각에 뫼르소의 행동은 정신적으로 어머니를 죽이는 행동이며 "정신적으로 어머니를 죽이는 사람은, 자기의 손으로 아버지를 죽이는 사람과 마찬가지로 인간 사회를 등지는 것이었다." 그래서 검사는 뫼르소가 사회의 가장 근본적인 율법을 무시하고 있으므로 그 사회와는 아무 관계도 없으며, 인간의 마음에서 우러나오는 가장 기본적인 반응도 보일 줄 모르는 사람이므로 인정에 호소할 수도 없다고 말한다. 뫼르소는 패륜아일 뿐만 아니라 사회 부적응자이며, 인간으로서의 자격 미달자이기 때문에 이런 인물에게 인간적인 정리에 근거하여 선처를 베풀 길이 없으니 사형에 처해져야 한다는 것이다.

인간과 세계의 부조리한 관계

뫼르소는 그가 실제로 저지른 살인보다는 오히려 어머니 장례식에서 울지 않았고 다음 날 여자 친구와 즐겁게 놀고 다녔다는 이유 때문에 더 무거운 비난을 받는다. 검사는 뫼르소가 저지른 범죄를 이야기할 때보다 훨씬 더 긴 시간을 할애하여 그가 장례식에서 보인 태도를 따져 묻는다. 양로원 원장의 증언이 끝난 후의 일이다. "재판장이 검사에게 증인에 대한 질문이 없느냐고 묻자 검사는 '아! 없습니다. 그것으로도 충분합니다' 하고 외쳤다. 그 목소리가 하도 요란하고 나에게로 향한 그 눈초리가 하도 의기양양해서 멍청하게도 나는 여러 해 만에 처음으로 울음이 터져 나올 것만 같았다. 그 모든 사람들이 나를 얼마나 미워하는지 느낄 수 있었기 때문이다." 다음 증인인 문지기는 뫼르소가 죽은 어머니의 마지막 모습을 보고 싶어 하지 않았고, 어머니의 시신을 모셔놓은 영안실에서 담배를 피웠으며, 잠을 자고 밀크 커피를 마셨다고 증언한다. "그때 나는 무엇인가 방청석 전체를 격앙시키는 것을 느끼고, 처음으로 내가 죄인이라는 것을 깨달았다." 뫼르소는 그제서야 자기의 행동에 대한 사람들의 반응을 이해한다. 자신에게는 더없이 자연스러운 행동, 거짓 없는 행동이 사람들의 비난과 증오를 불러일으키는 행동이며, 그런 행동을 한 자신은 그들 눈에 여지없는 죄인이라는 사실을 깨닫게 된다.

뫼르소가 그 사회의 가장 근본적인 율법을 무시하고 있다는 이유로 검사는 사형을 구형한다. 그리고 나중에 배심원들은 사형을 언도한다. 여기서 그 사회의 가장 근본적인 율법을 단적으로 나타내는 행동은 바로 '어머니의 장례식에서 우는 것'이다. 그래서 1955년 1월 카뮈는 「이방인」의 영문판 서문에 이렇게 적고 있다. "나는 오래전에 「이방인」을 나 스스로도 매우 역설적이라고 인정하는 바인 한마디로 다음과 같이 요약한 바 있다. '우리 사회에서 자기 어머니의 장례식에서 울지 않은 사람은 누구나 사형선고를 받을 위험이 있다.' 나는 다만, 내 책의 주인공이 게임의 룰에 따라 행동하지 않았기 때문에 유죄 선고를 받았다는 말을 하고 싶었다." 「이방인」의 내용상 자기 어머니의 장례식에서는 눈물을 흘리는 것 그리고 살인죄로 법정에 섰을 때는 후회와 죄의식을 표현하는 것이 게임의 룰이다. 뫼르소는 룰에 따라, 바꾸어 말해서 '다른 사람들이 기대하는 대로' 혹은 '관습에 따라' 행동하지 않았기 때문에 사형선고를 받은 것이다.

사형을 구형하는 검사도 사형을 선고하는 배심원들도 뫼르소의 개인적인 성향이나 상황은 전혀 고려하지 않는다. 그들은 어머니의 장례식에서 눈물을 흘릴 수도, 흘리지 않을 수도 있다고는 생각하지 않는다. 인간이라면 모름지기 눈물을 흘리게끔 되어 있는 존재라는 보편적 원리에 의거하여 뫼르소가 영혼 같은 것은 있지도 않고, 인간다운 점도, 인간들의 마음을 지켜주는 도덕적 원리도 찾아볼 길이 없는 존재라고 판단한다. 그리고 그런 판단에 대하여 뫼르소의 변호사가 도대체 피고는 어머니의 장례 때문에 기소된 것인지 아니면 살인을 해서 기소된 것인지 항의하자 검사는 이렇게 답한다. "그 두 범주의 사실 사이에 어떤 근본적이며 비장하고 본질적인 관계가 있다는 것을 느끼지 않을 수 없다." 그래서 그는 단호하게 뫼르소의 유죄를 선언한다. "범죄자의 마음으로 자기 어머니를 매장했으므로 나는 이 사람의 유죄를 주장하는 바입니다." 뫼르소가 그런 비도덕적이고 파렴치한 인물인 탓에 그의 살인은 냉혹하고 무정하게 계획된 살인이며 그는 사형에 처해져 마땅하다는 주장이다.

뫼르소의 재판은 저마다 특성을 지닌 개별자들에게 보편적인 원리를 일방적으로 적용하면서 발생하는 부당한 폭력, 부조리다. "사람들은 나를 빼놓은 채 사건을 다루고 있는 것 같았다. 나는 참여도 시키지 않고 모든 것이 진행되었다. 나의 의견은 물어보지도 않은 상태에서 나의 운명이 결정되는 것이었다." 뫼르소가 어떤 사람인지는 중요하지 않다. 그를 아는 사람들이 증언대에 서서 그가 얌전한 사람이며 성실한 사람이라고 말했을 때도 혹은 개를 잃어버려 상심한 이웃에게 퍽 친절하게 대해주었다는 점을 상기시킬 때도 들어주는 사람이 거의 없다. 심판하는 자들에게 중요한 것은 뫼르소가 그들이 보편적으로 적용되어 마땅하다고 생각하는 틀 안에서 행동하지 않았다는 점, 그의 행동이 이해할 수 없는 행동이라는 점뿐이다.

카뮈는 『시지프 신화』에서 이렇게 말한다. "내가 이해할 수 없는 것이라면 그것은 합리적인 것이 아니다. 세계는 이러한 비합리들로 가득 차 있다." 이해할 수 없다고 해서 합리적이지 않다고 말해서는 안 된다는 뜻이다. 이해할 수 없는 것을 모두 비합리적인 것으로 치부하는 세계야말로 비합리적이다. "그 자체로 놓고 볼 때 이 세계는 합리적인 것이 아니다. 이것이 우리가 말할 수 있는 전부다. 그러나 부조리한 것은 바로 이 비합리와, 명확함에 이르려는 필사적인 열망과의 맞대면인 것이다." 명확하지 않은 것은 명확하지 않은 대로 그 자체로 인정해야 하는데, "인간의 가장 깊은 곳에는 그 명확함을 얻고자 하는 호소가 메아리치고 있다." 비합리적인 것을 합리적인 것으로, 명확하지 않은 것을 명확한 것으로 전환하려는 인간적인 시도가 부조리absurdité를 낳는다. "인간의 입장에서 세계를 이해한다는 것은 그 세계를 인간적인 것으로 환원시켜서 거기에 인간의 낙인을 찍어놓는 것이다." 세계 그 자체는 비합리적이고 카오스적인 다양성으로 주어져 있는데 인간은 그것을 어떤 통일성으로, 단일성으로 읽어내려 하는 데에서 부조리가 발생한다.

"부조리는 인간의 호소와 세계의 비합리적 침묵 사이의 대면에서 생겨난다." 세계는 그 자체로 인간에 의하여 규정될 수 없는 존재, 인간에게 자신이 무엇이라고 결코 말해주지 않는 존재다. 세계가 침묵을 고수하고 있는 반면 인간은 어떻게든 그 정체를 파악하려는 의지를 가지고 있기 때문에 둘 사이의 대면에서 부조리는 피할 수 없다. "세계의 두꺼움과 낯섦, 이것이 바로 부

행복한 뫼르소

조리다." 비합리적인 세계를 합리와 질서의 통일적인 세계로 편입하여 파악하려 들 경우 불가피하게 부조리가 발생한다. 세계가 '두껍다'는 것을 깨닫게 되고, 하나의 돌이 얼마나 낯선 것이며 우리에게 얼마나 완강하게 닫혀 있는지를 알아차려야 한다. 세계의 두께에 눈을 떠야 한다. 세상에 당연한 것은 없다. 모든 것은 가까이서 보면 혹은 일정한 거리를 두고 보면 문득 한없이 낯설다. 비단 길가의 돌멩이뿐이랴. 어떤 것도 자신을 투명하게 내보이는 존재는 없다. 인간의 인식에 그들은 완강히 저항한다. 그것들의 타자성 앞에서 인간은 무력하다.

이렇게 볼 때 재판에서 '진실'로 일관하는 뫼르소의 행동을 결코 이해할 수 없는 사람들이 그의 행동에 자신들의 잣대를 들이밀어 판단을 내리려는 한, 부조리의 발생은 불가피하다. 카뮈의 말대로 거짓말을 한다는 것은 단순히 있지도 않은 것을 있다고 말하는 것만이 아니라, 대부분은 사회에 적응하기 위해서 자기가 아는 것보다 더 부풀려 말하는 것도 포함한다. 그래서 결단코 거짓말을 하지 않는 뫼르소는 그 사회에 낯선 존재일 수밖에 없다. 그리고 그 낯선 존재를 심판대에 올려놓고 판결을 내리는 재판은 과정부터 결과에 이르기까지 부조리할 수밖에 없다.

이방인

멸시로 응수하여 극복되지 않는 운명이란 없다

카뮈는 부조리를 인간 삶의 실상으로 파악한다. "어떤 경험, 어떤 운명을 산다는 것은 그것을 남김없이 다 받아들인다는 것이다. 그런데 만약 의식에 의하여 백일하에 드러난 부조리를 자신의 눈앞에 지탱시키려고 최선을 다하지 않는다면 운명이 부조리하다는 것을 잘 알면서 그 운명을 살아가는 것이라고 할 수 없을 것이다." 삶이 부조리하다고 해서 삶을 포기하거나 부조리를 피하는 것은 삶에 대한 예의가 아니다. 삶의 부조리를 알고 있어도 그것을 운명처럼 받아들여 살아내야 한다. 그는 산다는 것이 곧 부조리를 살려놓는 것이며 부조리를 살린다는 것은 무엇보다 먼저 부조리를 주시하는 것이라고 말한다.

그리고 삶의 부조리 앞에서 체념하지 않고 그 부조리를 직시하는 철학적인 태도가 곧 반항反抗이라고 강조한다. "반항은 짓눌러오는 운명의 확인이다. 그러나 그런 확인에 따르기 마련인 체념을 거부한 채의 확인인 것이다." 사형수가 된 뫼르소가 감방을 찾아온 부속 사제에게 하는 말은 바로 이 반항의 정신을 드러낸다. "죄라는 것이 무엇인지 나는 모른다고 말했다. 내가 죄인이라는 것을 남들이 나에게 가르쳐주었을 뿐이다. 나는 죄인이고, 죄의 대가를 치르는 것이니, 그 이상 나에게 요구할 수는 없을 것

행복한 뫼르소

이었다." 자신은 죄가 무언지 모르지만 남들이 자기를 죄인이라고 부른다면 자기는 비록 동의할 수 없을지라도 죄의 값을 치르겠다는 태도야말로 반항의 한 전형이다.

사제의 방문은 뫼르소에게 신의 품에 귀의함으로써 죽음을 마주한 사람이 느끼게 마련인 고통과 절망에서 조금이라도 벗어날 수 있게 될 기회를 제공한다. 하지만 그는 그 유혹을 단호하게 거부한다. 그는 자신이 잘 알고 있는 것만 행하고자 하기 때문이다. 그래서 그는 사제가 아무런 희망도 없이, 죽으면 완전히 없어져버린다는 생각으로 살고 있느냐고 묻자 단호하게 '그렇다'고 대답한다. 뫼르소의 대답에 놀란 사제는 돌로 된 감방 벽을 가리키며 이렇게 말한다. "나는 마음속 깊이, 당신들 중 가장 비참한 사람일지라도 이 돌들의 어둠으로부터 하느님의 얼굴이 나타나는 것을 보았다는 사실을 알고 있습니다. 우리가 당신에게 보기를 요구하는 것은 바로 그 얼굴입니다." 그리고 사제의 그 말에 대하여 뫼르소는 어쨌든 자기는 그 땀 어린 돌로부터 솟아나는 것은 아무것도 보지 못했다고 대꾸한다. 카뮈의 무신론적 실존주의의 입장이 여실히 드러나는 대목이다.

그다음에 이어지는 장면은 뫼르소가 사제를 향해 분노에 찬 비난을 퍼붓는 장면이다. "기쁨과 분노가 뒤섞인 채 솟구쳐 오르는 것을 느끼며 그에게 마음속을 송두리째 쏟아버렸다. 그는 어지간히도 자신만만한 태도다. 그렇지 않고 뭐냐? 그러나 그의 신념이란 건 모두 여자의 머리카락 한 올만 한 가치도 없어." 사제의 신념에 찬 태도가 뫼르소의 눈에는 오히려 허무맹랑한 환상에서 비롯한 것으로 비친다. 진실을 외면한 채 가상의 대상에서 희망과 빛을 찾는 것은 죽은 삶이다. 살아 있는 삶에서 중요한 것은 희망이 있느냐 없느냐가 아니라 진실에 따라 사느냐 그렇지 않느냐 하는 것이다. 그래서 뫼르소는 사제에게 그는 죽은 사람처럼 살고 있으니, 살아 있다는 것에 대한 확신조차 그에게는 없지 않으냐고 따져 물으면서 외친다. "나에게는 확신이 있어. 나 자신에 대한, 모든 것에 대한 확신. 그보다 더한 확신이 있어. 나의 인생과, 닥쳐올 이 죽음에 대한 확신이 있어." 살아 있음에 대한 확신은 부조리한 삶을 투명하게 인식하고 정직하게 인정하는 데에서 가능하며, 이러한 인식과 인정이 자신을 파멸로 이끈다 해도 흔들리지 않고 묵묵히 그 길을 따라가는 것이 실존적인 삶의 자세다.

"내가 살아온 이 부조리한 전 생애 동안, 내 미래의 저 밑바닥으로부터 항시 한 줄기 어두운 바람이, 아직도 오지 않은 세월을 거슬러 내게로 불어 올라오고 있었다. 내가 살고 있는, 더 실감난달 것도 없는 세월 속에서 나에게 주어지는 것은 모두 다 그 바람이 불고 지나가면서 서로 아무 차이가 없는 것으로 만들어버리는 것이었다. 다른 사람들의 죽음, 어머니의 사랑, 그런 것이 내게 무슨 중요성이 있단 말인가?" 이 어두운 바람은 죽음이다. 죽음은 삶을 무화無化시키고 아무런 의미가 없는 것으로 만든다. 죽음의 바람은 뫼르소가 삶에서 겪었던 다양한 사건들을 순식간에 똑같은 회색빛으로 만들어버린다. 그래서 결국 중요한 것은 아무것도 없게 된다. 그는 이렇게 죽음을 의식한다. 하지만 그가 죽음을 의식한다고 해서 죽음에 빠져들거나 죽음을 받아들이는 것은 아니다.

그는 죽음을 거부한다. 그래서 그는 이제 자신의 어머니가 왜 한 생애가 다 끝나갈 때 '약혼자'를 만들어 가졌는지, 왜 다시 놀음을 시작해보았는지 이해할 수 있을 것 같다고 고백한다. "그토록 죽음이 가까운 시간 엄마는 거기서 서글픈 해방감을 느꼈고, 모든 것을 다시 살아볼 마음이 내켰을 것임이 틀림없다. 아무도 엄마의 죽음을 슬퍼할 권리는 없는 것이다. 그리고 나도 또한 모든 것을 다시 살아볼 수 있을 것 같은 생각이 들었다." 뫼르소는 사형선고를 받았지만 사형의 이유를 인정하지 않는다. '사형'은 재판정의 결정이지 그의 결정이 아니다. 그래서 자신에게 죽음이 다가오는 순간, 부당하게 손을 놓아야 하는 자기의 삶에 짙은 애정을 보내는 것이다.

그렇다고 그가 사형을 피하려는 것은 아니다. 사형을 당당하게 마주하는 태도야말로 부조리한 죽음에 대한 반항이다. 그는 사형수이지 자살자가 아니다. 자살자는 부조리에 무력한 자인 데 반해, 사형수는 뫼르소처럼 부조리에 저항하는 자이다. 그래서 카뮈는 이렇게 적는다. "부조리는 죽음에 대한 의식인 동시에 죽음의 거부라는 점에서 자살에서 벗어난다. 부조리는 사형수의 마지막 생각이 극한에 이르렀을 때, 현기증 나는 추락의 막다른 벼랑 끝에서 어쩔 수 없이 바라보게 되는 저 한 가닥의 구두끈이다. 자살자의 반대. 이것은 다름 아닌 사형수이다."

뫼르소는 자신에게 닥친 상황의 부조리를 잘 알고 있으면서도 그 운명을 비껴가려 하지 않는다. 부조리한 운명을 피하지 않고 묵묵히 수용한다. 자신을 짓눌러오는 운명을 견디는 뫼르소의 모습은 카뮈가 『시지프 신화』에서 '부조리한 영웅'이라 칭한 시지프를 닮았다. 신들은 시지프에게 바위를 산꼭대기까지 끊임없이 굴려 올리는 형벌을 내렸다. 그런데 이 바위는 그 자체의 무게 때문에 산꼭대기에서 다시 굴러떨어지곤 했다. 안간힘을 다해 올려놓은 바위는 다시 굴러떨어져 시지프의 노력을 무위로 돌린다. 시지프가 받은 형벌은 아무것도 성취할 수 없는 일에 전 존재를 다 바쳐야 하는 형벌이다. "기나긴 노력 끝에 목표는 달성된다. 그때 시지프는 돌이 순식간에 저 아래 세계로 굴러떨어지는 것을 바라본다. 그 아래로부터 정점을 향해 이제 다시 돌을 끌어올려야만

하는 것이다. 그는 또다시 들판으로 내려간다." 무한히 반복되는 무의미한 행위를 시지프는 끊임없이 계속해야 한다.

여기서 카뮈는 시지프가 굴러떨어진 바위를 향해 다시 아래로 내려가는 '순간'을 주목한다. 그가 정상에서 되돌아 내려오는 그 시간은 무용하고 희망 없는 노동에서 유일하게 휴식하면서 자기를 되돌아보는 시간이다. 아무 생각 없이 기계적으로 바위 밀어 올리기를 반복하는 것이 아니라 걸어 내려오면서 자신의 운명을, 끊임없이 굴러떨어지는 바위를 속절없이 계속 굴려 올려야 하는 자신의 운명을 시지프는 의식한다. "그가 산꼭대기를 떠나 제신의 소굴을 향하여 조금씩 더 깊숙이 내려가는 그 순간순간 시지프는 자신의 운명보다 더 우월하다. 그는 그의 바위보다 더 강하다." 시지프는 비록 거부할 수 없는 운명에 빠져 있지만 자신이 지금 무얼 하고 있는지 의식하고 있다는 점에서 운명보다 우월하다. 운명은 그의 행위를 지배할 수 있을지언정 그의 의식까지 지배하지는 못하며, 저주받은 운명일지라도 그 운명의 정체를 알고 있다는 사실은 운명 자체보다 우월하기 때문이다.

"신들 중에서도 프롤레타리아요 무력하고도 반항적인 시지프는 그의 비참한 사건의 전모를 알고 있다. 그가 산에서 내려올 때 생각하는 것은 바로 이 조건이다. 아마도 그에게 고뇌를 안겨주는 통찰이 동시에 그의 승리를 완성시킬 것이다. 멸시로 응수하여 극복되지 않는 운명이란 존재하지 않는다." 소설의 마지막에서 사형 집행을 앞둔 뫼르소가 하는 말은 자신의 운명에 멸시로 응수하는 것이다. "모든 것이 완성되도록, 내가 덜 외롭게 느껴지도록, 나에게 남은 소원은 다만, 내가 사형 집행을 받는 날 많은 구경꾼들이 와서 증오의 함성으로 나를 맞아 주었으면 하는 것뿐이었다." 뫼르소는 사형선고가 부당하다고 항의하지도 않고, 제발 살려달라고 애걸하지도 않는다. 그는 자신의 운명을 따르긴 하지만 기꺼이 수용하지는 않는다. 그는 "죽더라도 화해하지 않고 죽는 것이지 기꺼이 받아들이면서 죽는 것은 아니다." 자기의 삶을 충실하게 살아내는 길 그리고 부조리에 대한 가장 적극적인 저항은 그들의 처분에 자기 목숨을 맡기면서 그들이 자신에게 어떤 짓을 저지르고 있는지를 의식하는 일이다.

세인들의 오해와 핍박 속에서 처형을 당하기는 하지만 그들의 부조리를 직시하고 의식함으로써 부조리에 저항한다는 점에서 뫼르소의 태도는 십자가에서 처형당한 예수와 닮은 점이 있다. 진실을 위해서는 죽음을 마다하지 않기 때문이다. 카뮈가 「이방인」의 영문판 서문에서 뫼르소를 통해서 우리들의 분수에 걸맞은 단 하나의 그리스도를 그려보려 했다고 말한 것은 아마도 이런 맥락에서였을 것이다. 다만 "아버지여 저들을 사하여 주옵소서. 자기들이 하는 것을 알지 못함이니이다."(「누가복음」

행복한 뫼르소

23:34)라고 말한 예수와 달리 뫼르소는 죽더라도 화해하지 않고 죽기를 바란다. 그리고 그를 위하여 자신의 죽음에 환호하는 증오의 함성이 크기를 바란다. 예수가 유대인의 환호 속에서 죽임을 당하듯이 그 또한 구경꾼들의 환호 속에서 처형되기를 바라는 것이다.

사형을 당하는 날 많은 사람들이 와서 증오의 함성으로 맞아주길 바라는 태도야말로 자신의 부조리한 운명에 맞서 뫼르소가 보이는 가장 강력한 반항이다. 미셸 푸코M. Foucault가 『감시와 처벌』에서 다루고 있듯이 사형 집행은 죽는 사람에게는 끔찍한 일이지만 구경꾼들에게는 마치 축제와도 같다. 그들은 사형을 당하는 사람의 개인적인 사정에 무관심하다. 그가 공개적으로 처형당하는 것이 그에게 합당한 처벌인 이상 그들에게 사형 집행은 그저 구경거리다. "내 생각은 옳았고, 지금도 옳고, 또 언제나 옳다"라고 생각하는 뫼르소는 부당한 판결에 의하여 어쩔 수 없이 사형당해야 하는 자신의 운명을 수동적으로 받아들이지 않는다. '나는 죽고 싶지 않지만 너희들은 나를 죽이는구나. 나를 죽일 당연한 권리가 있다는 듯이. 그렇다면 마음껏 증오의 함성을 내지르거라!' 하는 식의 태도는 사형을 언도하고 집행하는 이들과 그것을 축제로 만드는 구경꾼들을 포함한 모든 사람에게 그가 보이는 극단적인 반항이다. 그리고 증오의 함성을 내지르는

41

사람의 수가 많으면 많을수록 그들에 맞서는 그의 반항도 크기 마련이다.

행복한 뫼르소

이처럼 자신의 부조리한 운명에 맞서 마지막까지 반항하는 뫼르소가 느끼는 것은 행복감이다. "나는 처음으로 세계의 정다운 무관심에 마음을 열고 있었던 것이다. 세계가 그렇게도 나와 닮아서 마침내 형제 같다는 것을 깨달으면서, 나는 전에도 행복했고, 지금도 행복하다는 것을 느꼈다." 세계가 자신에게 보이는 냉담함과 거부감을 그는 자신에 대한 '다정한 무관심'으로 파악하고 이를 그 자신이 세계에 대해 보이는 무관심한 태도와 유사하다고 여겨 흡족해한다. 세계를 향한 냉소적인 태도가 곧 세계에 대한 반항이며, 이러한 자신에 대해 만족하여 행복해한다. 여기서도 우리는 뫼르소와 시지프의 공통점을 발견한다. 『시지프 신화』의 마지막 문장도 행복한 시지프를 언급하고 있기 때문이다. "산정山頂을 향한 투쟁 그 자체가 인간의 마음을 가득 채우기에 충분하다. 행복한 시지프를 마음속에 그려보지 않으면 안 된다."

여기서 말하는 행복은 세속적인 일상의 행복이 아니다. 그것

42

은 카뮈가 『시지프 신화』에서 인용했듯이 그리스 비극의 주인공 오이디푸스가 "내가 판단하노니 만사가 다 잘되었다"라고 말하면서 느꼈을 감정이다. 신탁에서 예언한 운명 때문에 버림받았던 오이디푸스는 자신이 결국 그 운명을 피하지 못했음을 알게 되자 스스로 두 눈을 멀게 한 후 방랑길에 오른다. 하지만 그는 "그 많은 시련에도 불구하고 나의 노력과 나의 영혼의 위대함에 의하여 판단하노니 만사가 다 잘되었다"라고 말한다. 운명이라는 이름으로 그를 찾아온 고통과 불행에 대하여 만사가 다 잘되었다고 말하는 순간 그의 운명은 그의 것이다. 그는 자신의 운명보다 위대하다. 운명을 피하려 했지만 결국은 피하지 못한 오이디푸스처럼 죽음을 피하고 싶었지만 결국은 죽음을 맞이하게 되는 뫼르소는 자신이 어떤 부조리한 운명에 처해 있는지를 알고 의식함으로써 그 운명에 부단히 반항하는 데 따르는 긴장의 끈을 마지막까지 놓지 않는다. 부조리에 대한 의식에서 요구하는 긴장을 전심전력으로 최후의 순간까지 견디어내고 있는 그에게서 우리는 운명보다 강인한 위대함을 본다. "부조리의 인간은 오직 남김없이 다 소진하고 자기 자신의 전부를 마지막까지 소진할 뿐이다. 부조리는 인간의 최극단의 긴장, 고독한 노력으로서 끊임없이 지탱하는 긴장이다. 왜냐하면 그는 자신이 매일매일의 의식과 반항을 통해서 운명에 대한 도전이라는 그의 유일한 진실을 증언하고 있음을 알고 있기 때문이다." 그러니 죽음을 앞둔 뫼르소 또한 오이디푸스처럼 만사가 다 잘되었다고 느꼈을 것이다.

그래서 뫼르소는 전에도 행복했고 지금도 행복하다고 말한다. 이것은 실존주의적인 자기 긍정의 태도이다. 여기서 행복은 운명을 자신의 주체적인 의지의 문제로 파악하는 자에게 따르는 평온한 감정이다. 운명을 주체적인 의지의 문제로 파악한다는 것은 한 개인의 과거와 현재와 미래가 오직 진실을 위해 부조리한 운명에 부단히 저항하는 삶으로 진행되며 이러한 삶을 절대적으로 긍정하는 데에서 비롯한다. 이는 과거에 무슨 일을 저질렀건 그것은 자신의 의지로 행한 것이었으며, 현재 어떤 행위를 하고 있든 혹은 미래에 어떤 행위를 하게 되든 그것들 또한 자신의 주체적인 선택으로 인정하여 긍정하는 태도이다.

이러한 자기 긍정은 니체가 『차라투스트라는 이렇게 말했다』에서 밝혔던 생각과 일치한다. "지난날을 구제하고 일체의 '그랬었다'를 '나는 그렇게 되기를 원했다'로 전환하는 것, 내게는 그것이 구제다." "일체의 '그랬었지'는 창조하길 원하는 의지가 나서서 '나는 그러하길 원했다'라고 말할 때까지 한낱 흩어져 있는 조각처럼 수수께끼이자 끔찍한 우연에 불과하다. 창조적 의지다. 그렇다. '그러나 나는 그렇게 되길 원한다.' '나는 그렇게 되길 원하게 될 것이다'라고 말할 때까지다." 물론 차라투스트라가 '창

44

조의 의지'를 통하여 자신의 삶 전체를 긍정한다면, 뫼르소는 '반항의 의지'를 통하여 자신의 삶 전체를 긍정한다는 점에서 서로 다르지만, 자신의 운명을 그 자체로 사랑한다amor fati는 점에서는 차이가 없다.

태양과 죽음

「이방인」에 관한 한 독자들의 기억에 가장 인상적으로 혹은 충격적으로 남아 있는 대목은 "왜 그 아랍인을 죽였느냐?"는 질문에 뫼르소가 "태양 때문에!"라고 대답하는 부분일 것이다. 이 대목은 소설 「이방인」에 엄청난 관심이 쏠리면서 카뮈가 일약 문학계의 스타덤에 오르는 데 결정적인 역할을 했다. 살인과 태양을 연결시킨 것은 참으로 기상천외한 발상이었기 때문이다. 소설 전체의 핵심적인 사건을 나타내는 이 대목은 「이방인」의 주인공 이름이 '뫼르소Meursault'인 것과도 밀접하게 연관되어 있다. 'Meursault'라는 이름에서는 '죽음'을 뜻하는 '모르mort'와 '태양'을 뜻하는 '솔레유soleil'를 쉽사리 연상할 수 있다. 카뮈가 주인공의 이름을 뫼르소로 지었을 때 그 안에 들어 있는 죽음과 태양이 이미 소설의 주요 사건과 주인공의 운명을 암시한다고 볼 수 있다.

태양과 죽음의 첫 번째 연관성은 앞에서 말했듯이 태양과 뫼르소의 살인이다. 왜 아랍 청년을 사살했느냐는 재판장의 물음에, 뫼르소가 태양 때문에 죽였다고 답하는 부분은 구체적으로 이렇게 서술되고 있다. "나는 빨리 좀 뒤죽박죽이 된 말로, 그리고 우스꽝스러운 말인 줄 알면서도, 그것은 태양 때문이었다고 말했다. 장내에서 웃음이 터졌다." 태양 때문에 사람을 죽이다니! 배심원들은 어이가 없어서 폭소를 터트린다. 여기서 '그것은 태양 때문이었다c'était à cause du soleil'라고 옮긴 부분을 글자 그대로 직역하면 '그것은 태양이 원인이었다'이다. 이미 설명한 대로 '왜?'라는 질문은 이유reason와 원인cause으로 구별되어야 한다. 살인의 동기를 묻는 것은 이유를 묻는 것이다. 이유에는 금전적인 문제 때문이든 보복을 위해서든 무언가 이해관계가 얽혀 있고 어떤 의도가 담겨 있다. 그런 의미에서 뫼르소에게는 아랍인을 죽일 이유가 없었다. "그검사는 나를 보지 않은 채, 재판장이 허락한다면 내가 아랍인을 죽일 생각으로 혼자서 샘으로 되돌아갔는지 어떤지 알고 싶다고 말했다. '아닙니다'라고 나는 말했다. '그렇다면 저 사람이 무기는 왜 가지고 있었으며, 바로 그 장소로 되돌아간 이유는 무엇인가요?' 그것은 우연이었다고 나는 대답했다." 그에게는 아랍인을 죽이려는 의도, 즉 이유가 없었다. 그래서 그는 '왜 죽였나?'라는 물음에 한동안 침묵으로 일관했던 것이다. '죽일 이유'가 그에게는 없었기 때문이다. 다만 아랍인을 향해 총을 쏠 수밖에 없었던 원인이 있었을 따름이다.

'이유'가 행위 내부의 의도라면, 원인은 행위를 유발하는 외부의 힘이다. 해변을 산책하느라 지친 뫼르소가 샘을 향해 다가가다가 아랍인과 마주친 뒤 벌어진 일련의 사건의 경위는 다음과 같다. 타는 듯한 대기 속에서 뫼르소는 뜨거운 햇볕에 뺨이 타는 듯했고 땀방울들이 눈썹 위에 고이는 것을 느꼈다. 그 햇볕의 뜨거움을 견디지 못하여 그는 한 걸음 앞으로 나섰다. 그러자 아랍인이, 몸을 일으키지도 않은 채 단도를 뽑아서 태양빛에 비추며 그에게로 겨누었다. 빛이 강철 위에서 반사하자, 길쭉한 칼날이 되어 번쩍하면서 그의 이마를 쑤시는 것 같았던 순간 그는 방아쇠를 당긴다. "그 타는 듯한 칼날은 속눈썹을 쑤시고 아픈 두 눈을 파헤치는 것이었다. 모든 것이 기우뚱한 것은 바로 그때였다. 바다는 무겁고 뜨거운 바람을 실어왔다. 온 하늘이 활짝 열리며 비 오듯 불을 쏟아붓는 것만 같았다. 나는 온몸이 긴장해 손으로 권총을 힘 있게 그러쥐었다. 방아쇠가 당겨졌고 권총 자루의 매끈한 배가 만져졌다. …… 나는 땀과 태양을 떨쳐 버렸다."

뜨거운 햇볕-눈썹 위의 땀방울-아랍인의 단도에서 반사되는 태양빛-뫼르소의 눈을 찌르는 빛-타오르는 불쾌감-권총의 방아쇠를 당김. 이 일련의 과정에서 초점은 강렬한 태양빛에 있다.

이방인

뫼르소가 아랍인에게 총을 쏠 수밖에 없었던 것은 아랍인 개인에 대한 분노 때문이 아니라 당시 뫼르소의 불쾌감을 상승시킨 상황 때문이었다. 태양의 열기 아래에서 태양빛이 단도를 통해 뫼르소의 눈에 전달되는 순간 뫼르소는 불쾌감에 사로잡혀 판단력을 잃고 아랍인을 향해 총을 쏘았던 것이다. 결국 살인은 뜨거운 태양이 원인이었다.

'이유'가 개인적인 것이라면 '원인'은 개인을 넘어서는 것이다. 그래서 이유는 개인의 의지로 통제될 수 있는 성질의 것이지만, 원인은 개인의 의지 밖에서 작동하기 때문에 통제할 수 없는 불가피한 것이다. 거무튀튀한 아랍인의 얼굴빛과 조롱 섞인 아랍인의 미소 그리고 그의 손에서 자기 눈을 향해 번뜩이는 태양빛, 이 모든 것은 뫼르소로 하여금 자제력을 잃게 하기에 충분한 조건이었다. 그는 '땀과 태양'을 떨쳐 버려야만 했다. 다른 길은 열려 있지 않았다. 그의 총이 향한 것은 아랍인이 아니라 태양이었다. 그래서 뫼르소에게는 살인의 이유인 개인적인 동기는 없었고 살인의 원인으로 작용한 태양이 있었을 뿐이다. 아랍인을 마주친 날 비가 왔더라면 살인은 일어나지 않았을 것이다. 그러니 태양 때문에 아랍인을 죽였다는 그의 대답은 비록 재판정 내의 모든 사람이 어처구니없어서 웃음을 터뜨릴 만큼 난센스로 치부되고 말았지만 그에게는 한 치의 거짓도 없는 진실이었다.

태양과 죽음의 연관성은 「이방인」에 나오는 나머지의 두 죽음에서도 찾을 수 있다. 먼저 어머니의 죽음, 아니 정확하게 말하면 어머니의 죽음을 대하는 뫼르소의 태도와 태양의 연관성이다. 변호사가 뫼르소에게 장례식장에서 보인 무심한 태도가 문제가 될 것이라고 말하자 뫼르소는 이렇게 말한다. "그러나 나는, 원래 육체적 욕구에 밀려 감정은 뒷전이 되는 그런 천성이라고 그에게 설명해주었다. 엄마의 장례식이 있던 날, 나는 매우 피곤했고 졸렸다. 그렇기 때문에 뭐가 어떻게 돌아가는 것인지 잘 알 수가 없었다. 내가 확실히 말할 수 있는 것은 엄마가 죽지 않았으면 좋았을 것이라는 사실이었다." 그날 그를 피곤하고 졸리게 만든 것은 장례식 전날 장거리 버스 여행을 하고 잠을 설친 탓도 있었겠지만 무엇보다도 태양이었다. 아랍인을 쏘았던 날 태양이 "엄마의 장례식을 치르던 그날과 똑같은 태양이었다. 특히 그날과 똑같이 머리가 아팠고, 이마의 모든 핏대가 한꺼번에 다 피부 밑에서 지끈거렸다"라고 말하는 것으로 보아 태양은 어머니의 죽음에 대한 그의 반응에도 영향을 미치고 있는 것이다. 여기에서도 앞에서와 마찬가지로 어머니의 죽음에 무관심한 태도를 보이게 만든 것은 태양이 원인이었다. 그런데 사람들은 원인이 아니라 이유를 찾는다. 그의 무관심한 태도가 그의 냉담한 성품 때문이라고 판단하는 것이다.

다음으로 뫼르소 자신의 죽음과 태양의 연관성이다. 카뮈는 「이방인」의 영문판 서문에서 우리가 삶을 좀 간단하게 하기 위하여 누구나 매일같이 자신이 느끼는 것 이상을 말한다고 지적한다. 자신이 느끼는 것 이상을 말한다는 것은 상대방이 듣기 원하는 것을 말하거나 상황에서 으레 요구되는 것을 말한다는 뜻이다. 그런데 뫼르소는 어떤 상황에서든 자신이 느끼고 생각한 대로 말한다. 그는 자신이 느끼는 감정 이상으로는 결코 표현할 줄 모르는 성품이다. 검사는 예심이 진행되는 동안 뫼르소가 단 한 번도 자기의 가증스러운 범행을 뉘우치는 것 같지 않았다고, 후회하는 빛을 전혀 보이지 않았다고 비난한다. 그의 비난에 대하여 뫼르소는 "사실 나는 그 이유를 잘 알 수가 없었다. 그의 말이 옳다는 것을 인정하지 않을 수 없기는 했다. 나는 내가 한 행동을 그다지 뉘우치고 있지는 않았던 것이다"라고 말한다. 이렇게 조금의 가식도 없는 그의 태도는 태양과 닮았다. 태양의 환한 빛은 그 아래 있는 것들을 조금도 감추지 않고 남김없이 드러내지 않는가! 그리고 태양을 닮은 그의 태도, 있는 그대로의 진실을 드러내는 그의 태도가 결국은 그를 사형선고라는 판결로 인도한다.

태양 때문에 살인을 하고 태양 때문에 어머니의 죽음에 무심한 태도를 보인 뫼르소가 태양을 닮은 태도로 인해 유죄판결을 받는다. 이렇게 볼 때 「이방인」의 주인공 이름 뫼르소에 들어 있는 죽음과 태양은 '죽음으로 이끄는 태양'이라는 의미를 함축한다고 볼 수 있다. 그런데 그의 죽음은 부조리를 의식하고 부조리를 직시하며 부조리에 저항하는 죽음이다. 운명을 자신의 것으로 만든 자가 그 앞에서 모든 것을 다시 한 번 살아볼 수 있을 것 같다고 생각하는 그런 죽음이다. 어둡고 절망적인 죽음이 아니라 한 군데도 어두운 구석을 남기지 않는 태양과 같은 죽음이다.

줄거리

소설은 평범한 회사원인 주인공 뫼르소가 어머니의 죽음을 알리는 전보를 받는 것으로 시작한다. 장례식에 참석한 뫼르소는 무덤덤한 표정과 말투로 어머니를 여읜 아들의 애통함을 기대하던 주위 사람들을 의아하게 만든다. 다음날 우연히 예전 회사 동료 마리를 만난 뫼르소는 바로 전날이 어머니 장례식이었음에도 그녀와 함께 수영을 하고 희극 영화를 보며 사랑을 나누는 등 평소와 조금도 다름없이 행동한다.

며칠 후 뫼르소는 같은 아파트에 사는 레몽의 부탁으로 그가 사귀던 여자 친구에게 복수를 하는 계획에 동참하는데 레몽의 복수는 결국 그녀에 대한 폭행으로 끝나고 그후 그녀의 오빠인 아랍인과 그의 친구들이 레몽의 주위를 맴돈다. 레몽의 초대로 그의 친구 별장에 간 뫼르소와 마리, 레몽 일행은 그들을 미행한 아랍인들과 몸싸움을 벌이다가 레몽이 칼에 찔린다. 치료를 받은 레몽과 함께 해변으로 산책을 나갔을 때 아랍인들이 다시 나타나자 뫼르소는 레몽의 어리석은 행동을 막으려고 그의 총을 뺏는다. 아랍인들이 도망치자 뫼르소는 레몽을 돌려보내고 혼자서 해변을 걷다가 바위 뒤의 샘 근처에서 누워 있던 아랍인과 마주친다. 그리고 그가 꺼낸 칼날이 태양에 반사되어 눈을 찌르는 순간 뫼르소는 방아쇠를 당긴다.

살인죄로 체포되어 감방에 갇힌 뫼르소는 잠을 자거나 자기 방에 있던 물건들을 세세히 기억하는 일로 소일하며 시간을 보낸다. 재판이 시작되자 그의 과묵함과 수동적인 태도는 후회나 죄의식을 전혀 느끼지 않는 태도로 해석된다. 검사는 실제 살인보다는 오히려 그가 어머니 장례식에서 눈물 한 방울 흘리지 않았다는 사실에 중점을 두어 그를 비도덕적인 냉혹한 살인자로 몰아간다. 그리고 최초의 한 발로 이미 사망한 아랍인에게 다시 네 발의 탄환을 쏜 것은 우발적인 살인이 아니라 계획적인 살인이며 자신의 행동을 전혀 후회할 줄 모르는 이런 흉악범은 사형에 처해져 마땅하다고 주장한다. 뫼르소는 결국 공공장소에서 기요틴에 의해 목이 잘리는 형을 언도받는다.

사형수의 신분이 된 뫼르소에게 형무소 부속 사제가 찾아와 신의 품에 귀의할 것을 권유하나 뫼르소는 거절한다. 그리고 사제가 뫼르소를 설득하면서 그의 어깨에 손을 올려놓은 채 그를 위해 기도 드리겠노라고 말하는 순간 뫼르소는 분노로 폭발한다. 뫼르소는 사제에게 그는 죽은 사람처럼 살고 있으니, 살아 있다는 것에 대한 확신조차 없다면서 자신은 자기의 인생과 닥쳐올 죽음에 대한 확신이 있다고 고함친다. 사제가 떠난 후 뫼르소는 침상에 누워 자신이 처음으로 인간에 대한 세계의 '정다운 무관심'을 이해했음을 깨닫고 자신의 처형장에 사람들이 많이 모이기를 바란다.

알베르 카뮈 Albert Camus, 1913~1960

1942년 발표된 「이방인」은 알베르 카뮈의 첫 번째 단편소설로 알제리 출신의 젊은 무명작가였던 그를 단번에 유명작가로 만든 작품이다. 프랑스의 식민지인 알제리에서 태어나 가난한 어린 시절을 보낸 카뮈는 알제 대학에 입학했다가 결핵 때문에 학업을 중단한다. 이 시기에 평생의 스승인 장 그르니에를 만났으며 1935년 플로티누스에 관한 논문으로 철학 학사 학위를 취득한다. 이후 '노동극단'을 창단해 희곡을 쓰는 한편 무대에 올리기도 했고 좌익 성향의 신문과 잡지사에서 기자로 활동하기도 했다. 「이방인」 외에도 「페스트」, 「시지프 신화」, 「칼리굴라」 등을 집필했으며 실존주의 문학의 대표 작가로 꼽힌다. 1957년 노벨문학상을 수상했다.

2

파리대왕

내 안에는 괴물이 산다

"

넌 그것을 알고 있었지?

내가 너희들의 일부분이란 것을.

아주 가깝고 가까운 일부분이란 말이야.

"

어른 없는 세상의 질서

이 소설은 무인도에 불시착한 비행기에서 살아남아 여기저기 흩어져 있던 아이들이 한 장소에 모이게 되는 장면으로 시작한다. 처음 마주치는 금발 소년 랠프와 안경을 쓴 뚱뚱한 소년 피기가 소라를 발견한 후 그것을 불어 아이들을 끌어 모은다. 모여든 아이들의 첫 번째 관심사는 어른들이 어디 있는가다. 어른이 한 명이라도 있으면 이 상황에서 어떻게 해야 할지 알려줄 것이기 때문이다. "어른들은 사리에 밝아. 어른들은 어둠을 무서워하지 않아. 모여서 차를 마시고 토론을 하지. 그러면 만사가 제대로 돌아가게 돼." 피기의 이 말은 아이들이 '어른'에 대해서 어떻게 생각하고 있는지를 단적으로 드러낸다. 아이들이 생각하기에 어른들은 방향을 잃고 표류하지 않는다. 그들 생각에 어른들은 목적의식을 갖고 분명하게 행동한다. 결정이 어려운 상황에서 어른에게 어떻게 할지를 물으면 답변을 얻을 수 있다. 그런데 비행기 사고에서 살아남은 어른은 한 명도 없다. 아이들만 살아남았다.

무언가를 지시할 어른이 없는 세상은 아이들에게 무엇보다도 해방감을 느끼게 만든다. 자신들이 있는 곳이 정말 섬인지 알아보러 나선 길에서도 생존에 대한 불안감은 전혀 없다. 먹을 것도 있고 멧돼지도 있고 바위도 있고 푸른 꽃도 있고 조그만 냇가에는 헤엄칠 데도 있다는 것을 확인하고 난 아이들은 어른들의 간섭 없이 자유롭게 지낼 생각에 그저 신이 날 뿐이다. 그래서 랠프는 "구조를 기다리고 있는 동안 우리는 이 섬에서 재미를 볼 수 있어" 하고 말한다. 어른들의 눈길이 닿지 않는 곳, 어른들의 통제를 벗어난 곳에서 마음껏 뛰어다니고 과일을 따 먹으면서 재미있게 지낼 수 있다니, 정말 예기치 못한 신나는 모험이 아닌가!

하지만 어른들이 없어서 마냥 재미있을 것 같았던 아이들에게 금세 여러 가지 문제가 닥친다. 처음에는 열대 과일로 굶주림을 해결했지만, 무더위 속에서 여기저기 헤매며 먹을 것을 찾아다니는 것도 힘들고 과일만 먹고 살 수도 없는 노릇이다. 게다가 뱀같이 생긴 '짐승'을 보았다는 아이도 있다. 밤이면 바람에 움직이는 나뭇가지가 정체 모를 짐승이 공격하는 것처럼 보이기도 해서 아이들은 불안과 공포에 떤다.

어른이 없는 세상은 지도자가 없는 세상이다. 어른들이 없기 때문에 마음 내키는 대로 할 수 있는 반면 무얼 해야 할지 몰라 우왕좌왕한다. 자기들끼리만 고립된 상황에서 아이들은 스스로를 돌보며 지내야 한다. 그러려면 대장이 필요하다. 무언가를 지시해줄 어른이 없으니 그들 가운데 대장이 있어야 할 일을 정할 수 있지 않겠는가? 그래서 아이들은 선거를 통해 랠프를 대장으로 뽑는다. 일을 결정할 대장이 필요하다는 생각도, 대장을 결정하기 위해 선거로 선출하자는 생각도 아이들이 문명 세계에서 받은 교육의 결과다. 이제 막 문명에서 벗어나 무인도라는 고립된 자연의 세계에 떨어진 아이들은 아직 자기들이 받은 교육의 영향 아래 놓여 있다. 거수 결과, 랠프가 대장으로 선출되자 분해서 얼굴이 벌게진 잭이 그 결과에 이의를 제기하지 않는 것도 다수결의 원칙이라는 민주적 절차에 대한 승복이다. 이렇게 아이들의 무인도 생활은 어른이 없는 세상에서 나름대로 질서를 세우려는 노력으로 시작된다.

그런데 아이들은 왜 랠프를 대장으로 뽑았을까? 아이들의 이름을 알아내서 명단을 만들어야 한다는 것도, 회합을 가져야 한다는 것도, 그리고 실제로 소라를 불어 아이들을 불러 모으자고

한 것도 피기가 낸 의견이었다. 피기는 평소 랠프보다 생각이 깊고 궁리가 많은 아이다. 그리고 성가대 대원들을 이끌고 나타난 잭은 무언가 명령을 내리는 데 익숙한 모습을 보인다. 그런데도 피기나 잭이 아니라 랠프가 대장으로 선출된 데에는 그가 갖고 있던 소라가 한몫한다. "지성이라고 할 만한 것을 보여준 것은 피기였고, 한편 누가 보아도 지도자다운 소년은 잭이었다. 그러나 앉아 있는 랠프에게는 그를 두드러지게 하는 조용함이 있었다. 몸집이 크고 매력 있는 풍채였다. 뿐만 아니라 은연 중 가장 효과적인 것은 소라였다. 그것을 불고 그 정교한 물건을 무릎 위에 올려놓고 화강암 고대에서 그들을 기다리고 있는 존재—그런 존재는 별난 존재였던 것이다."

여기에서 소라는 권위와 질서, 더 나아가서는 문명을 의미한다. 소라를 불면 모이기로 한다든지 소라를 갖고 있는 아이에게 발언권을 준다든지 하는 것이 모두 소라가 상징하고 있는 권위의 힘이다. "꼬마들은 소라의 소리에는 순종했다. 랠프가 소라를 불었다는 것도 그 이유의 하나였다. 랠프는 키가 컸고 따라서 권위를 갖고 있는 어른들의 세계와 유대를 가지고 있었기 때문이다." 아이들에게 소라가 내는 "뿌!" 소리는 국회에서 국회의장이 두드리는 의사봉이나 법원에서 판사가 내리치는 판결봉의 "탕탕탕!" 소리와 같은 효과를 낸다. 아이들이 소라의 권위를 인정하고 소라를 가지고 있는 아이의 발언을 훼방 놓지 않기로 하는 것은 어른이 없는 세상에서 질서를 지켜야 한다고 생각했기 때문이다. 랠프가 대장이 되어 불만이었던 잭마저도 소라의 권위를 인정한다. "잭은 소라를 잡으려고 두 손을 내밀고 일어서서는 검정 묻은 두 손으로 그 소중한 물건을 고이 받쳐 들었다."

하지만 시간이 지나면서 소라의 권위는 추락한다. "나는 랠프의 의견에 찬성이야. 우리는 규칙을 만들고 또 거기에 복종해야 해. 즉, 우리는 야만인이 아닌 거야. 우리는 영국 국민이야. 영국 국민은 무슨 일이라도 척척 잘해. 그러니 우리는 온당한 일을 해야 해" 하고 말했던 잭은 사냥에 빠져들면서 대장인 랠프의 말을 거역하고 소라의 발언권도 무시한다. 그리고 종내에는 안경을 되찾으러 간 피기가 들고 있던 소라도 로저가 굴린 바위에 박살이 난다. 아이들이 어른 없는 세상에서 붙잡고 있던 문명의 한 조각이 완전히 부서져버리고 만 것이다.

봉화 대 사냥

랠프와 잭은 작품 전체를 통해서 대립 구도를 이루는 두 인물이며, 각자가 고집하는 대상이 있다. 하나는 봉화 그리고 또 하나는 사냥이다. 랠프는 무인도에 고립되어 있는 현재의 상황에서 계속 그렇게 살 수는 없는 노릇이니 가장 우선적인 목표는 구조라고 생각한다. 그리고 구조되려면 봉화를 피워야 한다고 제안한다. 봉화로 연기를 피워야 멀리서 지나가던 배가 자신들을 알아보고 구하러 올 수 있기 때문이다. 그래서 랠프 생각에 봉화를 꺼뜨리지 않는 일이야말로 구조를 위한 최선이자 유일의 방법이다.

하지만 잭의 머릿속에는 온통 사냥 생각뿐이다. 랠프가 그들이 할 수 있는 가장 바람직한 일은 구조를 받을 수 있도록 노력하는 것이라고 말하자, "잭은 잠시 생각을 한 뒤에야 비로소 구조가 무엇인지를 상기해낼 수 있었다." 처음으로 멧돼지 새끼와 맞닥뜨렸을 때에는 용솟음칠 피가 견디기 어려워 차마 칼을 내리치지 못하고 망설이던 그가 이제는 짐승을 쫓아가서 죽이지 않고는 못 배길 것 같은 심정에 휩싸인다. 그가 멧돼지를 잡으려고 쫓는 것이 아니라 오히려 사냥에 대한 생각이 그를 사로잡아 놓아주지 않는 모양새가 된다.

이렇게 생각이 다른 두 사람의 대립은 불가피하다. 잭이 쌍둥이 형제를 사냥에 끌고 가는 바람에 지나가던 배에 발견될 기회를 놓친 것을 두고 랠프가 격렬하게 비난하자 잭은 고기가 필요했다고 항변한다. "두 소년은 얼굴을 맞바라보았다. 한쪽에는 사냥과 술책과 신나는 흥겨움과 기량의 멋있는 세계가 있었고, 다른 한쪽엔 동경과 좌절된 상식의 세계가 있었다." 봉화와 사냥의 대립은 문명과 야만의 대립이다. 봉화는 그들이 돌아가야 할 문명의 세계로 그들을 이끄는 가냘픈 희망의 끈이라면, 사냥은 그들을 야만에 탐닉하게 하는 도취의 칼날이다. 잭의 마음속은 "안간힘을 쓰고 멧돼지를 모두가 둘러쌌을 때 그들이 알게 된 사실, 한 살아 있는 생물을 속이고, 자기들의 의지를 거기에 관통시키고, 맛있는 술을 오랫동안 빨듯이 그 목숨을 빼앗아버렸다는 사실에 대한 생생한 기억으로 가득 차 있었다."

지나가는 배가 볼 수 있도록 봉화를 꺼뜨리면 안 되는데 아이들이 봉화의 의미를 이해하지 못한다고 랠프는 한탄한다. 그리고 피기는 "만약 잭이 대장이라면 모두 사냥만 시키고 봉화 준비는 하지 않을 거야. 그러면 죽을 때까지 여길 벗어나지 못해"라고 말한다. 여기서 봉화의 의미는 당연히 구조에 대한 희망이다. 철학자 블로흐E. Bloch는 『희망의 원리』라는 책에서 인간은 희망을 떠나서 살 수 없다고 주장한다. 희망이라는 것은 '~이다'는 현재가 아니라 '~이어야 한다'라고 하는 그런 미래지향적인 관점에서 말하는 것이다. 희망은 우리가 '~이어야 하는'데 우리가 '아직은 ~이 아니not yet'기 때문에 가슴에 품고 있는 것이다. 사냥이 현재의 즐거움에 탐닉하는 태도라면 봉화는 미래의 구조될 희망을 뜻한다. 사냥은 근시안적으로 현재를 담보하지만, 봉화는 장기적으로 아직 오지 않은 미래를 담보한다.

미래에 언제가 될지 모르는 구조를 위해서 계속 봉화를 피울 것이냐 아니면 현재의 생존 욕구를 충족시키기 위해 사냥을 할 것이냐. 어디에 더 큰 비중을 두어야 할까? 전자는 불확실한 미래를 위한 투자이며 후자는 확실한 현재를 위한 투자이다. 당장 살아남기 위해 눈앞의 현찰을 챙길 것인가 아니면 먹는 문제를 다소 등한시하더라도 지속적인 생존을 보장하는 어음을 챙길 것인가. 무인도에서 언제까지 살 수는 없는 노릇이니 구조를 위한 노력이 우선이라는 생각은 장기적인 처방이고 생존을 위한 노력이 우선이라는 생각은 단기적인 처방이다. 섬을 둘러싼 바다를 바라보며 랠프가 하는 생각은 이러한 갈등 상황을 비유적으로 드러낸다. "이곳의 바다는 이를테면 두 세계의 경계요 갈림길이었다. 모래사장이 있는 섬 저쪽에선 낮에는 신기루에 싸이고 또 고요한 초호가 마치 방패처럼 막아주기 때문에 누구나 구조되는 것을 꿈꿀 수가 있다. 그러나 잔인하기까지 한 대양의 매정함과 서너 마일이나 뻗쳐 있는 분계선을 대하게 되는 이곳에선 누구나 위축되고 희망을 잃게 되고 비운을 면치 못하게 되는 것이다."

이 작품에서 랠프와 잭 사이의 대립은 보통 선과 악의 대립 혹은 질서_{문명}와 혼돈_{야만}의 대립으로 파악된다. 물론 외면적으로는 그렇게 볼 수 있으며 어떤 면에서는 그렇게 보는 것이 맞다. 하지만 둘 사이의 대립은 이상주의자idealist와 현실주의자realist 사이의 대립으로 보는 것이 더 적절할 것이다. 랠프와 잭은 현재에 대한 판단이나 미래에 대한 전망이 다르다. 랠프가 아직 다가오지 않은 미래에 대한 희망을 놓지 않는 반면, 잭은 현재 처한 상황에서 맛볼 수 있는 즐거움에 탐닉한다. 봉화 당번인 쌍둥이를 사냥에 끌고 가는 바람에 구조 요청 기회를 놓친 것에 대하여 잭이 느끼는 미안함은 잠시뿐이다. 그는 랠프에게 사냥도 못하는 주제에 가만히 버티고 앉아서 이것저것 지시나 한다고 비난한다. 그리고 당당하게 "빌어먹을 놈의 규칙이군! 우리 패는 힘이 세고 또 사냥을 해서 짐승이 있으면 잡아버리고 말 테야!"라고 선언한다. 당장 먹고사는 문제 앞에서 민주적인 질서가 전혀 맥을 못 추는 것이다. 그런 잭이 자기를 따르는 아이들을 이끌고 무리를 만들자 아이들이 거의 대부분 거기에 합류하는 것을 보면 먹을 것 혹은 현실적인 욕구 앞에서 인간이 얼마나 무력한가를 실감하지 않을 수 없다.

합법적 지배에서 카리스마적 지배로

랠프의 미래지향적인 합리적 판단보다 잭의 현실지향적인 야만적 행동이 아이들에게 더 호소력을 갖게 된 것은 그들이 처한 위기 상황 때문이다. 물론 무인도에 고립되어 있다는 것 자체가 위기 상황이고 그 위기를 해결할 길은 구조뿐이다. 그러나 구조는 요원하고 아이들에게 당장 닥친 위기 상황은 먹을 것을 해결하는 일과 '짐승'에 대한 공포다. 이런 상황에서 랠프의 대장으로서의 권위는 더 이상 힘을 쓰지 못한다. 그래서 잭은 랠프에 대하여 "그는 사냥꾼이 못 돼. 우리에게 고기를 대주지도 못했고 대주려고도 못했을 거야"라고 비난한다. 그리고 "나는 너희들에게 고기를 주었고, 또 나의 사냥 부대는 너희들을 그 짐승으로부터 보호해줄 거야"라고 호기롭게 말한다. 이제 그는 랠프가 아니라 자기를 대장으로 따르기를 요구한다. 처음에 잭이 랠프가 대장 노릇을 그만두기 바라는 사람은 누구냐고 물었을 때는 선뜻 대답하지 못했던 아이들이 나중에는 슬그머니 잭을 따라간다. 그리고 잭이 잡은 멧돼지를 맛본 후에는 쌍둥이와 피기, 사이먼을 빼고는 모두 잭의 무리가 된다.

이렇게 해서 투표를 통해 선출되었고 소라를 불어 아이들을 소집했던 랠프의 대장 노릇은 끝이 난다. 여기서 대장 노릇은 사실 지배의 정당성 문제다. 누군가의 대장 노릇을 인정한다는 것은 곧 그의 지배가 정당함을 인정한다는 말이다. 랠프의 대장 노릇에 근거가 되었던 것은 민주적 절차, 민주적인 합법성이었다. 그런데 이제 합법적 지배가 사라지고 그 자리에 대신 들어선 것은 멧돼지를 잡은 잭의 힘이다. 독일의 사회학자 베버M. Weber는 국가와 사회 혹은 개인 사이에 형성되는 지배-복종의 관계를 그 정당성의 근거가 무엇인지에 따라 세 가지 유형, 전통적 지배와 합법적 지배 그리고 카리스마적 지배로 나눈다. 랠프의 지배가 합법적 지배라면 잭의 지배는 카리스마적 지배라 할 수 있다. 베버가 말하는 카리스마적 지배는 위기 상황에서 뛰어난 역량을 가진 개인이 그 위기를 극복함으로써 지배의 정당성을 획득하는 경우를 가리킨다. 잭의 지배는 그런 의미에서 카리스마적 지배의 특성을 지닌다.

아이들의 생활이 합법적 지배에서 카리스마적 지배로 옮겨갔다는 것은 민주적인 절차나 합리적인 통제 수단이 유명무실해졌다는 뜻이다. 이제 봉화의 중요성을 강조하는 랠프의 말은 힘을 잃고 소라의 권위도 무시당한다. "봉화는 어쩔 셈이야? 게다가 난 소라를 가지고 있어!" 하고 외치는 랠프의 말에 돌아온 대답은 "그래 그걸 가지고 어쩌겠다는 거야?" 하는 조롱이다. 베버가 말하는 카리스마적 지배는 사실 카리스마를 지닌 개인이 위기 상황을 타개하는 데 결정적으로 기여한다는 점에서 긍정적인 의미를 지니기도 한다. 하지만 여기서 잭의 카리스마적 지배는 랠프의 합법적 지배에 반대되는 형태, 자신들의 이익을 위해서는 피기의 안경을 훔쳐가는 비열한 행동도 서슴지 않는 그런 형태의 지배이다. 피기를 죽게 만들고도 아무런 가책을 느끼지 않게 만드는 지배, 살의를 갖고 랠프를 뒤쫓으라는 명령을 내리고 수행하게 만드는 지배이다. 플라톤의 대화록 『국가』에 등장하는 트라시마코스는 '정의justice란 강자의 이익이다'라고 말한다. 지배계급이 자신들의 이익에 맞게 법률을 제정한 후 그 이익에 맞는 일이야말로 옳은 일이라고 선언한다는 것이다. 잭이 자기를 따르는 무리에게 자기가 하는 행동의 정당성을 내세우는 것은 바로 그런 맥락에서 이루어진 것이라 볼 수 있다.

문명에 대한 야만의 위력

소라의 권위도 민주적인 질서도 사라진 곳에서 아이들을 사로잡는 것은 이제 야만의 충동이다. 소설의 전반부에 이미 아이들이 야만의 세계로 들어서게 되는 것을 암시하는 사건이 있다. 봉화 당번을 사냥에 데려가는 바람에 구조될 기회를 놓쳐 랠프와 잭이 언성을 높이며 다툴 때 잭이 랠프의 편을 드는 피기의 머리를 쳐서 피기의 안경 한쪽이 깨진 일이다. 이 사건은 사소해 보여도 앞으로 소설이 진행될 방향을 암시한다. 안경은 문명의 상징이다. 문화철학자 카시러E. Cassirer가 『인간이란 무엇인가』에서 밝혔듯이, 인간은 자연과 직접적으로 관계를 맺지 않고 매개항을 통해서 관계를 맺는다. 인간은 자연과 매개적으로 관계한다. 매개항은 인간이 자연과 직접적으로 관계하는 것을 막는 일종의 보호막이다. 이 매개항 혹은 보호막이 곧 문화culture 혹은 문명civilization이다. 인간이 자연과 직접 관계하는 데에서 야기될 수 있는 위험을 문명은 차단한다. 그래서 문명은 안전을 의미한다. 하루 종일 외딴 곳에 홀로 있다가 해질 무렵 집에 돌아올 때 멀리서 바라보는 도시의 불빛이 얼마나 안도감을 주는지 느껴본 사람이라면 이 말을 쉽게 이해할 수 있을 것이다. 피기의 안경 한쪽이 깨진 것은 문명이 파괴되기 시작했으며, 이에 따라 아이들 세계가 서서히 위험에 노출되고 있음을 상징적으로 보여준다. 아이들의 세계에 야만성이 본격적으로 침투한 것이다.

사냥은 아이들에게 처음에는 단지 고기를 얻기 위해 필요한 행위였다. 하지만 아이들은 곧 사냥의 야만성에 흥분하고 도취된다. "짐승을 죽여라! 목을 따라! 피를 흘려라!" 하는 구호를 외치며 노래를 하는가 하면 얼굴에 피를 칠하고 광기 어린 춤을 춘

다. 아이들은 이제 완전히 야만인이다. 그리고 아이들의 야만성은 '짐승'의 정체를 밝히려고 숲에서 나온 사이먼을 짐승으로 오인하고 공격했을 때 가장 잔혹하게 표출된다. "막대기가 내려 퍼부어지고 새로 원을 그린 소년들은 함성을 질렀다. 그 짐승은 원형의 한가운데서 두 팔로 얼굴을 가리고 무릎을 꿇고 있었다. 그 짐승은 고함소리에 지지 않으려고 산에 있는 시체에 대하여 무어라고 자꾸만 큰소리로 떠들어댔다. 짐승은 허우적거리며 앞으로 나가 원형을 꿰뚫고 가파른 바위 끝에서 물가의 모래 바닥으로 굴러 떨어졌다. 곧 소년의 무리는 물밀 듯이 그 뒤를 밟고 바위를 내려가 짐승에게로 뛰어내렸다. 그들은 고함을 지르고 주먹질을 했다. 물어뜯고 살을 찢었다. 아무런 말도 없이 그저 이빨과 손톱으로 물어뜯고 할퀼 뿐이었다."

아이들이 이렇게 야만의 세계로 쉽게 진입하게 된 데에는 마스크의 위력이 큰 영향을 미친다. 잭이 처음 얼굴과 몸에 찰흙으로 칠을 한 것은 눈에 띄지 않게 멧돼지에게 접근하기 위해서였다. 그런데 막상 그렇게 위장을 하고 나자 그의 내면에 숨어 있던 야만성이 표출된다. "마스크는 이제 하나의 독립된 물체였다. 그 배후로 수치심과 자의식에서 해방된 잭이 숨어버린 것이었다." 사람들은 익명성이 보장된 상태에서는 얼굴을 드러내고서는 하지 못할 행동을 서슴없이 하게 되는 경우가 종종 있다. 잭과 그

70

무리들도 마찬가지다. 마스크가 그들로 하여금 좀 더 과격하고 폭력적이고 잔인하게 행동하게끔 부추긴다.

마스크로 얼굴을 가리고 사냥의 쾌감에 빠져든 아이들은 이제 더 이상 문명의 영향을 받지 않는다. 소설 앞부분과 비교해서 아이들의 행동이 어떻게 달라졌는지 비교해보면 이 점이 분명해진다. 세 꼬마가 모래성을 쌓으며 놀고 있는 곳에 모리스와 로저가 나타나 모래성에 발길질을 하고 꼬마들을 괴롭힌다. 한 꼬마의 눈에 모래가 들어가 훌쩍이기 시작하자 모리스는 급히 그곳을 떠난다. "그전에 고향에서 모리스는 어린아이의 눈에 모래를 쳐넣었다고 벌을 받은 일이 있었다. 이제 여기엔 자기에게 징계의 채찍질을 할 부모가 있는 것은 아니었지만 그는 여전히 나쁜 짓을 했다는 불안감을 느꼈다." 이렇게 자기가 한 나쁜 행동에 양심의 가책을 느꼈던 모리스가 나중에는 잭의 패거리가 되어 랠프를 추격하고 랠프에게 창을 던진다.

로저 또한 마찬가지다. 돌을 한 주먹 모아 가지고 던지기 시작하지만 꼬마아이 주변의 직경 6야드쯤 되는 공간에는 감히 팔매질을 하지 않는다. "보이지는 않지만 강력한 이전의 생활의 터부가 존재하고 있었던 셈이었다. 웅크리고 앉은 어린이의 주위에는 부모와 학교와 경찰관과 법률의 보호가 있었다. 팔매질하는 로저의 팔은 로저를 전혀 알지도 못하고 이제는 파멸한 문명 세계에 의해서 규제되고 있었던 것이다." 로저는 자신도 모르게 문명의 영향을 받고 있다. 그래서 꼬마를 향해 직접적으로는 차마 돌팔매질을 하지 못하는 것이다. 그러나 그는 나중에 피기에게 굴러 떨어질 것을 뻔히 알면서도 바위를 지탱하고 있던 지렛대에 힘을 준다. "머리 위에선 로저가 일종의 달콤한 자포자기 같은 기분을 맛보며 지렛대에 전신을 기대었다." 그가 느낀 것은 더 이상 문명의 통제 없이 자기 안의 잔인성을 발산해버린 쾌감이다. 잭이 그런 로저를 보고 받은 느낌을 '교수형 집행인에게 특유한 섬뜩함이 매달려 있다'라고 한 것은 정말 적절한 표현이 아닌가!

얼굴과 몸에 칠을 한 아이들이 완전히 야만인이 되었다는 것은 호칭에서도 드러난다. 잭의 패거리는 오랑캐들이라는 이름으로 불리고 잭의 호칭은 대장이 아니라 추장이 된다. 그리고 소설 후반부에서 소라가 부서지고 피기가 죽는 사건은 아이들의 세계를 야만이 완전히 장악했음을 보여준다. 민주적인 질서 혹은 문명의 상징이었던 소라는 박살이 나서 이제 없어져버린다. 누구보다도 합리적인 사고 능력을 가지고 있었던 피기, 안경을 훔쳐간 잭의 무리를 찾아와 이제는 그들이 인정하지도 않는 소라를 들고, 있는 힘껏 용기를 내서 "사나이답게 굴라고 하는 것은 네가 기운이 더 세기 때문이 아니야. 옳은 것은 옳기 때문에 그러는 거야. 안경을 돌려줘"라고 요구했던 피기는 살해당한다.

내 안의 괴물

야만의 압도적인 위력은 마스크의 산물이다. 좀 더 정확하게 말하면 아이들의 마음속에 들어 있던, 그 존재를 어쩌면 아이들 자신도 몰랐을 어떤 잔혹한 본성의 산물이다. 흰색과 붉은색 찰흙 그리고 숯막대기를 이용해 얼굴에 칠을 한 잭이 물속에 비친 자기 모습을 들여다보았을 때 "거기 보이는 것은 이미 자기의 모습이 아니었고 무시무시한 남이었다." 잭이 알고 있던 자기 자신, 영국에서 교육을 받고 성가대원들을 이끌었던 잭은 이제 없다. 대장이 되고 싶었지만 투표를 통해 뽑힌 랠프를 대장으로 인정할 만큼 민주적인 절차를 존중해야 한다는 의식을 갖고 있었던 잭은 마스크 아래 사라진다. 그 자리를 차지한 것은 이제 얼굴에 칠한 것이 가면 구실을 했기 때문에 부끄러움이나 멋쩍음을 타지 않는 잭이다.

로버트가 멧돼지 흉내를 내자 아이들이 그에 맞장구치면서 장난을 치는 장면은 아이들 속에 깃들어 있는 잔혹한 본성을 여지없이 드러낸다. "로버트가 랠프를 향해 멧돼지인 양 으르렁거렸다. 랠프도 장난을 받아 로버트를 찌르는 시늉을 해서 웃었다. 곧 그들은 덤벼드는 시늉을 하는 로버트를 마구 찌르는 체했다. 잭이 소리쳤다. '에워싸!' 둘러선 몰이꾼들이 원을 좁혔다. 로버트는 공포에 질린 시늉을 하며 비명을 지르다가 나중엔 정말로 아파서 비명을 질렀다." 처음에는 단순한 장난으로 시작되었던 것이 금세 상대방을 괴롭히면서 쾌감을 느끼는 단계로 발전한다. 재미로 잠자리 날개를 떼어내거나 손톱으로 개미를 눌러 죽이는 어린아이를 본 적이 있다면 강자가 약자에게 느끼는 이 원초적인 쾌감에 대한 갈망이 아이들 본성에 깃들어 있는 것이 아닐까 충분히 생각할 수 있다.

그래서 사실 아이들은 멧돼지 사냥을 하면서 야만성에 물든 것이 아니라 그들 속에 잠재해 있던 야만성이 사냥을 통해 겉으로 드러났다고 볼 수 있다. 잭과 일행이 커다란 암돼지를 사냥하는 장면이다. "저만큼 앞에서 암돼지는 피를 흘리면서 미친 듯이 비틀거리며 달아났다. 사냥 부대는 뒤쫓아 갔다. 욕정으로 그들은 암돼지에 결합되어 있었고 오랜 추적과 핏자국으로 해서 흥분되어 있었다. …… 더위에 녹초가 된 암돼지는 쓰러졌다. 소년들은 마구 덤벼들었다. 이 미지의 세계로부터의 무시무시한 습격에 암돼지는 미친 듯이 날뛰었다. 비명을 지르고 뛰어오르고 했다. 온통 땀과 소음과 피와 공포의 난장판이었다." 살아있는 생명체를 쫓고 잡고 파괴하고 싶은 욕망이 마음껏 표출되고 있다.

아이들의 이러한 욕망은 정신분석학자 프로이트S. Freud가 인간 행동을 지배하는 두 가지 원초적 충동 중 하나라고 말한 '타나

74

토스Thanatos'와 연관이 있다. 프로이트의 이론에 따르면 인간의 행동은 서로 반대되는 두 가지 충동에 지배되는데 그중 하나는 삶의 충동인 '에로스'이고 다른 하나는 죽음의 충동인 '타나토스'이다. 에로스가 무언가를 사랑하고 생산하고 싶은 충동이라면 타나토스는 무언가를 파괴하고 해체하고자 하는 충동이다. 아이들이 멧돼지를 잡아 죽이고 머리를 잘라내고 창자를 꺼내는 행동 그리고 사이먼에게 달려들어 물어뜯고 살을 찢는 행동은 파괴와 해체를 욕구하는 광포한 충동을 숨김없이 드러내고 있다.

이제 '짐승'은 아이들이 그토록 무서워하는 크고 무시무시한 것, 캄캄한 밤에 나무들 사이에서 꾸물꾸물 움직이는 그런 괴물이 아니다. 아이들 안에 있는 것, 아이들 자신이 '짐승'이다. 사이먼은 짐승의 정체를 꿰뚫어 본 유일한 소년이다. 쌍둥이 형제가 봉화 당번을 하다가 무언가를 보고 기겁한 후 랠프에게 달려가 짐승을 보았다고 했을 때 공포에 사로잡히는 다른 아이들과는 달리 사이먼은 의구심을 느낀다. "랠프의 바로 앞에서 걸어가던 사이먼에겐 아무래도 곧이 안 들린다는 느낌이 들었다. 할퀴는 발톱이 있고, 산꼭대기에 앉아 있었으며, 발자국을 남기지도 않고, 게다가 동작이 무디어서 쌍둥이 형제를 따라잡지 못한 짐승이라고?" 아이들이 믿고 있던 짐승의 정체를 알게 된 그가 오히려 짐승으로 몰려 죽었을 때 그를 죽인 아이들이 바로 짐승과 다름없는 괴물이었다. 이렇게 보면 처음 짐승 얘기가 나왔을 때 사이먼이 "짐승은 아마 우리들 자신에 지나지 않을지도 모른다는 거야"라고 말한 것은 그야말로 선견지명이 아닐 수 없다.

짐승의 정체가 무시무시한 괴물도 아니고 결국은 죽은 낙하산병의 시체도 아니라는 것은 사이먼과 '파리대왕'의 대면에서 분명해진다. '파리대왕'은 암퇘지 머리에 파리 떼가 달라붙어 있는 형상을 가리킨다. 막대기 끝에 박아 놓은 돼지머리를 상상해보라. 아직도 피가 묻은 채로 몽롱한 시선을 하고 입가엔 비웃음이 걸린 채로 주변엔 새까맣고 다채로운 초록색을 띤 헤아릴 수 없을 만큼 많은 파리 떼로 뒤덮여 있는 돼지머리를! 골딩은 이 형상을 본떠 소설 제목을 「파리대왕」으로 정했는데 원제인 'Lord of the Flies'는 정확히 말하면 '파리들의 왕'이다. 히브리어로는 '바알제붑Baal-Zebub'이라 불리는 파리의 왕은 '악마의 대죄'인 '폭식'을 유도하는 장본인이라고 한다. 그리고 마왕 '루시퍼'와 동일시되기도 하는 대악마의 의미도 갖는다.

파리대왕은 악惡의 상징이다. 사이먼을 마주한 파리대왕은 그에게 냉소를 보낸다. "반쯤 감은 그 눈은 어른 세계에 특유한 무한한 냉소로 몽롱했다. 그 눈은 모든 것이 잘못 돌아가고 있다고 사이먼에게 일러주었다." 그리고 이 악의 상징을 만든 것은 바로 아이들이다. 파리대왕이 사이먼에게 "너를 도와줄 사람은 이곳엔 아무도 없어. 오직 내가 있을 뿐이야. 그런데 나는 '짐승'이야"
라고 말하자 사이먼은 파리대왕에게 "막대 위에 꽂힌 암퇘지 머
리야!"라고 대꾸한다. 그 말에 대하여 파리대왕은 "나 같은 짐승
을 너희들이 사냥을 해서 죽일 수 있다고 생각하다니 참 가소로
운 일이야!" 하고 비웃는다. 파리 떼가 달라붙은 암퇘지 머리의
형상을 하고는 있지만 단순히 돼지머리가 아니라 사냥을 통해
결코 죽일 수 없는 존재, 악의 형상 그 자체인 것이다.

　파리대왕이 이어서 하는 말은 악이 바로 아이들 자신 속에 있
는 것임을 알려준다. "넌 그것을 알고 있었지? 내가 너희들의 일
부분이란 것을. 아주 가깝고 가까운 일부분이란 말이야. 왜 모든
것이 틀려먹었는가, 왜 모든 것이 지금처럼 돼버렸는가 하면 모
두 내 탓인 거야." 결국 아이들이 계속 두려워했던 '짐승'은 사실
아이들 마음속에 있었던 어떤 것, 곧 아이들 자신이다. 짐승은 컴
컴한 숲에 있는 것도 어두운 바다에서 올라오는 것도 아니다. 짐
승은 단지 마음속에 있는 것이다. 소년들을 규칙과 질서로부터
그리고 사회로부터 점점 더 멀어지게 만든 것, 그것은 바로 소년
들 마음속의 짐승이다.

벌이 꿀을 짓듯 인간은 악을 짓는다

잭은 사냥할 때 종종 자기가 사냥하고 있는 게 아니라 정글 속에서 시종일관 무엇에게 뒤쫓기고 있다는 느낌이 든다고 랠프에게 고백한다. 그가 사냥감을 뒤쫓는 것이 아니라 오히려 무엇에 의해 사냥을 당하고 있는 것 같은 감정이 끊이지 않는다는 것이다. 이러한 역전된 상황은 아마도 자기 안의 본성적인 악이 자기를 야만적이고 잔혹한 살육 행위로 몰고 있음을 은연중에 느꼈기 때문이 아닐까? 실제로 어떤 짐승이 그를 쫓고 있다기보다 그의 마음속에 있는 짐승에게 그가 쫓기고 있는 것이 아닌가?

그런데 이 야만성과 잔혹성은 잭의 무리에게만 있는 것이 아니다. 이 소설에서 잭과 대립되어 선善과 합리성을 대표하는 인물로 그려지고 있는 랠프 안에도 짐승괴물은 존재한다. 멧돼지와 맞닥뜨린 랠프가 나무창을 던져 멧돼지에 상처를 입히는데 멧돼지가 비명을 지르며 도망치자 그는 신이 나서 자기가 멧돼지를 맞혔다고 자랑한다. "그는 소년들의 새로운 존경심을 마음껏 쬐며 사냥도 나쁠 것은 없구나 하는 느낌이 들었다." 랠프의 마음속에도 야만성이 깃들어 있음을 보여주는 장면이다. 그뿐 아니다. 로버트가 멧돼지 흉내를 내자 랠프도 갑작스럽게 열띤 흥분에 사로잡혀 창으로 로버트를 찌른다. "랠프도 가까이 다가서려고 승강이를 하고 있었다. 갈색의 연약한 살점을 한 줌 손에 쥐고 싶었다. 상대를 눌러 해치고 싶은 욕망이 간절했다." 랠프의 이러한 태도는 평상시에 아주 냉철한 판단력과 분별력을 지니고 민주적인 합리성에 따라 행동하는 이들도 상황에 따라 얼마든지 포악해질 수 있다는 것을 보여주는 예라고 할 수 있다.

랠프의 경우에서도 볼 수 있듯이 야만성과 잔혹함, 혹은 악은 어느 누구의 마음속에나 있을 수 있다. 그리고 악은 전염된다. 결국, 짐승은 괴물이 아니라 인간이다. 이 짐승은 어디에서나 마주칠 수 있다. 지극히 평범한 사람의 마음속에도 깃들어 있기 때문이다. 파리대왕이 사이먼에게 "저 아래쪽에서도 나를 다시 만나게 되리라는 것을 넌 잘 알고 있어. 그러니 도망치려고 할 거 없어!"라고 말하는 것은 바로 그런 이유에서다. 사이먼의 눈앞에 보이는 끔찍한 형상은 그것으로부터 도망친다고 해도 결코 사라지지 않는다. 그래서 골딩은 이 소설에 대한 자평에서 "벌이 꿀을 짓듯 인간은 악을 짓는다man produces evil as a bee produces honey"라고 말한다. 벌이 꿀을 짓는 것은 벌의 본성에 충실한 행동이다. 그렇다면 인간이 악을 짓는 것은 인간의 본성에 충실한 행동이라는 뜻이다. 참으로 섬뜩하지 않은가? 이렇게 볼 때 인간의 세상에서 일어나는 온갖 참혹한 일들은 사회 체계나 이념이 악해서가 아니라 인간 본성이 악하기 때문이다. 그리고 이 악은 모든 인간의 본성에 깃들어 있는 것이다.

제2차 세계대전의 참혹함을 목격한 골딩은 그 끔찍한 비극의 근원을 바로 이 인간 본성의 악에서 찾고 있다. 그는 자신의 소설 「파리대왕」을 통해 인간의 내면에 자리 잡은 본성을 파헤침으로써 세계사를 바라보는 시각에 새로운 지평이 열리게 한다. 그 이전까지 세계사의 진행 방향에 대한 전망은 무척 긍정적이었다. 근대 고전철학의 정점으로 일컬어지는 헤겔의 역사철학적 시각에서 보면, 세계사는 인간의 자유의식의 진보 과정이다. 그래서 물이 자연스럽게 아래로 흐르듯이 세계사는 이성적인 방향을 향해서 진행된다. 물론 계곡의 물도 경우에 따라서는 아래로 흐르다가 잠시 역류하기도 하지만 결국 물줄기의 전체적인 흐름은 아래를 향하게 마련이다. 이와 마찬가지로 세계사 역시 우여곡절을 겪으면서 잠시 자유의식이 퇴보하는 방향으로 움직이기도 하나 결국 큰 흐름은 인간의 이성이 발현되는 쪽으로 움직인다는 것이다.

하지만 두 차례의 세계대전을 겪으면서 인간 이성에 대한 신뢰는 급격히 무너졌다. 인간의 이성을 신뢰한 결과의 참혹상 앞에서 인류의 지성들은 절망했다. 이성 자체의 능력에 대한 회의와 반성이 뒤따랐다. 대표적인 예가 아도르노Th. Adorno와 호르크하이머M. Horkheimer로 대표되는 '(사회)비판이론'이다. 그들은 '도구적 이성'의 비판을 통하여 이성의 올바른 역할을 주문한다. 그들의 주장에 따르면 이성은 본래 그 자체로 목적이 되어야 하며 윤리적 성격을 띠어야 한다. 그런데 이성이 수단으로 전락하여 합리성의 도구로 전락할 경우 세계사에 홀로코스트와 같은 가공할 만한 결과가 초래된다는 것이다.

골딩이 「파리대왕」에서 문명과 야만의 대립을 통해 말하고 싶었던 것 역시 이성의 산물인 문명의 허약함이다. 문명이 야만적 본성 앞에서 얼마나 쉽게 부서지는지를 사이먼과 피기의 죽음은 역력하게 보여주고 있지 않은가! 소설의 결말은 이렇게 부서지기 쉬운 문명이 평소에는 인간의 본성을 잘 감춰주는 껍질이 되고 있음을 우리에게 알려준다. 소년들을 발견한 해군 장교의 눈에 비친 것은 모래사장을 달리는 랠프와 그를 뒤쫓는 잭의 무리다. 그 광경을 본 그는 "재미있는 놀이를 했군"이라고 말한다. 그의 눈에는 랠프가 죽음을 피해 달리는 것도, 양쪽 끝을 뾰족하게 깎은 로저의 창이 언제라도 랠프를 찔러 죽일 수 있다는 것도 보이지 않는다. 아이들의 야만성과 잔혹성이 '재미있는 놀이'라는 문명의 이름을 걸치게 되는 것이다. 대장이 누구냐는 해군 장교의 질문에 랠프가 자기라고 큰소리로 대답하자, 잭이 감히 나서지 못하는 것을 보라. 문명의 세계로 돌아가게 되었다는 것을 깨닫자 아이들은 재빨리 문명의 규칙에 적응하고 있지 않은가!

하지만 아이들이 문명 세계로 돌아가도 파리대왕은 사라지지 않을 것이다. 문명의 껍질을 쓰고 생활하는 동안 누구에게나 예외 없이 존재할 수도 있을 혼란과 탐욕, 파괴를 향한 충동이 그들 내부에 내내 웅크리고 있을 것이다. 그 깨달음이 소설의 마지막에 랠프로 하여금 울음을 터뜨리게 만드는 것이다. "그 소년들의 한복판에서 추저분한 몸뚱이와 헝클어진 머리에 코를 흘리며 랠프는 잃어버린 천진성과 인간 본성의 어둠과 피기라고 하는 진실하고 지혜롭던 친구의 추락사가 슬퍼서 마구 울었다."

악惡의 평범성

「파리대왕」은 우리가 현재 누리고 있는 문명적 질서와 평화가 사실은 얼마나 깨지기 쉬운지, 경각심을 일깨운다. 문명의 질서와 평화 속에 있을 때 우리는 이것을 너무나 당연하게 받아들인다. 하지만 사회의 안녕과 평화는 저절로 유지되는 것이 아니다. 마치 자전거가 앞으로 가기 위해서는 끊임없이 페달을 밟아주어야 하는 것처럼 질서와 평화를 유지하기 위해서는 보이지 않는 곳에서 악이 부단히 억제되고 있어야 한다. 그 노력은 개개인의 윤리적 판단일 수도 있고 윤리성에 바탕을 둔 제도적 장치일 수도 있다. 다만 그런 노력이 없이는 인간의 야만적이고 파괴적인 본성이 언제라도 문명의 껍질을 부수고 튀어나와 많은 것들을 망가뜨리게 될 것이다. 전쟁의 참혹한 실상은 가장 극단적인 경우라 하겠다.

이와 관련하여 독일 출신의 정치철학자 아렌트H. Arendt가 『예루살렘의 아이히만』이라는 책에서 지적하는 '악의 평범성the banality of evil'을 떠올릴 수 있다. 아이히만은 나치 독일의 친위대 소속 중령으로 유대인 대학살의 실무 책임을 수행했던 인물이다. 그에 의해 체포되어 강제수용소에서 희생된 유대인 수는 거의 600만 명에 이른다고 한다. 그는 독일이 패전하자 바로 아르헨티나로 도피하여 신분을 숨기고 자동차 기계공으로 지내다가 이스라엘 정보기관에 의해 체포된다. 그는 국제법에 위배된다는 아르헨티나의 항의에도 불구하고 예루살렘으로 호송되어 재판을 받고 사형에 처해진다. 전체주의의 폭력이 어떻게 발생하는가에 대한 뛰어난 통찰로 유명했던 아렌트는 예루살렘에서 진행된 아이히만의 재판을 지켜본 뒤 이 책을 썼다. 아렌트는 홀로코스트와 같은 역사 속 악행이 광신자나 반사회적 인격 장애자들이 아니라, 국가에 순응하며 자신들의 행동을 정상이라고 여기는 평범한 사람들에 의해 자행되었다고 서술한다. 아이히만도 전쟁 전에는 특이 사항이 없는 평범한 인물이었다.

법정에서 아이히만은 "나는 무슨 일이 벌어지고 있는지 몰랐다. 다만 상부의 명령을 따랐을 뿐이다"라고 고백한다. 자신은 나치 친위대 장교의 신분으로서 마땅히 수행했어야만 하는 임무를 수행했을 뿐이라는 것이다. 그리고 그의 변호사는 "피고는 국가적 행위를 수행했으며 그에게 일어난 일은 미래에 어느 누구에게도 일어날 수 있으며 전 세계가 이 문제에 직면할 것이며 아이히만은 희생양이었고 현 정부는 스스로 책임지지 않기 위해서 국제법에 어긋나게도 그를 예루살렘 법정으로 내던졌다"라고 그를 변호한다. 아이히만의 행동은 그 위치에 있는 사람이라면 누구나 그렇게밖에는 할 수 없는 행동이니만큼 그에게 죄를 묻는 것은 부당하다는 것이다.

시키는 대로 했으니 죄가 없을까? 어쩔 수 없는 일이었으니 그 많은 유대인 학살은 그의 책임이 아닌가? 예루살렘 법정은 아이히만에게 사형선고를 내린다. 그는 타인의 관점에서 사태를 바라보는 능력이 없었으며 자신의 행동이 갖는 의미에 대하여 생각을 했어야만 하는데 생각하지 않았기 때문에 유죄라는 것이다. 아무런 생각 없이 상부의 명령에 복종한 것이 아이히만의 범죄다. 상부의 지시를 따랐다는, 지극히 정상적으로 보이는 행동이 바로 그가 저지른 악행이다. 생각했어야만 하는 것을 생각하지 않은 것, 즉 무사고無思考, Nicht-denken 그것이 악이다. 몰랐다는 것은 결코 변명이 될 수 없다. 그는 자신의 행동이 어떤 결과를 초래하는지 알아야 했기 때문이다.

「파리대왕」에도 아이히만의 고백을 연상시키는 장면이 있다. 로버트는 로저에게 잭이 윌프레드를 때려줄 거라고 말한다. 로저가 이유를 묻자 그는 "나도 잘 모르겠어. 그가 말을 하지 않으니까. 몹시 화가 나서 윌프레드를 묶어놓으라고 명령했어"라고 대답하면서 킬킬거린다. 로버트는 왜 그렇게 해야 하는지 이유도 모르면서 잭이 시키는 대로 한다. 같은 패거리 중 한 아이가 두들겨 맞게 되었는데도 아무런 거리낌 없이 재미있어 할 따름이다. 이렇게 그는 아무 생각 없이 윌프레드에게 고통을 주는 일에 가담하고 있는 것이다. 랠프와 피기는 어떤가? 그들은 사이먼의 죽음에 대한 진실을 알고 있지만 필사적으로 외면한다. "우린 바깥쪽에 있었어. 우린 아무 짓도 안 했어. 우린 아무것도 보질 못했고."

아이히만이 유대인 학살의 현장에서 직접 그 끔찍한 행위를 자행한 것은 아니다. 그는 그의 말마따나 단지 유대인을 체포하여 압송하라는 명령을 수행했을 뿐이다. 그래서 그는 자신이 무엇을 하는지 깨닫지 못했고 양심의 가책을 느끼지 못했다. 그는 스스로를 "오류의 희생자"라고 불렀다. 그럼에도 불구하고 그는 명백하게 죄인이다. 그저 상부의 명령을 따랐다는 바로 그 생각

없는 행동, 지극히 평범한 행동이 악이다. 그는 보편적 도덕 원리에 비추어 자신의 행동과 삶을 반성했어야만 한다. 그러한 반성적 사고 없이는 우리가 누리는 문명적 질서와 평화는 결코 유지될 수 없기 때문이다. 잭의 무리가 별 생각 없이 저지른 행동은 그에 맞서던 랠프마저도 야만적인 행동에 유혹을 느낄 만큼 그 상황에서 평범할 수 있으나 그렇다고 해서 그 행동이 정당화될 수는 없다. 거기에는 인간에게 구비된 사리분별력이 결핍되어 있기 때문이다. 행동에 '생각'이 빠질 경우 인간 세상이 어떤 파국적인 혼란을 겪게 되는지를 「파리대왕」과 『예루살렘의 아이히만』은 여실히 보여준다.

줄거리

  핵전쟁 중 폭격으로 비행기 한 대가 태평양의 외딴 섬에 불시착하면서 대여섯 살부터 열두 살에 이르는 영국 소년들이 살아남는다. 뚱뚱한 소년 '피기'와 금발의 랠프가 소라를 불어 여기저기 흩어져 있던 아이들을 불러 모은 후 랠프가 대장으로 선출되고 성가대 지휘자 잭은 대원들과 함께 사냥부대를 만들기로 한다. 아이들은 소라 껍질을 발언권의 상징으로 정하는 한편 구조되기 위해서는 봉화를 피워야 한다는 랠프의 의견에 따라 피기의 안경을 이용해 불을 피우고 교대로 봉화 당번을 맡는다. 오두막을 세우고 봉화가 꺼지지 않도록 하는 데 온갖 신경을 쓰는 랠프와 달리, 잭은 멧돼지 사냥에만 정신을 쏟아 두 사람 사이에는 점차 의견 대립이 심해진다. 어느 날 잭이 봉화 당번이던 쌍둥이를 사냥에 끌고 간 사이 봉화가 꺼지는 바람에 근처를 지나가던 배가 그냥 지나쳐 버리자 두 사람 사이의 갈등은 더욱 깊어진다.

  그러던 어느 날 봉화를 지키던 쌍둥이가 '짐승'이 나타났다고 하자 아이들은 공포에 사로잡힌다. 랠프와 잭 그리고 잭의 무리에 속한 로저가 '짐승'의 정체를 밝히기 위해 떠났다가 '짐승'처럼 보이는 '그것'과 맞닥뜨리자 도망친다. 잭은 랠프의 대장 노릇에 반기를 들고 자기를 따르는 무리와 함께 떠나 근거지를 따로 마련한 후 사냥한 암퇘지 머리를 베어 막대기 끝에 꽂아 '짐승'에게 제물로 바친다. 어느 쪽에도 속하지 않고 혼자 시간 보내기를 좋아하는 사이먼은 '짐승'의 정체가 낙하산에 묶여 썩어가고 있는 군인의 시체라는 사실을 알게 된다. 잭의 무리는 사냥해 온 고기를 먹으면서 사냥 경험에서 맛본 쾌감을 곱씹는 한편 랠프와 피기도 고기 파티에 합류한다. 갑자기 폭풍우가 몰아치자 아이들은 두려움을 잊기 위해 사냥 구호를 외치면서 광기에 차 춤추기 시작한다. 그리고 그때 '짐승'의 정체를 알리기 위해 숲에서 나온 사이먼을 '짐승'으로 오인해 죽이고 만다.

  잭의 무리는 불을 피우는 도구로 피기의 안경이 필요해지자 랠프의 오두막을 습격해 안경을 훔쳐간다. 피기는 안경을 되찾기 위해 랠프와 함께 잭의 무리가 있는 곳으로 가서 그들의 행동이 야만적이고 정당하지 못하다고 항의하다가 로저가 위에서 굴린 바위에 맞아 죽고 만다. 쌍둥이마저 협박에 못 이겨 잭의 무리에 가담하게 되고 랠프는 잭의 무리에게 쫓기는 몸이 된다. 잭의 무리가 랠프를 숨어 있는 곳에서 끌어내려 불을 지르고 그 불을 피해 모래사장을 달려 도망가던 랠프는 연기를 보고 섬에 온 영국 해군 장교에게 구조된다.

윌리엄 골딩 William Gerald Golding, 1911~1993

영국의 소설가이자 시인인 윌리엄 골딩은 1934년 29편의 짤막한 서정시를 묶은 책 『시집』으로 문학 활동을 시작했다. 1935년 옥스퍼드 대학 졸업 후 교사로 근무하던 그는 제2차 세계대전이 발발하자 1940년부터 1945년까지 영국 해군으로 복무했다. 전쟁터에서 골딩은 전쟁의 참혹상을 목격하면서 서구의 합리주의 문명에 대해 깊은 회의를 품게 되고, 이는 이후 그의 작품 세계에 큰 영향을 미쳤다. 『파리대왕』은 1954년에 발표된 그의 첫 장편소설로 출간 당시에는 3,000권도 채 팔리지 않았을 만큼 주목받지 못했으나 얼마 지나지 않아 베스트셀러 목록에 오르게 되었다. 문명과 관습의 껍질 아래 감추어진 인간 본성에 대한 뛰어난 통찰력을 보여준 작품으로 평가되는 이 소설은 1963년과 1990년 두 차례에 걸쳐 영화로 제작되기도 했다. 골딩은 1983년 노벨문학상을 수상했다.

3

방드르디, 태평양의 끝

자연의 질서에 나를 맡기다

"

존재한다Exister는 것은 무엇을 의미하는가?

그것은 밖에 있다sistere ex는 뜻이다.

밖에 있는 것은 존재하고 안에 있는 것은 존재하지 않는다.

"

고독 속의 깨달음: 깊이에서 넓이로

타자란 내가 아닌 다른 것이다. 여기서 나 혹은 자기는 타자와
더불어 타자와 관계하며 살아가는 존재다. 혼자로서의 인간은
생존 자체가 불가능하기 때문에 자기를 둘러싼 세계 안에서 그
세계를 구성하는 사람 혹은 사물들과 관계를 맺어야 한다. 태평
양의 외딴 섬에 혼자 살게 된 로빈슨에게 최초의 타자는 그 섬이
다. 섬은 그 자체로 타자이며 그 섬에 있는 온갖 식물과 동물, 심
지어는 그 섬에서 그가 경험하는 시간과 공간이 그에게 타자다.
다음으로 그에게 중요한 타자는 방드르디라는 인물이다. 로빈슨
이 타자인 섬과 어떤 관계를 맺는지 먼저 보기로 하자.

섬에 표류한 로빈슨은 자신의 처지를 한탄하면서 그 섬을 탄식의 섬이라고 부른다. 무인도에 혼자 살아남은 자신의 상황을 변화시키기 위해 그가 우선적으로 선택한 방법은 섬을 탈출하기 위한 노력이다. 로빈슨에게 탈출은 생존에 우선한다. 단기적으로는 무인도에서 먹거리를 구하여 연명할 수 있겠지만 장기적으로는 생존 자체가 만만치 않을뿐더러 고독한 생활을 견디지 못할 것이기 때문이다. 따라서 그에게는 섬에서 살아남는 것보다 섬을 떠나는 것이 급선무였다. 그는 며칠 동안 머릿속에 떠오르는 모든 수단과 방법을 동원하여 자기가 그곳에 있다는 신호를 보내는 데 시간을 바친다. 하지만 지나가는 배에 발견되어 구조되기를 바라면서 수동적으로 수평선만 지켜보는 일에 그는 결국 지치고 만다. 그래서 그는 배를 만들 계획을 세우고 미리부터 그 배를 '탈출호'라 명명한다. 그의 모든 생각과 행동의 초점은 어떻게든 섬에서 살아갈 궁리를 하는 것이 아니라 어떻게든 섬을 벗어날 궁리를 하는 데 맞춰져 있다.

이처럼 처음에 로빈슨은 섬에서 살아남기 위해 별다른 노력을 기울이지 않는다. 섬은 그에게 오로지 벗어나야 하는 공간일 뿐 관계를 맺어야 할 타자가 아니다. 그런데 탈출호를 바다에 띄우는 것이 불가능해지는 순간 그는 문명으로 돌아갈 가능성이 차단된 채 완전히 낯선 타자와 마주한다. 문명에서 소외되었을 뿐

92

만 아니라 섬으로부터 소외되어 완전히 홀로 남은 그를 덮쳐누르는 감정은 절대적인 고독이었다. 고독이란 원래 단지 혼자라는 이유만으로 생겨나는 단순한 심리 상태가 아니라 자신이 속하고자 하는 대상으로부터 소외되었을 때 그리로 속하고자 하는 적극적인 의지에서 비롯한다. 로빈슨에게 자신이 길들여져 있던 영국이라는 문명사회에서 떨어져 나와 무인도에 고립된 상황은 문명으로 가고자 하는 간절한 의지를 극단화하여 그를 죽음으로 몰고 갈 수도 있는 엄청난 사건이었다.

그는 "자신이 이 땅에서 소외된 존재라는 느낌과 이 섬은 악의로 가득 차 있으며 금작화들 사이로 커다랗고 다정한 실루엣이 보이는 그의 배 안이 그를 삶과 연결시켜주는 전부라는 느낌을 재확인했다." 문명으로 돌아갈 희망을 품고 배를 만들었지만 바다에 띄울 수 없게 되자, 그를 짓누르는 것은 죽음과도 같은 고독이었다. "그는 이제 인간이란 소요나 동란 중에 상처를 입고 군중에 밀리면서 떠받쳐 있는 동안은 서 있다가 군중이 흩어지는 즉시 땅바닥에 쓰러져버리는 부상자들과 비슷하다는 것을 알고 있었다." 그렇다고 해서 그가 영국의 문명 속에 있을 때는 고독하지 않았던 것이 아니다. 문명 속에서도 그는 익명의 사람들 속에서 고독을 느꼈다. 그러나 그때는 군중들에 의해 휩쓸리며 떠받침을 받아서 그나마 자기를 지탱할 수 있었지만 이제 무인도에서 그 지지대마저 사라진 지금 그는 극한의 고독을 마주하고 있다.

그가 나중에 쓴 항해일지에서 밝힌 대로 고독은 처음부터 그의 동반자였다. "나는 버지니아호가 스페란차의 암초 위에서 그의 이력을 끝장내던 날 밤 고독에 입문했다. 고독은 그의 필연적인 동지인 침묵과 더불어 저 바닷가에서 시간의 기원 이래로 나를 기다리고 있었던 것이다." 그는 고독이 버지니아호의 침몰 이후 자신이 빠져 있었던 요지부동의 상황은 아니며 천천히 그러나 끊임없이, 순전히 파괴적인 방향으로 그에게 영향을 미치는 부식성의 세계라고 기록한다. 그러니까 그가 생존을 위해 몸부림치는 시간들 속에서 잠깐씩 자신의 고독을 잊을 수는 있어도 그것은 끊임없이 그에게 다시 돌아와 그의 내면을 갉아먹고 있었던 것이다. 그래서 그는 "나의 고독은 사물들에 대한 감각 능력만을 침해하는 것이 아니다. 그것은 사물들 존재의 바탕 자체를 파괴한다"라고 적고 있다. 로빈슨의 고독은 그가 처한 상황에 대한 인식의 차원에 머물지 않는다. 존재의 차원에 파고들어 그의 내면을 갉아먹으면서 그의 존재 전체를 뒤흔든다.

고독은 이제 그가 언어에 대해 새롭게 성찰할 수 있는 계기가 된다. 근본적으로 언어란 그 내부의 모든 것이 이미 알려져 있거나 적어도 알 수 있을 터인 어떤 빛의 섬을 그 주위에 만들고 있는 등대들처럼 수많은 타인들이 가득히 들어 살고 있는 세계라고 그는 이해한다. 그에게 언어는 신비스러운 깊이를 가진, 건너갈 수 없는 심연의 영역이 아니라 사람들이 그 안에서 서로 소통하는 투명한 영역이다. 문명의 세계에서 언어는 그 깊이를 잴 것을 강요하나 여기 자연의 세계에서는 보이는 것들 자체가 곧 자연스럽게 언어가 된다. 고독은 로빈슨으로 하여금 언어란 사물의 깊이이면가 아니라 사물의 넓이표면와 관련된다는 사실을 깨닫게 해준다.

그는 자기가 구체적인 사물을 가리키지 않는 단어들을 만나면 그 의미에 대해서 자신이 없어진다고 고백한다. 가령 사람들은 '심오한 정신', '깊은 사랑' 등으로 깊이의 개념 같은 것을 흔히 표현하지만 자신은 한 번도 어떤 의미에서 이렇게 쓰는지 곰곰이 생각해본 일이 없다는 것이다. 하지만 실제로는 그가 그런 것들에 대하여 곰곰이 생각해보지 않은 것이 아니라 깊이보다는 넓이의 중요성을 깨닫고 있다고 해야겠다. "맹목적으로 표면적을 무시하고 깊이만을 중요시하며 '피상적'이라는 말은 '광대한 넓이'가 아니라 '별로 깊지 못한'의 뜻으로 쓰고, 한편 '깊은'은 반대로 '매우 깊이가 있다'는 뜻이지 '면적이 좁다'는 뜻으로 쓰이지 않는다는 것은 사실 이상한 편견이다. 그렇지만 내 생각으로는 사랑이란—만약 그것이 잴 수 있는 것이라면—그 깊이보다

방드르디, 태평양의 끝

는 면적의 중요성으로 훨씬 더 잘 측정될 수 있을 것 같다. 왜냐하면 내가 어떤 여자에 대해 느끼는 사랑은 내가 동시에 그녀의 손, 눈, 거동, 흔히 입는 옷, 늘 지니는 물건, 그 여자가 접촉했을 뿐인 사람들, 그녀가 몸담아 움직인 풍경, 그 여자가 수영한 바다 등을 사랑한다는 사실에서 측정될 수 있다."

소위 어떤 사태나 사물을 '정의한다define'는 것은 곧 해당 사태나 사물이 함축하는 개념적 의미를 분석하는 것이라고 할 때, 정의는 일반적으로 그 대상의 내포內包와 외연外延을 분석하여 제시하는 일이다. 그런데 투르니에에 따르면 그러한 정의는 그 대상의 특성을 드러낼 수 있는 관계의 구체적인 맥락context을 포함하지 않고 있다. 그래서 그 대상을 중심으로 한 보편적이고 추상적인 규정에 그칠 뿐 그 대상이 지닌 현실적인 의미와 위력을 간과하는 우를 범하게 된다는 것이다. 그가 예로 든 것처럼 '사랑'에 대해 다양한 사전적 정의를 내릴 수는 있으나 그 정의가 사랑의 구체적인 감정이나 행위와 관련해서 과연 무엇을 말해줄 수 있겠는가? 그런 점에서 대상의 깊이를 따지는 방식은 구체적인 사안에 관한 한 시사하는 바가 참으로 빈곤하기 짝이 없다.

이에 반해 맥락과 넓이를 살피는 방식은 무척 발견적heuristic이다. 넓이는 표면과 관련되는 한에서 종종 '표면적'이란 곧 '피상적'이라고 폄하되곤 하는데, 이러한 처사에 투르니에는 반기를 든다. 넓이가 대상의 표면을 다룬다고 해서 대상의 핵심을 벗어나는 것은 아니다. 오히려 대상은 표면을 떠나서 그 자체로 존립할 수 없으며 표면을 통하여 대상을 더 풍부하게 이해할 수 있다. 넓이의 중요성에 대한 투르니에의 생각은 일군의 언어학자들이 개념적 본질주의essentialism와 방법론적 전체주의totalitarianism에 반대하여 언어적 실재주의realism와 방법론적 개체주의individualism를 주장한 것과 그 맥을 같이한다. 다음의 예를 보자. 어떤 사람이 영국의 옥스퍼드 대학에 가서 대학 본부 건물과 강의실과 운동장 등을 보고 나서 "그런데 옥스퍼드 대학은 어디에 있지요?" 하고 물었다. 그는 대학의 개별적인 것들이 모여 '옥스퍼드 대학'을 이룬다는 사실을 간과한 것이다. 개별자를 떠나서 '옥스퍼드 대학의 본질'이 따로 존재하는 것은 아니다. 어떤 여인을 사랑한다고 할 때 그 여인의 본질을 사랑한다기보다는 그 여인의 미소와 몸짓과 말과 옷 등 그녀가 드러내는 다양한 개별적인 것들이 모여 그녀에 대한 사랑의 마음을 유발하는 것이다. 그것들은 그녀의 표면이지 그녀의 이면이 아니다. 이면이 있다 해도 그것이 표면으로 드러나지 않으면 그녀에 대해 특별한 감정을 가질 수 없다.

투르니에가 사태의 진실을 표면에서 찾는 태도는 미국 프래그머티즘pragmatism의 진리관과 흡사하기도 하다. 프래그머티즘에 따르면 어떤 사물이나 사태는 애초부터 어떤 본질이 주어져 있는

게 아니라 그 사물이나 사태가 실제에서 발휘할 수 있는 역량에 의해 그 의미가 생겨난다. 그러니까 프래그머티즘의 시각에서 보면 어떤 대상의 진리는 주변 세계와의 관계를 떠나서 독자적으로 주어질 수 없으며, 오직 주변 세계에 대해 실질적인 효과를 창출하는 한에서만 그 대상의 특성을 말할 수 있다. 물론 이러한 프래그머티즘의 시각이 투르니에의 시각과 똑같지는 않다. 다만 어떤 사물이나 사태는 결과적으로 드러난 효과를 통해서만 그 진가를 따질 수 있다는 점에서 투르니에가 말하는 '사태의 표면'과 일맥상통한다고 볼 수 있다. 어떤 사태에 대해 그 깊이를 따지는 태도가 사태의 이면에 있는 본질을 캐는 것이라면, 투르니에나 프래그머티즘의 태도는 사태의 이면이 아니라 사태가 결과적으로 드러난 표면을 중시한다.

'깊이'는 모호하고 불투명하여 깊이라는 말 앞에서 사람들은 숙연해지고 열등감을 갖기 쉽다. 깊이를 갖추지 못한 것은 진정성을 결여하고 있다고 생각하기 때문이다. 하지만 투르니에에게 깊이라는 어휘는 일종의 속임수의 산물이며 사태를 투명하게 보는 데 실패한 자들이 구상해낸 허구이며 도피처이다. 이러한 자들은 걸핏하면 깊이를 내세워 진실을 왜곡하는 것은 물론, 타인들에게 깊이가 없는 것이 아닌가 하는 고민을 불러일으켜 낭패감이나 자괴감을 부추기기도 한다. 쥐스킨트의 단편소설 「깊이에의 강요」는 바로 이러한 깊이에 대한 무책임한 지적이 한 작가를 어떻게 파멸로 몰고 가는지를 보여준다. 소설에서 한 평론가가 어떤 작품에 대해 '깊이가 없다'고 대수롭지 않게 말하자, 그 작가는 고민 끝에 결국 목숨을 끊는다.

문학과 예술에서는 종종 깊이를 강요한다. 표면이 아니라 내면으로 들어가야 한다는 요구다. 내면은 정신에 근거하기 때문에 정신을 풍요롭게 갈고 닦는 일은 문학과 예술에 종사하는 이들이 게을리해서는 안 되는 필수 덕목이라고 강조한다. 그래서 도야陶冶는 곧 정신 수양이고 정신 수양은 곧 자기 내면을 살피어 연마하는 일이다. 하지만 투르니에는 새로운 언어의 계발을 위해 내면보다 외면에 관심을 기울이라고 충고한다. 그의 작품「외면 일기」는 이러한 맥락에서 출현했다. 일기란 보통 자신의 내면에 대한 기록이다. 그러나 투르니에는 내면 일기보다 외면 일기를 권한다. 내면은 불확실하고 모호하지만 외면은 상대적으로 관찰과 묘사가 수월하다. 보이는 것에 대한 묘사를 바탕으로 보이지 않는 것을 드러내는 전략으로 전환하는 편이 현명하다는 것이다. 그는 로빈슨의 입을 빌려 외면성을 무시하고 내면성에만 가치를 부여하는 경향의 문제점을 지적하는데 그런 경향은 넓이가 아니라 깊이만을 강조하는 것과 비슷한 메커니즘이라는 것이다. "그에 따르면 존재들은 아무런 가치도 없는 껍질 속에 담겨 있는 보화이며 그들 속으로 파고 들어갈수록 우리가 접할 수 있는 풍부함은 증가한다는 것이다. 그런데 만약 그 속에 보물이 하나도 없다면 어쩌겠는가? 그리고 그 조상彫像이 톱밥을 넣어 만든 인형들처럼 단조롭고 똑같은 것들로 가득 차 있다면 어쩌겠는가?"

로빈슨은 소위 문명화된 생활에서는 자꾸 그 깊이만 따지고 내면만을 중시하지만 스페란차 안에서 관찰해볼 때 세계라고 하는 것은 특별한 알맹이가 있는 게 아니고 겉으로 드러난 표면적 관계, 깊이가 아니라 넓이와 맺고 있는 관계가 중요하다는 생각에 이른다. 깊이는 그 깊이를 파고 들어가면 그 안에 마치 귀한 무엇이 있는 것처럼 여겨진다. 그런데 사실인즉 깊이의 안에는 아무것도 없을 수 있다. 아니 아무것도 없다. 엄청나게 진귀하고 뛸 듯이 기뻐할 그 무엇이 기다리고 있을 것으로 기대했지만 더 이상 파고 내려갈 것이 없는 마지막에서 만나는 것은 아주 보잘것없는 것이다. 문명의 깊이와 알맹이를 상정하고 찾아 나섰지만 그것은 사실 허구이고 가상에 지나지 않는다는 사실을 무인도의 고독은 로빈슨에게 일깨운다.

시간을 내 것으로 만들기

섬에서 벗어나 그를 원래 속했던 문명의 세계로 데려다줄 유일한 수단인 '탈출호'가 실패한 이상 로빈슨에게는 고독에서 벗어날 길이 없다. 이제 그는 절망에 빠져 진창을 뒹굴며 짐승처럼 생활한다. 진창은 그가 문명화된 인간으로서의 정체성을 포기하여 인간으로서의 존엄성을 지키지 못하고 타락하게 만든다. 진창은 로빈슨에게서 인간성을 앗아갔다. 그러나 그는 인간성의 완전한 파멸 직전에 저항의 의지를 불사르기 시작한다. 어느 순간 자신이 미쳐가고 있다고 의식하면서 자기가 살기 위해서는 탈출을 위한 바다가 아니라 생존을 위한 섬으로 눈길을 돌려야 한다는 사실을 깨닫게 된다.

문명으로 향하는 통로인 바다가 막혀 있음을 확인할 때면 그 바다는 그를 진창으로 유혹하여 더럽히고 나서 광기의 심연 속에 밀어 던진다. 반면에 "섬은 그의 등 뒤에 제한된 약속들과 준엄한 교훈들로 가득 찬 채 광대하고 순수하게 펼쳐져 있었다." 그래서 그는 이제 자신의 운명을 손안에 거머쥘 것이라고 결심한다. "그는 일할 것이다. 더 이상 꿈꾸지 않고 저 거부할 길 없는 자신의 아내인 고독과 한 몸이 될 것이다." 고독을 벗어나기보다 고독과 하나가 되는 길을 택한 것이다. 바다가 암시하는 문명의

방드르디, 태평양의 끝

깊이에서 이제 그는 섬의 표면에 눈을 돌린다. 그리하여 바다를 바라보며 한탄하기보다는 섬에서 새로운 삶의 출구를 찾기로 한다. 그래서 '탄식의 섬'이라는 무거운 이름을 붙였던 그 섬에 희망을 뜻하는 '스페란차'라는 새로운 이름을 지어준다.

스페란차라는 이름에 걸맞은 섬이 되려면 로빈슨이 진창에서 벗어나야 한다. "진창은 나의 패배이며 악덕이다. 나의 승리는 절대적인 무질서의 다른 이름에 불과한 자연적 질서에 항거하여 내가 스페란차에 강요해야 마땅한 도덕적 질서이다." 스페란차에서 자연의 질서를 따르기보다 스페란차에 자기의 질서를 부여하기로 그는 결심한다. 그런 그에게 무엇보다 먼저 심각하게 다가온 문제는 시간에 대한 감각이었다. 왜냐하면 문명으로부터 고립된 그의 기억 속에서의 날들은 모두가 똑같은 모습으로 서로 겹쳐지고 있어서 매일 아침마다 그 전날의 하루를 다시 시작하는 듯한 느낌이 들었기 때문이다. 그래서 그는 스페란차에서 자신이 경험하는 시간에 문명적 질서를 부여하기로 한다. "갑자기 나에게 너무나도 자명하게 나타나 보이는 것은 시간과 싸워야 한다는, 다시 말해서 시간을 포로처럼 사로잡아야 한다는 필요성이다. 내가 그날그날 목적 없이 살고 되는 대로 내버려두면 시간은 손가락 사이로 새어 나가고 나는 나의 시간을 잃는다. 나 자신을 잃는다. 결국 이 섬 안에서의 모든 문제는 시간의 문제로 해석될 수 있을 것이다." 시간은 절대적인 것이 아니다. 시간은 나와 무관하게 독립적으로 흘러가는 객관적인 것이 아니다. 시간은 어떻게 관리하느냐에 따라 달라지는 상대적인 것이다. 시간을 관리하지 않으면 나는 시간에 종속되지만, 관리하면 시간을 내 것으로 만들 수 있다. 시간을 나에게 맞춰야 한다. 그럼으로써 시간은 '나를 위한 시간'이 된다.

자신의 시간을 잃지 않기 위하여, 자기 자신을 잃지 않기 위하여 로빈슨은 죽은 소나무 꼭대기에 금을 새겨놓기 시작한다. 대양을 사이에 놓고 인간들과 격리되었듯이 그동안 인간의 달력으로부터 단절된 채 지내고 있었던 그가 자신의 달력을 재정립함으로써 자기 자신을 되찾은 것이다. 또한 그는 시각을 측정하기 위해 일종의 물시계를 만든다. "그가 밤이건 낮이건 함지 속으로 떨어지는 이 규칙적인 물방울 소리를 들을 때면 그의 의지와는 관계없이 어두운 심연 속으로 미끄러져 나가는 것이 아니라 이제부터는 규칙화되고 지배되고 장차 섬 전체가 그렇게 되려 하듯이 오직 한 인간의 정신력에 의하여 길들여지게 된다는 자랑스러운 기분을 느꼈던 것이다." 사실 자연 속에만 있는 사람은 해가 뜨면 아침인가 보다, 해가 지면 저녁인가 보다 하고 생각할 뿐이다. 생존에 직접적으로 영향을 미치는 계절의 변화라면 모를까 날짜가 가는 것도 별다른 의미가 없다. 그의 일상은 그저 자연에 따라 움직인다. 그러나 문명사회의 인간은 시간을 그의 계획에 따라 관리한다. 시간을 측정하고 계획적으로 관리하는 일은 문명 세계의 성립 조건이다. 문명은 자연적인 시간을 인간화하는 활동의 산물이다.

시계와 달력은 로빈슨의 일상생활에 문명적인 질서의 틀을 만들어준다. 그럼으로써 일차적으로는 그의 행동을 변화시키지만 이차적으로는 그가 접하는 자연의 생리에 변화를 초래한다. 시간을 측정하는 도구인 시계와 달력은 그의 정신의 소산이다. 그 도구는 로빈슨의 삶을 규칙과 질서 속에 편입시키는 데 그치지 않는다. 이제 그의 삶이 이루어지는 공간 스페란차가 그의 생활 리듬 속에 들어오게 된다. 다시 말하면 시간을 측정하는 도구에 의해 자연은 인간이 부여한 의미의 세계에 들어오면서 인간을 위한 자연으로 재편성되기에 이른다. 달력을 만들고 물시계를 제작함으로써 로빈슨은 자신의 삶에 문명을 끌어들일 뿐만 아니라 낯선 타자인 스페란차를 자기의 정신적 질서 안으로 끌어들인다.

타자, 자기의 질서에 갇히지 않는 상대

그런데 어느 날 아침 로빈슨이 전날 밤 물시계의 물을 갈아주는 것을 잊어버린 탓에 물시계가 멈춰버린다. 그 순간 그는 자신을 둘러싼 세계의 사물 하나하나가 그의 본질로 되돌아와서 모든 속성들을 마음껏 꽃피우며, 그들 자체의 완성 외에 다른 어떠한 이유도 찾지 아니하며, 순진하게 그 자체로만 존재하는 것 같다고 느낀다. "마치 신이 어떤 갑작스러운 사랑의 충동을 받아 그의 모든 피조물들을 축복하기로 한 것처럼, 엄청난 부드러움이 하늘로부터 떨어지고 있었다. 대기 속에는 행복한 그 무엇이 매달린 채 떠 있었다. 형언할 수 없는 희열의 짧은 한 순간, 로빈슨은 그렇게 오래전부터 자신이 외롭게 남아 고생하고 있었던 그 섬 속에서, 평소에는 그의 보잘것없는 걱정들에 가려져 있었던 더욱 신선하고 더욱 따뜻하며 더욱 우정에 찬 어떤 다른 섬을 발견하는 것만 같았다."

여기서 그가 말하는 '다른 섬'은 무엇일까? 그것은 그가 자신이 떠나온 세계의 질서를 본떠 안간힘을 쓰고 스페란차에 만들어낸 섬과는 완전히 다른 섬이다. 다시 말해서 그가 경작과 목축, 행정, 법 등 문명화 작업을 통해 이룩해낸 '잘 통치된 섬'과 반대되는 의미를 가진 섬이다. 잘 통치된 섬이 서구적 합리성의 산물인 반면 다른 섬은 그것으로 포착되지 않는 완전히 낯선 섬이다. 스페란차라는 타자를 자기의 질서로 편입한 결과가 잘 통치된 섬이라면, 자기의 질서에 결코 갇히지 않는 타자로 남아 있는 것이 바로 다른 섬이다. 물시계가 멈춰버렸을 때 로빈슨이 발견한 것이 바로 그 자기화自己化되지 않는 타자의 존재다.

타자를 이제까지 자기가 생각해왔던 논리 혹은 질서로 포착할 수 없다는 사실을 로빈슨은 다른 사건에서도 경험한다. 로빈슨은 자기가 추수한 곡식을 축내는 쥐들을 소탕할 방법을 찾다가 어떤 빨간 알이 맺힌 흰 버섯을 사용하기로 한다. 왜냐하면 그 버섯 조각들이 섞인 풀을 뜯어 먹은 염소 여러 마리가 죽은 것을 보고 그 버섯에 틀림없이 독이 들어 있다고 생각했기 때문이다. 그래서 그 버섯을 끓인 물에 밀알을 담갔다가 쥐들이 자주 다니는 곳에 뿌려놓았다. 그러나 밀알을 먹은 쥐들은 죽지 않았다. 염소가 먹고 죽은 버섯이니 쥐들도 그럴 것이라고 예상했지만 그 예상은 빗나갔다. 쥐들의 섭생 방식은 로빈슨의 합리적인 사고의 틀에 갇히지 않았던 것이다. 쥐는 염소와 달랐다. 어느 것에 효력이 있다고 해서 다른 것에도 효력이 있을 것이라는 판단은 틀렸다. 타자성他者性은 이렇게 하나에 통용되는 잣대를 다른 하나에 환원적으로 적용할 때 예기치 않게 출현하는 거부반응을 통하여 드러난다.

방드르디 역시 마찬가지다. 로빈슨은 방드르디가 야만인이어서 '인간'이 아니라고 간주하여 기독교의 세례명 대신에 그를 구한 요일의 이름을 그에게 붙여준다. 그에게 이름을 주는 행위는 그 자체로 로빈슨이 방드르디를 자기의 질서 안으로 끌어들이려는 행위이지만, 다른 한편으로는 그에게 주어진 '방드르디금요일'라는 이름은 특정한 틀로 설명되지 않는다는 사실을 암시하기도 한다. "그것은 사람의 이름도 물건의 이름도 아니다. 그건 그 둘의 중간쯤 되는, 반쯤은 생명이 있고 반쯤은 추상적인 이름으로, 시간적이고 우연적이며 마치 일화적인 것 같은 성격이 강하게 깃들어 있다." 합리적이고 논리적인 사고에서 어떤 것은 이것이거나 저것이지, 이것도 아니고 저것도 아닌 중간은 없다. 논리학에서 소위 배중률principle of excluded middle이 이러한 사태를 일컫는데, 배중률은 올바른 판단을 위해 엄격하게 지켜져야 하는 논리적인 약속이고 규율이다. 그런데 방드르디는 지금 사람과 사물의 중간에 있음으로써 배중률에 위배되는 경우가 된다. 더구나 우연적이고 일회적인 것은 필연성과 일관성을 결여한 것으로서 타자성이 개입되지 않으면 나타날 수 없는 사태이다.

방드르디의 타자성을 나타내는 것은 이름만이 아니다. 그의 많은 행동이 그가 결코 로빈슨의 논리로 얽어맬 수 없는 존재임을 보여준다. 그는 주인인 로빈슨을 따라 개념, 원칙, 규율, 신비의 말씀을 반복해 말하는 순간 그 이야기가 재미있어 참지 못하고 신을 모독하는 듯한 웃음을 터뜨린다. 말씀의 의미는 그에게 중요하지 않다. 그에게는 그것이 그저 재미있는 이야기일 뿐이다. 방드르디의 무시무시한 폭소는 로빈슨과 그가 통치하는 섬의 겉모습을 장식하고 있는 그 거짓된 심각성의 가면을 벗겨 뒤죽박죽으로 만든다. 진귀한 옷감과 보화로 선인장을 화려하게 장식한 일은 또 어떤가? 여기서도 방드르디에게 그 옷감이나 보화는 눈에 보이는 그대로일 뿐 그것들의 쓸모나 가치는 아무런 의미가 없다. 함께 산책하던 개 텐이 물이 고여 있는 논에 빠져 허우적대자 수문을 열어 물을 빼 텐을 구한 일도 같은 맥락에서 이해할 수 있다. "벼농사가 끝장이라는 생각은 그의 머릿속을 전혀 스쳐 지나가지 않았다." 방드르디에게 세계와 자기의 관계는 순간적 유희에 지나지 않아서 그는 어떤 사태도 심각하거나 진지하게 생각하는 법 없이 오직 현재에만 집중하여 그것에 즉각적으로 반응할 따름이다. 이러한 그의 태도를 로빈슨의 일반적 상식과 합리적 의식은 결코 따라갈 수 없다. 그는 로빈슨에게 완벽한 타자였던 것이다.

방드르디는 자신이 결코 길들일 수 없는 타자성을 지니고 있다는 사실을 로빈슨에게 확실하게 각인시킨 또 다른 사건이 있다. 로빈슨은 어느 날 불이 벌건 재를 흩어놓은 위에다 방드르디가 큰 거북이 한 마리를 등 쪽으로 발딱 뒤집어 올려놓은 것을 목격한다. "뜨거운 열기를 못 이겨 오목하게 생긴 거북이의 등껍질이 점차 평평하게 펴지는 한편 방드르디가 동물의 몸집이 아직 껍질에 붙어 있는 부분을 칼로 재빨리 끊어내는 것을 보고서야 그는 이 야만스러운 행동의 목적이 무엇인지를 알 수 있었다." 이 문장에서 짐작할 수 있듯이 방드르디는 방패를 만들고 있었던 것이다. 넓적해진 등껍질의 안쪽을 모래로 문지르면서 그는 태연하게 어떤 화살로도 그 방패는 뚫지 못할 거라고 설명한다. 등껍질이 벗겨진 거북이가 바다로 도망가는 것을 보면서 그가 하는 말이라고는 고작해야 "잘못 생각했지. 내일이면 게들이 다 뜯어먹어 버릴 텐데" 하는 비아냥이다. 경악한 채 그를 바라보는 로빈슨과 무심하게 방패 만들기에 열중하고 있는 방드르디의 대조적인 모습이 마치 눈앞에 보이는 것 같지 않은가!

로빈슨의 눈에는 너무나 섬뜩하고 야만적인 행동이 방드르디에게는 아무렇지도 않은 행동, 참으로 자연스러운 행동이다. 잔인하다거나 야만적이라는 평가는 지극히 인간적인, 인간중심적인 감정과 사고의 소산이다. "동물들에 대한 그의 관계는 그 자체가 인간적이라기보다는 동물적인 것이다. 그는 동물들과 동등한 자격이다." 방드르디와 거북이는 각자 자신의 삶을 지배하는 논리에 따라 평등한 관계에서 경쟁할 뿐이다. 거기에 상대방의 입장 따위를 배려할 여지는 없다. 그래서 누가 누구에게 한 수 접어준다는 식의 불평등한 관계를 인정하지 않는다. 이렇게 평등한 경쟁관계에서 방드르디는 "오직 자기의 육체적인 힘과 우월한 꾀 덕분에 가질 수 있었던 모든 권리를 짐승들에게 아주 순진하게 행사할 수 있는 것이다." 이처럼 방드르디는 외면적으로는 로빈슨을 주인으로 섬기고 그의 명령에 온순하게 복종하는 것처럼 보이면서도 실제로는 결코 로빈슨의 질서로 편입되지 않는 타자로 남아 있다.

로빈슨 대 로빈슨

로빈슨이 스페란차를 잘 통치하기 위해 시도하는 모든 작업 그리고 방드르디를 가르치려는 모든 노력은 타자를 자기화하는 과정이다. 그런데 이 자기화가 과연 가능한가도 문제지만 이 자기화가 과연 정당한가, 자기화를 정당화할 수 있는 근거가 무엇인가 또한 문제다. 디포D. Defoe가 쓴 「로빈슨 크루소」의 로빈슨이 무인도에 성공적으로 정착할 수 있었던 것은 아무런 의심도 없이 그 섬에 당시 서구 사회의 제도와 가치를 반영한 문명 생활을 재현할 수 있다고 믿었고 또 실제로 그렇게 했기 때문이다. 그러나 투르니에의 로빈슨은 한편으로는 "이제부터는 내가 깨어 있건, 잠을 자건, 글을 쓰건, 요리를 하건 나의 시간은 기계적으로, 객관적으로, 거부할 길 없이 완벽하고 정확하게 통제 가능한 방식으로 똑딱거리는 소리에 의하여 논리화된다. 나는 내 주위의 모든 것이 이제부터는 측정, 증명, 확인되고 수학적이고 합리적으로 되기를 요구한다"라고 생각하면서도 다른 한편으로는 "그러나 내게 이 엄청난 과업을 완수할 힘이 있을까? 스페란차에 부과하고자 하는 이 막대한 양의 합리성의 원천을 나는 과연 나의 내부에서 찾아낼 수 있을까?" 하고 의문을 품는다.

이러한 태도는 디포의 「로빈슨 크루소」와 확연히 구별된다. 디포의 로빈슨은 자신이 예전에는 연장을 사용해본 적이 없었는데도 이성적으로 잘 궁리하면 어지간한 도구는 다 만들 수 있었을 뿐만 아니라 작물의 재배와 동물의 사육도 어렵지 않았다고 고백한다. 여기서 주목할 점은 그가 이성을 수학적 사고의 원천으로 언급한 점인데, 이는 이성에 근거한 합리적 사고가 경험에 의존하지 않는다는 사실을 의미한다. 그래서 그는 예전에 연장을 만들거나 사용해본 경험이 없어도 이성의 지시에 따라 생각하면 자신에게 필요한 도구를 만들어 사용하는 데 별로 어려움을 느끼지 않았던 것이다. 디포의 로빈슨은 합리주의적으로 사고하고 행동함으로써 무인도에서 생존하고 생활하는 데 큰 불편을 느끼지 않았다. 이 합리주의적 사고와 행동은 결국 외부의 경험이 아니라 로빈슨의 내부, 즉 이성에서 비롯한다. 해보지 않았는데도 할 수 있었던 것은 동물과 달리 인간에게만 주어진 특수한 사유 능력, 즉 이성의 위력이 아닐 수 없다.

로빈슨 크루소의 이러한 태도는 디포가 근대철학의 출발점이라 할 수 있는 데카르트의 코기토cogito, 즉 '나는 생각한다'에 충실하게 따르고 있음을 보여준다. 데카르트의 유명한 명제 '나는 생각한다, 그러므로 존재한다'는 사고thinking가 존재being의 근거라는 뜻이다. 내가 생각한다는 사실을 통하여 나의 존재가 입증된다는 말이다. '나는 생각한다'를 떠나서는 존재에 대해 어떠한 설명과 이해도 가능하지 않다는 것이다. '생각'은 그로부터 모든 것이 추론될 수 있는 출처이며 주체이다. 여기서 '모든 것'은 존재 전체를 가리킨다. 데카르트에게 '사고'는 곧 이성적 사고를 의미하며, 그런 한에서 사고는 경험과 무관하게 세계존재를 합리적으로 판단할 수 있는 근거인 셈이다. 따라서 이성 속에 없는 것은 세계에도 있을 수 없다. 거꾸로 말하면 이성 속에 있는 것을 끌어내면 그것이 곧 세계의 전부다. 디포의 로빈슨이 경험을 해보지 않았어도 필요한 도구를 거의 만들 수 있었던 것은 그가 전적으로 이성에 토대를 둔 합리주의적 사고를 진리로 신봉한 데 따른 결과다.

디포의 「로빈슨 크루소」는 서구 합리주의의 위력을 보여준다. 자연 그대로의 상태인 무인도에서 어떤 도구도 없이 그 세계를 지배하고 그 세계에 문명을 정착시킬 수 있었던 것은 이성의 힘이었다. 자신이 직접 도구를 만든 적은 없다 해도 어디선가 도구를 본 경험이 있었기 때문에 그래도 큰 어려움 없이 도구를 만들 수 있지 않았겠나 하고 생각할 수 있지만, 적어도 그의 말에 근거할 때 경험보다는 자신의 이성적 사고와 판단이 도구를 제작하여 경작을 하고 그로 인해 무인도에서 생활할 수 있었던 토대가 된 것은 분명하다. 인간은 이성을 소유하고 있기 때문에 자연에 지배당하지 않고 자연을 이해하여 자기 것으로 삼을 수 있었다. 문명인 로빈슨 크루소가 원주민 프라이데이의 미개성을 한탄하면서 그에게 끊임없이 가르치려고 시도했던 것도 이성의 합리적 사고방식이었으며 프라이데이가 로빈슨을 주인으로 섬기고 복종하는 것도 바로 로빈슨의 합리적 사고 능력 때문이다. 이런 이유에서 디포의 「로빈슨 크루소」는 일반적으로 제국주의를 정당화하는 작품으로 평가된다. 제국주의가 서구 합리주의의 우월성을 앞세워 비서구 지역을 서구 열강의 지배 아래 두고 계몽의 대상으로 삼았기 때문이다. 한반도의 경우에도 예외는 아니었다. 서구 제국주의 열강이 한반도에 처음 들어왔을 때 그들의 눈에 비친 한국인은 미개한 상태에 놓여 있었으며 계몽의 대상이 된 한국인에게 그들이 우선적으로 요구한 덕목은 합리적 사고와 행동이었다. 그래서 한국 사회에서 근대화modernization는 곧 서구화westernization였고 서구화는 곧 합리화rationalization를 뜻했다.

디포의 로빈슨에게 자연은 문명에 대립하며, 또한 그렇기 때문에 자연은 문명에 종속되어야 하는 부정적인 것이다. 자연을 문명의 틀 안에 가두는 한에서만 인간은 자연 속에서 자유롭고 안전할 수 있다. 하지만 투르니에의 로빈슨은 그렇게 생각하지 않는다. "어느 누구 하나 찾아와서 얼굴과 비밀을 부여해주는 이 없는 이 '나'라는 존재는 스페란차 섬 한가운데 있는 꺼먼 구멍, 스페란차에 던져지는 하나의 관점, 하나의 점, 즉 아무것도 아니라는 것을 잘 알고 있다. 영혼이란 오직 안과 밖을 구별 지어주는 피부의 장막을 초월해야만 눈에 띌 만한 하나의 내용을 지니는 것이며, 그것은 하나의 점인 자아 주위에 훨씬 더 넓은 동심원을 스스로에 예속시킴에 따라 끝없이 풍부해지는 것이라고 나는 생각한다. 로빈슨은 스페란차 섬 전체와 일치할 때만 한없이 풍부해지는 것이다." 투르니에의 로빈슨은 디포의 로빈슨과 달리 타자인 스페란차에 자기의 합리성을 강요하지 않고 오히려 자신이 스페란차 속으로 들어가 그와 하나가 되는 길을 택하고 있다. 스페란차와의 합일을 통해 로빈슨은 자신이 빈곤해지지 않고 오히려 풍요롭게 된다고 믿는다. 로빈슨과 스페란차는 더 이상 문명

114

과 자연으로 대립하여 문명이 자연에 자기의 질서를 받아들이도록 강요하는 그런 일방적 관계에 있지 않다. 디포의 로빈슨이 무인도를 자신의 필요에 따라 이용하고 지배했던 것과는 전적으로 다른 관계가 이제 로빈슨과 스페란차 사이에 시작되고 있다.

방드르디 껴안기

나와는 다른 타자가 존재한다는 사실은 어떤 것이 내가 고안한 틀에 갇히지 않는다는 사실을 깨닫는 데에서 확인된다. 인식하는 자와 인식되는 자 사이의 거리가 관건이다. 둘 사이에는 설명할 수 없는 차이가 존재한다. 이 차이는 혼돈과 애매모호의 성격을 띠고 있어서 둘은 서로 소통할 수 없다. 디포의 로빈슨 크루소는 살아남기 위해서 자기의 이성적 질서 안에 타자를 끌어들인다. 그에게 타자는 오직 자기화해야 할 대상이다. 타자의 타자성은 인정되지도 용납되지도 않는다. 하지만 투르니에의 로빈슨은 문명화된 의식을 갖고 있는 자기의 합리성으로 끌어들일 수 없는 타자가 존재한다는 사실을 인정한다. 다시 말해서 타자의 타자성을 그 자체로 받아들이는 것이다.

물시계가 정지했을 때를 다시 한 번 떠올려보자. 물시계가 멈춘 것은 문명화된 시간의 정지를 의미한다. 그런데 이 시간의 정지가 시간의 끝을 의미하지는 않는다. 시계로 잴 수 있는 시간이 사라지면 새로운 시간이 시작된다. 시간이 정지되면서 혼란과 무질서가 초래되는 것이 아니라 사물들이 비로소 자기 모습을 되찾고 본래의 모습으로 피어난다. 사물들은 그 자체로 살아 있다. 더 이상 살아 있음의 원인을 밖에 두거나 다른 어떤 목적을 갖지 않고 그 자체가 목적이며 그 자체로 존재한다. 『성과 속』, 『원형과 반복』, 『영원회귀의 신화』 등을 저술한 종교학자 엘리아데M. Eliade가 말한 것처럼 여기서는 '속俗의 시간'이 사라지고 '성聖의 시간'이 시작된다. 엘리아데에 따르면 지속성을 정지시키기 위해 인위적 시간을 소거하면 신화적 시간이 된다. 문명화된 인간이 가지고 있는 합리성의 시간, 즉 세속적profane 인간의 시간이 자연의 성스러운sacred 시간, 즉 신화적 시간으로 전환된다. 신화적 시간에서 문명화된 시간은 사라진다. 세속의 시간이 사라지면서 더 이상 역사의 시간이 진행되지 않고, 개인이란 존재하지 않으며 집단적 원형prototype의 부단한 반복만이 행해진다.

로빈슨은 정지된 물시계로 인해서 시계로 잴 수 있는 시간이 아니라 그 자체로 완결된 시간을, 시간의 끝이 아니라 신화적인 새로운 시간을 만난다. 그리고 그 시간 안에서 자기화되지 않는 스페란차, 즉 다른 섬의 존재를 발견한다. 그때부터 스페란차는 그가 이제까지 보아왔던 섬이 아니다. 그는 스페란차가 지닌 생명력, 그 섬이 지닌 본래성을 인정하기 시작하면서 스페란차와 새로운 관계를 맺는다.

"인간을 동물과 구별 짓는 것은 다름 아니라 자연이 동물에게 무상으로 제공하는 옷, 무기, 음식 등 모든 것을 인간은 오로지 자신의 손으로 직접 제조해서 가질 수밖에 없다는 점에 있다면, 주어진 것을 만든 것으로 대치하는 것은 전형적인 인간 보편의 문제라 하겠다. 사실 만드는 작업은 서로 다른 분야, 서로 반대되는 두 가지 방향으로 진행된다." 로빈슨이 말하는 두 방향 중 첫 번째는 그가 섬의 표면에서 추진하고 있는 문명화 작업, 즉 경작과 목축, 건설, 행정, 법 등이다. 이 작업은 디포의 로빈슨 크루소와 같은 방향, 다시 말해 스페란차를 잘 통치된 섬으로 만드는 것이다. 그것은 사실 그가 자신이 속했던 인간 사회에서 베껴 온 것으로 문명의 산물이라는 점에서 회고적인 것이라고 할 수 있다. 반면에 두 번째 작업은 스페란차의 자연적 질서를 받아들이는 방향으로 진행된다. 이 방향은 로빈슨이 자기 내부의 고독으로 인해 생긴 폐허를 독창적으로 극복하는 길로서 그에게는 근원적인 진화의 현장이 된다. 여기서 근원적 진화란 그가 스페란차와의 합일을 통하여 변화되어간 것을 의미한다. 첫 번째 방향이 문명과 자연의 대립에서 문명이 자연에게 자기의 질서를 받아들이

도록 강요하는 관계라면, 두 번째 방향은 문명이 자연 쪽으로 다가가는 관계다. 전자가 합리성의 원천을 자기 자신, 즉 이성 안에서 찾는다면, 후자는 그 원천을 자연 자체에서 찾는다. 다시 말해서 자연은 문명의 관점에서 무질서하게 보이지만 사실 그 자체로 질서라는 사실을 인정하는 것이다.

이와 관련하여 『장자』의 '응제왕應帝王'편에 나오는 에피소드 하나를 살펴보자. 남해의 왕 숙儵과 북해의 왕 홀忽은 친구로서 중앙의 왕 혼돈混沌의 땅에서 자주 만났는데, 그때마다 혼돈이 융숭하게 대접해주자 숙과 홀은 그 대가로 혼돈에게 선물을 주기로 약속한다. 숙과 홀은 혼돈이 자신들과 달리 몸에 구멍이 하나도 없으니 구멍을 뚫어주자고 합의한 뒤 매일 한 개씩 7일에 걸쳐 이목구비에 해당하는 7개의 구멍을 뚫어준다. 그런데 마지막 구멍을 뚫는 순간 혼돈은 죽고 만다. 숙과 홀에게는 무질서로 보였던 것이 혼돈에게는 전혀 무질서가 아니었다. 오히려 그것을 무질서로 보고 무리하게 타자를 자기 질서 안으로 끌어들이려 한 숙과 홀 때문에 혼돈이 파괴되는 결과가 나타난 것이다.

인간에게 질서로 보이는 것이 '자연'인 혼돈에게는 질서가 아니라 오히려 무질서였던 것이다. 인간이 만든 질서 속으로 자연을 편입시킬 경우 자연은 질식한다. 타자로서의 자연은 인간의 논리 안에 갇히지 않는 경우가 허다하다. 타자는 인간의 사고와 논리 밖으로 얽히는 특성을 지니고 있다. 숙과 홀에게 혼돈이 '혼돈'으로 보였더라도 혼돈에게는 자신이 혼돈스럽지 않았던 것이다. 자연이 인간에게 무질서해 보인다고 해서 자연 자체가 무질서한 것은 결코 아니다. 무질서$_{chaos}$ 안에도 나름의 질서$_{cosmos}$가 있지만 인간은 그것을 알지 못할 따름이다. 타자의 타자성을 그 자체로 인정하고 타자 쪽으로 다가갈 때 자기는 비로소 진화할 수 있다.

우리는 이제까지 문명 세계에서 온 로빈슨이 타자, 즉 스페란차와 방드르디를 자기의 질서 안에 가두려고 노력했으나 결국 그것이 무리라는 것을 깨달으면서 타자와 관계 맺는 방식에 변화가 일어나고 있다는 사실을 확인했다. 로빈슨은 더 이상 타자를 자기 쪽으로 끌어들이려고 하지 않는다. 그는 서서히 타자의 질서 안에 편입된다. 그리하여 결과적으로 타자인 스페란차와 방드르디의 세계 속으로 들어간 로빈슨은 자기 존재가 해체되는 것이 아니라 오히려 자기 존재를 획득하게 된다.

스페란차와의 합일

스페란차는 이제 더 이상 잘 통치된 섬으로 남아 있지 않다.

로빈슨은 물시계의 구멍만 막아버리면 시간의 흐름을 정지시켜 일종의 황홀경을 다시 맛볼 수 있다는 사실을 깨닫는다. 그는 그런 순간에 '무죄의 순간'이라는 이름을 붙인다. 그는 "진창 속으로 다시 빠져들지 않고도 일과표와 의식의 빈틈없는 규율에서 벗어나는 것이 가능한 것 아닌가! 그렇다면 타락하지 않고도 변화가 가능한 것 아닌가!"라고 생각한다. 진창으로 상징되는 야만성을 극복하기 위해서 스페란차에 자기 질서를 정착시키고자 했지만 스페란차 자체의 타자성을 인정하고 거기에 동화됨으로써 자기의 변화를 꾀하고 있는 것이다.

스페란차에 동화되어가는 것은 스페란차와의 합일을 의미한다. 스페란차는 이제 관리해야 할 영토가 아니라, 여성성을 지닌 것이 분명한 하나의 인격체로 변모했다. 동굴 속으로 들어가 그의 주위에 깃들어 있는 가장 절대적인 고요에 잠겼을 때 그는 "스스로 스페란차와 조금도 격리되어 있다고 느껴지지 않았기 때문이다. 반대로 그는 그 섬과 더불어 강렬하게 살고 있었다." 동굴은 어머니의 자궁을 상징한다. 동굴 속에서 로빈슨은 마치 어머니의 자궁 속 태아처럼 아늑하고 편안한 느낌을 받는다. "스페란차의 여성적 본질에 모성母性의 모든 속성들이 축적되는 모양이었다. 그는 어머니의 품에 자신이 안겨 있다고 느끼는 것이었다." 그는 또한 장밋빛 골짜기에서 아내로서의 스페란차와 만난다. 로빈슨은 이제 스페란차를 어머니의 품처럼 따뜻하게, 그리고 자기의 아내처럼 사랑스럽게 만난다.

스페란차를 어머니이자 아내로 맞이한 로빈슨은 갈수록 스페란차를 닮아가면서 서서히 인간적 면모를 잃어간다. 스페란차와의 결합이 긴밀해질수록 그는 자신의 인간적 본질을 점점 더 포기한다. 인간적 본질의 상실은 로빈슨이 스페란차의 자연적 본질에 근접한다는 뜻이며, 이는 곧 그가 자연의 본래적 질서에 진입한다는 것을 뜻한다. 그래서 그는 자신이 점점 더 비인간화된 나머지 언젠가는 날이 갈수록 인간화된 그 섬의 통치자이자 건축가가 될 수 없게 되는 때가 필연적으로 올 것이라고 생각한다. 잘 통치된 섬은 로빈슨이 문명화된 인간으로서의 모습을 잃지 않기 위해서 만든 섬, 로빈슨에 의해 인간화된 섬이고 어머니로서의 섬과 아내로서의 섬은 그가 인간화와는 반대 방향으로, 다시 말해서 비인간화의 방향으로 가면서 만나는 섬이다. 그는 스페란차와의 합일이 결국 자기가 스페란차에 이룩한 문명을 등지게 만들 것임을 예감한다.

여기서 그가 말하는 비인간화는 처음에 섬을 탈출한다는 게 불가능하다는 사실을 깨닫고 진창에 뒹군 일을 스스로 비인간화라고 불렀던 것과 다르다. 진창을 비인간화라고 불렀을 때 그것은 완전히 문명을 등지고 야만에 몸을 담그는 행위였다. 그래서 버지니아호에서 살아남은 개 텐이 그를 보고 도망쳤던 것이다. "우리들 중에서 야만적인 쪽은 나였다. 나보다도 훨씬 더 근본적으로 문명화된 상태로 남아 있던 저 불쌍한 짐승에게 불쾌감을 준 것이 나의 사나운 표정과 어리둥절한 얼굴이었던 것은 의심할 여지가 없다." 그때의 비인간화는 그에게 악덕이고 타락이었을 뿐이다. 악덕은 포기와 체념, 즉 진창이다. 그래서 그는 자신의 상황이 용기와 힘과 자기 긍정과 사물들에 대한 지배를 미덕이라고 부르기를 요구한다고 고백한다. 용기와 힘과 자기 긍정과 사물들에 대한 지배야말로 디포의 로빈슨 크루소가 계몽주의적이고 제국주의적인 관점에서 성공을 거둘 수 있었던 원천이 아닌가!

하지만 지금 그가 비인간화라고 부르는 것은 스페란차와의 합일을 의미한다. 이제 스페란차는 어머니이며 아내다. 진창을 뒹구는 비인간화는 타락이었지만 스페란차와의 합일인 비인간화는 타락하지 않고도 그를 변화시켜줄 수 있는 것, 그의 고독을 극복하게 해줄 수 있는 것이다. 동굴 안에서 스페란차와의 합일을 경험하면서 "로빈슨의 고독은 이상한 방식으로—군중 속에 있거나 친구와 함께 있을 때처럼 옆에 가까이 있음으로써, 즉 측면에서가 아니라—중심에서, 이를테면 핵심에서 극복되었다." 로빈슨이 가지고 있었던 고독은 사실 문명 속의 고독이었다. 그것은 상처 입은 채 옆 사람에게 기대 겨우 몸을 지탱하고 있다가 옆 사람이 없어지면 쓰러져버리는 부상자와 같은 고독이다. 그래서 옆에 누군가 있어야만, 즉 측면에서 극복되는 고독이다. 무인도에 혼자 남았기 때문에 느끼는 고독이며 문명적 상황에 익숙해진 자를 엄습하는 고독이다. 이에 반해서 자연은 그 자체로 혼자다. 스페란차 자신이 고독이다. 스페란차에 동화된 로빈슨은 고독과 하나가 됨으로써, 그 자신이 고독이 됨으로써 고독을 핵심에서 극복할 수 있었던 것이다.

스페란차와 동격이라 할 수 있는 방드르디가 전혀 고독하지 않은 것도 마찬가지 이유에서다. "방드르디는 깊이 생각한 연후에 문제를 결정하는 자유롭고 의식적인 의지의 소유자라기보다는 그냥 어떤 천성에 따라 행동하는 것이 전부였고, 그 행동의 결과는 마치 아이가 어머니를 닮듯이 그를 닮은 것이었다." 천성에 해당하는 영어 단어 'nature'가 동시에 자연을 의미함을 고려할 때 방드르디는 그 자신이 자연이다. 자연은 홀로 있지 않기 때문에 외롭지 않은 것이 아니라 혼자인 것이 가장 익숙한 것이기 때문에 혼자임에도 외롭지 않다. 다시 말해서 그 자신이 고독이기 때문에 고독하지 않다. 방드르디가 고독하지 않은 것은 방드르디 자신이 이미 고독이기 때문이다.

방드르디, 태평양의 끝

문명의 붕괴

방드르디는 디포의 「로빈슨 크루소」에서 프라이데이가 로빈
슨에게 복종하고 그의 가르침에 순순히 따랐던 것과는 달랐다.
"농부로서, 행정가로서 로빈슨이 그 섬에 이룩해놓은 속세적 질
서, 생명을 부지하는 데 크게 도움이 된 그 질서를 방드르디는 천
성적으로 싫어했다. 이 검둥이는 전혀 다른 어떤 세계에 속해 있
는 것이어서 그의 주인의 대지적 세계와는 대립하며, 그를 이 세
계 속에 복종시키려고만 하면 곧 파괴적인 결과를 초래하곤 하
는 듯했다." 로빈슨이 스페란차에 이룩한 문명에 방드르디는 전
적으로 거부반응을 보였다. 자연인 방드르디에게 로빈슨의 문명
은 몸에 맞지 않는 의복처럼 낯설고 어색하여 그것에서 탈피하
고자 할 뿐만 아니라 급기야는 그 문명을 파괴하기에 이른다.

방드르디는 로빈슨의 질서에 편입되지 않는 타자로 남아 있
는 데 그치지 않는다. 그는 로빈슨이 자신의 문명 세계로 그를 끌
어들이려고 하는 것에 저항한다. 그리고 그의 저항은 그가 로빈
슨 몰래 담배를 피우다가 동굴 깊숙한 곳으로 파이프를 던져 화
약이 폭발하고 그와 동시에 로빈슨이 스페란차에 이룩했던 모든
문명의 산물이 파괴되는 극적인 결과를 초래한다. 그뿐 아니라
폭발로 인하여 뿌리가 뒤흔들린 거대한 삼나무가 세찬 바람을

견디지 못하고 넘어지게 만든다. "굴이 파괴되고 난 뒤에 또다시 스페란차에 밀어닥친 새로운 재난은 끝내 로빈슨을 그의 옛 근본과 연결해주고 있던 최후의 매듭을 완전히 끊어놓고 말았다." 방드르디가 의도적으로 동굴 안의 화약을 폭발시킨 것은 아니지만 그의 부주의로 인해 발생한 화약 폭발은 방드르디를 통한 문명의 파괴라는 결과를 낳는다. '폭발'은 단순히 화약이 폭발해 없어졌다는 물리적인 상실이 아니라 화약으로 상징되는 강력한 문명이 깨져나가는 상황을 의미한다. 로빈슨이 동굴 안에 은밀히 감추어둔 문명의 산물이 파괴됨으로써 로빈슨과 연결되어 있던 문명의 마지막 끈이 끊어져 이제 로빈슨에게는 자신을 지켜줄 문명의 안전판이 완전히 사라진 것이다.

화약의 폭발과 더불어 로빈슨이 방드르디를 문명의 질서에 복종시키려고 한 시도는 파국을 맞이한다. 폭발을 일으킨 것은 분명 방드르디의 부주의라는 개별적 사건이며 우연이다. 그러나 그 사건이 전반적인 문명 파괴라는 결과를 가져온 것은 필연이다. 로빈슨이 스페란차라는 타자를 자기화하는 것이 아니라 자기가 오히려 스페란차라는 타자의 질서 안으로 들어갔을 때부터 피할 수 없었던 운명이다. 그리고 우연의 얼굴로 운명처럼 찾아온 이 문명의 폭발은 로빈슨과 방드르디의 관계 또한 완전히 다른 국면으로 접어들고 있음을 시사한다. "나무가 어둠 속에서 쓰러지는 순간 그를 구하기 위하여 그의 손을 잡아주었던 저 검은 손을 이제는 놓을 수가 없었다." 둘의 관계가 처음에는 로빈슨이 방드르디를 구하는 데에서 시작했으나 방드르디가 로빈슨을 구해주면서 두 사람 사이의 지배와 종속 관계는 뒤바뀐다. 로빈슨은 결국 방드르디를 자기 세계로 끌어들이는 데 실패하고 도리어 방드르디의 세계로 진입하게 되는 것이다.

로빈슨과 방드르디의 관계가 역전된 것은 방드르디가 로빈슨을 처음 만났을 때 보였던 복종의 의식과 폭발 이후 로빈슨의 행동을 비교해보면 분명히 드러난다. 로빈슨이 방드르디를 구해주었을 때 "그의 손은 수염 텁수룩한 백인의 발을 자기 목 위에 얹어놓으려고 더듬거리고 있었다. 총을 쳐들고, 염소 가죽을 걸친 채, 털모자를 덮어쓰고 3,000년 서구 문명으로 가득 들어찬 머리를 쳐들고 서 있는 백인의 발을." 여러 해를 두고 로빈슨은 방드르디의 스승이자 아버지였다. 그런데 불과 며칠 사이에 그는 그의 형제가 되어버렸다. 그리고 둘은 역할을 바꾸는 놀이를 한다. "로빈슨은 땅바닥에 무릎을 꿇고 앉아서 정신없이 감사의 말을 중얼거리면서 머리가 땅에 닿도록 절을 했다. 마침내 그는 방드르디의 발을 붙잡아 자기 목 위에다 얹었다." 방드르디가 처음에 로빈슨에게 보였던 것과 똑같은 행동을 이제 로빈슨이 방드르디에게 굴종의 표시로 행하고 있다.

두 사람의 위치 혹은 입장이 뒤바뀌게 된 것은 사실 디포의 소설에서 부차적 인물에 불과했던 프라이데이와는 달리 투르니에의 소설에서 방드르디는 제목에 등장할 만큼 핵심 인물이라는 점에서도 은연중 드러난다. 소설의 대부분이 로빈슨의 입장에서 서술되고 있기는 하지만 8장의 경우에는 방드르디가 서술의 표면에 나서고 있을 만큼 의미상 주인공은 방드르디와 스페란차다. 그래서 처음에는 자연의 무질서를 문명의 질서에 예속시키려 했던 로빈슨이 지금은 자연이 무질서가 아니라 오히려 질서라는 사실을 깨닫고 그 자연의 질서 안으로 기꺼이 들어가고 있는 것이다.

앞에서 언급한 혼돈의 에피소드에서도 보듯이 자연의 무질서는 인간의 이성이 파악할 수 없는 그 나름의 질서를 가지고 있다. 자연 자체의 질서를 억지로 문명의 틀 안에 가두는 것이 자연에게는 부당하고 혼란을 가중시켜 오히려 무질서를 초래할 따름이다. 문명의 틀에 구속받지 않는 자연은 이제 자신의 질서 속에서 자유롭다. "야생의 상태로 돌아간 염소들은 이제 인간들에게 강제로 사육되는 동안 강요받았던 무질서 속에 살지 않게 되었다. 그들은 가장 힘세고 똑똑한 숫염소들이 지배하는, 계통과 서열이 확실한 무리로 나누어졌다." 방드르디도 마찬가지다. 로빈슨에게는 미개하고 야만적인 것으로만 여겨졌던 방드르디였지만

127

이제 "로빈슨은 그의 동료의 행동 속에 어떤 감춰진 통일성과 암암리의 원칙이 내재하고 있다는 것을 예감하지 않을 수 없었다." 자연의 야만과 미개는 이성적인 인간의 눈에 그렇게 비쳤을 뿐, 자연을 자연 그 자체로 인정하는 순간 야생의 자연이 인간의 합리적인 척도로는 도저히 재단할 수 없는 고유의 질서체계 안에서 움직이고 있음을 인정하지 않을 수 없게 된다.

초롱아귀의 눈

　자연을 자연 그 자체로 인정한다는 것, 다시 말해서 타자의 타자성을 인정한다는 것과 관련하여 로빈슨이 항해일지에서 언어의 근원적 의미를 분석하는 대목은 타자 존재의 의미를 이해하는 데에서 시사하는 바가 크다. "존재한다Exister는 것은 무엇을 의미하는가? 그것은 밖에 있다sistere ex는 뜻이다. 밖에 있는 것은 존재하고 안에 있는 것은 존재하지 않는다." "나 역시 나 자신으로부터 타인 쪽으로 도망쳐 나감으로써만 존재한다." 이 문장들은 언어의 유희처럼 보일 수도 있다. 하지만 어떤 단어도 결코 우연히 출현하지 않으며 더구나 두 개의 음절이 결합하는 경우 거기에는 그 용어의 근원적 의미가 담기게 마련이다. 언어는 일차적으로 메시지 전달의 수단이기는 하지만 그 언어가 출현한 배경을 읽게 되면 거기에는 메시지 전달 이상의 의미가 깃들기 때문이다. 그래서 '존재한다'는 뜻의 영어 'exist'와 프랑스어 'exister' 그리고 독일어 'existieren'에 공통적으로 들어 있는 접두사 'ex'가 '존재한다'는 단어의 의미를 심층적으로 함축하고 있다는 사실을 알게 된다.

이러한 어원에 대한 의미 분석을 시도한 대표적 인물로 독일의 철학자 하이데거M. Heidegger를 꼽을 수 있다. 그는 독일어 어원의 의미를 밝히면서 인간과 세계의 관계에 대해 철학적으로 해명한다. 투르니에가 '존재한다exister'는 말은 '밖에ex' '있다sistere'라고 풀이한 것을 하이데거 식으로 설명하면 '존재'는 곧 '벗어나 있음', 즉 탈존脫存, Exitenz을 뜻한다. 그러니까 '밖으로 나감'으로써만 어떤 것은 존재할 수 있는 것이다. 자기 밖으로 나가지 않고서는 어떤 것도 자기를 유지 존속시킬 수 없다. 이러한 '자기 밖으로의 탈출'의 의미를 투르니에는 지금 로빈슨의 태도 변화에 맞추어 서술하고 있는 것이다.

존재하고자 하는 것은 자기 바깥으로 나가지 않으면 존재할 수 없다. 나의 존재가 '나는 나다'라는 동어반복에 갇혀 있을 경우 나의 정체성을 확립할 수 없다. 철학, 특히 의식철학은 '나=나'라는 명제의 진리에 오랫동안 집착하고 몰두해왔다. '나는 나다'

라는 동일성 명제야말로 전적으로 참真인, 거부할 수 없는 전제라고 여겨 모든 명제는 이를 근간으로 성립한다고 보았기 때문이다. 이럴 경우 모든 존재는 '나'라는 동일성의 주체에 갇혀 한 발짝도 자기에서 벗어날 수 없다. 엄밀히 말하면 이 명제는 무한자, 신적인 존재에게만 타당하다. 무한자는 자기 밖으로 나가지 않고도 존재할 수 있기 때문이다. 하지만 현존재, 즉 시간과 공간에 형태를 드러낸 인간의 경우에는 사정이 다르다. 인간은 자기 밖으로 나가지 않고서는 존재할 수 없다. 나의 존재는 나 자체로 완결될 수 없고 오직 내 밖의 타자와 관계함으로써만 존속할 수 있다. 앞에서 투르니에 주목한 접두사 'ex'가 여기서 힘을 얻는다. 'ex'가 지시하는 '바깥'은 곧 타자이고 타자는 곧 나의 존재를 위한 필수 조건이다. 타자인 바깥이 없거나 바깥으로 나가지 않으면 나는 존재할 수 없다. 로빈슨에게 방드르디의 세계는 자신의 존재를 위해 불가결한 조건인 셈이다.

자기의 존재를 위해 타자의 존재가 필수적일뿐더러 자기가 타자에 의존할 수밖에 없다는 사실을 심해深海에 살고 있는 물고기와 견주어 살펴보면 흥미롭다. 태양의 빛은 어느 정도 깊이까지는 바닷속으로 들어오지만 아주 깊은 해저로는 투과되지 않는다. 그리고 빛이 들어오지 않는 암흑의 심해에서 사는 물고기들은 대부분 눈이 없다. 왜냐하면 빛이 들어오지 않아 아무것도 볼 수 없어 눈이 필요하지 않기 때문이다. 그런데 간혹 눈을 가진 물고기들이 있다. 그 가운데 하나가 초롱아귀라는 물고기다. 빛이 없는데도 초롱아귀는 어떻게 눈을 가지고 있을까? 밖에서 빛이 들어오지 않으니 스스로 빛을 만들어냄으로써 눈을 갖게 된 것이다. 초롱아귀의 머리 위에 솟아 있는 작은 대롱에는 형광물질이 들어서 그것이 극소량의 빛들에 반응함으로써 희미한 빛을 방출한다. 이 빛으로 인해 초롱아귀는 눈을 갖게 된 것이다. 외부에서 빛이 들어오지 않으니까 자체적으로 발광체를 만들어 눈이 필요하게 만든 것이다.

우리는 눈이 있기 때문에 무언가를 볼 수 있다고 생각한다. 그런데 초롱아귀의 경우에서 보듯이 눈이 있기 때문에 빛이 눈에 들어오는 것이 아니라 빛이 있기 때문에 눈이 있는 것이다. 나를 기준으로 볼 때 여기서 눈은 주체자기이고 빛은 객체타자이다. 빛이 객체로서 선행하고 주체로서의 눈이 그에 호응한다. 따라서 빛이 없으면 눈도 없다. 그래서 로빈슨은 이렇게 생각한다. "나의 눈은 빛과 색채의 시체다." 빛과 색채의 종착점, 즉 빛과 색채가 이르러 죽는 곳, 그곳이 바로 눈이다. 눈은 빛의 무덤이다. 빛의 존재로 인해 눈은 눈일 수 있다. 눈의 생명력은 오직 빛으로 인해 보장된다. 그래서 투르니에는 적는다. "주체는 질적으로 한 단계 낮아져버린 객체이다." 여기서 우리는 주체와 객체가 뒤바

꿔는 상황을 본다. 존재하는 것은 자기 밖으로 나감으로써만 존재할 수 있으며 또한 자기 밖의 타자 존재에 의존해서만 자기를 유지하고 주장할 수 있다.

해를 향해 서다

자기에 대한 타자 존재의 의미를 깨달으면서 스페란차와 방드르디에 대한 로빈슨의 태도는 완전히 달라진다. 그는 이제 타자의 타자성을 단순히 인정하는 데 그치지 않고 타자를 통해서 자기 존재를 획득하고자 한다. 방드르디에게 자기 삶의 주도권을 넘겨주고 그에게 동화되기 시작하는 것이다. 로빈슨은 방드르디가 하는 행동을 하나하나 유심히 관찰했고, 동시에 그것이 자신에게 충격적인 변신을 유발하는 데 깊은 관심을 기울였다. "방드르디는 실질적으로 일이라곤 전혀 하지 않았다. 과거와 미래의 개념이라고는 일체 알지 못하는 그는 오로지 현재의 순간 속에 갇힌 채 살고 있었다." 로빈슨이 실제 일이라 부르는 것은 어떤 목적을 달성하기 위한 수단으로서의 행위, 목적을 달성하기까지의 과정에서 어느 정도 고통을 수반하는 행위, 다시 말해서 노동이다.

그런데 방드르디가 하는 일은 노동이 아니라 놀이다. 그래서 그는 항상 즐겁다. 그가 오로지 현재밖에 모르는 것은 그가 순간만을 살기 때문이다. 그에게는 모든 순간이 그 자체로 의미가 있는 현재이다. 그것은 미래의 어떤 것에 도달하기 위한 수단으로서의 현재가 아니다. 현재 그가 하는 일이 그 자체로 목적이다. 자연의 시간은 문명의 시간과 다르다. 자연에는 과장되게 말하면 '시간'이라는 게 없다. 아니 '시간'이라는 게 의미가 없다. 언제 어떤 일이 발생할지 알 수 없는 위기의 연속에서 그때그때 임기응변으로 대응할 뿐이다. 자연에서는 위기가 일상이다. 그 일상에 순간순간 대처할 뿐이다. 그런 의미에서 자연에는 '현재'만이 존재한다. 자연에서 과거는 이미 흘러간 것이고 미래는 아직 오지 않은 것이다. 지나간 것에 붙잡히는 건 무의미하며 아직 오지 않은 것을 염려하는 것은 어리석다. 오직 숨 쉬는 현재에 충실하게 사는 것만이 의미 있다. 과거에 대한 반성과 미래에 대한 계획은 '현재의 나'의 소관 사항이 아니다. 시간은 현재밖에 없으며 현재에 집중하는 삶만이 자기의 삶에 충실한 것이다.

현재의 순간, 단 한 번뿐인 순간에 충실한 방드르디는 그래서 중력의 무거움이 아니라 공기의 가벼움을 닮은 존재다. "그는 돌을 공중으로 던졌다가 받았다. 돌이 날 수 있다면! 나비로 변할 수 있다면! 돌을 날게 한다는 꿈은 방드르디의 공기 같은 넋을 황

홀하게 했다." 그가 커다란 숫염소 앙도아르의 가죽으로 연을 만들어 날리는 것 그리고 앙도아르의 머리를 이용하여 바람의 하프를 만들어 음악 소리가 공기 중에 울려 퍼지게 하는 것 모두 그의 공기를 닮은 속성을 나타낸다. 그는 땅으로 떨어지는 것이 아니라 해를 향해 날아가는 것, 공기 중에 울려 퍼지는 것에 기뻐하는 존재다. 그래서 그는 해를 향해 선 존재다.

반면에 로빈슨은 대지大地적인 존재다. 스페란차를 경작하고 지배하려 했을 때도, 스페란차와의 합일을 경험했을 때도 그는 대지적 존재였다. 다만 그는 어렴풋이 자신이 그런 상태를 벗어날 것임을 예감하고 있었다. 동굴에서 어머니로서의 스페란차를 만났을 때 그는 기울어가는 해가 휙 스쳐가듯이 동굴 안을 파고드는 순간을 경험한다. "두 개의 시선이, 즉 빛의 시선과 암흑의 시선이 서로 마주친 것이었다. 태양의 화살 하나가 스페란차의 대지적 혼을 꿰뚫은 것이다." 이 대목은 대지로서의 스페란차가 그 중력감에서 벗어나 태양을 향해 부상하게 되는 계기를 상징적으로 묘사한다. 로빈슨이 대지적 존재에서 벗어나리라고 스스로 예감하는 이유는 "날이 갈수록 인간 사회가 그 자신의 기억을 통하여 아직도 그에게 전달해주는 수다스러운 메시지와 성경과 그 두 가지가 다 같이 그 섬 위에 투사하는 이미지, 그리고 자신이 알게 모르게 빠져 들어가면서 그 진면목을 가려내고자 몸부림치는 그 비인간적이고 원초적이며, 절대적인 세계 사이에 어떤 단층이 깊어져가는 것을" 느꼈기 때문이다.

그의 마음속 목소리는 그에게 통치된 섬에 뒤이어 나타난 어머니로서의 섬 그리고 그다음에 온 아내로서의 섬도 이제는 끝나간다고 속삭인다. "완전히 새롭고 전대미문의 예측할 길 없는 것들이 도래할 때가 가까워온다." 그는 아마도 대지가 지배하는 시대가 가고 태양이 지배하는 시대가 뒤이어 올 것이라고 예감한다. 그리고 그의 예감대로 문명의 붕괴와 함께 그는 방드르디의 세계 속으로 진입한다. 그가 해를 향하여 중력에서 벗어나게 해달라고, 가벼움을 가르쳐달라고 외치는 것은 적극적으로 방드르디의 삶의 방식을 닮고자 한다는 뜻이다. "해여, 나를 방드르디와 닮게 해다오. 웃음으로 활짝 피고, 송두리째 웃음을 위하여 빚어진 방드르디의 얼굴을 나에게 다오." 땅을 향해 있다는 것은 무거움과 어두움을, 해를 향해 있다는 것은 가벼움과 밝음을 의미한다. 향지성向地性이 깊이라면 향일向日성은 넓이다. 니체의 철학에서도 해는 생명력, 밝고 긍정적인 것을 가리키는 메타포로 사용되고 있다. 니체의 생生철학에서 야생의 생명력은 중력을 거슬러 무거움에서 벗어나 태양의 에너지를 본받아 밝고 빛나게 웃는 데에서 확보된다. 로빈슨은 어둡고 슬픈 대지의 세계를 떠나 방드르디의 세계로, 밝음과 웃음을 의미하는 해의 세계로 들

방드르디, 태평양의 끝

어가고 있는 것이다.

그러면서 이제 시간에 대한 의식에서도 변화가 생긴다. "순환운동은 어찌나 신속해졌는지 이제는 부동不動과 구별이 되지 않는다. 날들은 더 이상 하루하루 차례로 쓰러져버리지 않게 되었다. 날들은 수직으로 일어서서 그 본질적 가치를 당당하게 확립한다." 하루하루 쓰러져버리는 날의 의미는 어떤 시간 계획에 따라 어떻게 사용되느냐에 달려 있다. 반면에 수직으로 일어선 날들은 그 자체로 의미 있는 날들이다. 날들은 이제 더 이상 실천되는 과정에 있는 어떤 계획의 순서에 따른 단계들로 서로 구별되는 그런 날들이 아니다. 이러한 정황은 엘리아데가 인위적 시간이 정지되고 자연적 시간이 신화적 시간으로 전환되면서 동일한 것의 무한한 반복이 시작된다고 말했던 것과 일맥상통한다.

방드르디의 세계에 진입한 로빈슨에게 문명적 시간은 이제 존재하지 않는다. 자연 속에서는 어제와 오늘이 구별되지 않는다. 하나의 정지된 시간이 통일적이고 단일적으로 존재한다. 그래서 시간이 힘없이 수동적으로 쓰러져 있는 것이 아니라 수직으로 일어서 있으면서 능동적으로 살아 움직인다. 인위적 시간에서는 실천해야 할 계획의 단계적 순서에 따른 의미로 존재했던 시간이 자연의 통일적 시간에서는 독자적으로 자기의 가치를 주장하는 그런 시간으로 존재한다. 이러한 자연의 원초적 시간은 인간이 자신의 행동을 거기에 맞추었던 그런 시간이 아니라 인간의 행동이 곧 시간의 주체가 되는 그런 시간이다. 시간은 여기서 객체가 아니라 인간의 행동과 동행하는 주체가 된다.

'다른 섬'에 남은 로빈슨

방드르디를 닮아간 로빈슨은 이제 '다른 섬'에서 살아간다. 다른 섬은 그가 물시계를 멈춘 시간, 그가 무죄의 순간이라 부르는 그 순간에만 잠깐 그 존재를 알아챘던 섬이다. 그 섬은 그가 아내로서의 스페란차와 하나가 된 순간에만 잠깐 머물렀던 섬이다. "그는 다른 섬에, 그 자신이 넘어다본 일은 있지만 그 후로는 한 번도 나타나지 않았던 섬 속에 와 있었다." 그런데 폭발과 더불어 문명이 붕괴되고 그가 방드르디를 닮아가면서 그는 다른 섬과 일시적으로 조우하는 것이 아니라 거기에서 완전히 살아간다. "나는 이제 바로 그 또 하나의 스페란차로 실려 온 것이다. 나는 영구히 어떤 '무죄의 순간' 속에 들어앉은 것이다. 스페란차는 이제 기름진 땅으로 가꾸어야 할 황무지가 아니다. 방드르디는 이제 내가 교육시켜야 할 야만인이 아니다." 로빈슨이 처음에 스페란차와 방드르디에게 들이댔던 합리적 잣대는 더 이상 쓸모가 없어졌다.

스페란차 자체가 달라진 것은 전혀 없지만 스페란차를 바라보는 로빈슨의 시선이 질적으로 바뀌어 스페란차는 '새로운 섬'으로 로빈슨에게 재탄생한 것이다. 그는 오랜 세월의 고독 속에서 미칠 것 같은 상태를 극복해왔다. 그리고 그 결과 균형에, 혹은 일련의 균형들에 이르렀다. "그 균형 속에서 스페란차와 그 자신은, 그리고 나중에는 스페란차와 방드르디와 그 자신은, 함께 살아갈 수 있는 총체를, 나아가서는 극도로 행복한 총체를 형성하고 있었다." 그래서 그는 이 새로운 섬에 정착하기로 결심한다. '화이트버드호'에 올라 문명 세계로 돌아갈 기회마저 포기하고 이 '다른 섬'에 남기로 한 것이다.

'다른 섬'은 로빈슨이 타자를 통해 자기 존재를 획득하면서 만나게 된 섬이다. 디포의 로빈슨 크루소가 무인도에 건설한 것은 문명의 산물이었다는 점에서 일종의 과거인 반면 다른 섬은 로빈슨이 로빈슨 크루소와는 완전히 다른 방식으로 맺은 스페란차와의 관계 안에서 새롭게 태어난 섬이다. 물론 여기서 새롭게 태어난 것은 스페란차만이 아니고 로빈슨 자신도 새롭게 태어난다. "나는 이같이 계속되는 나 자신의 창조가 나를 어디로 인도해갈 것인지 알지 못한다. 만약 내가 그것을 알 수 있게 된다면 그것은 그 창조가 완료, 완성되었고 결정적이 되었음을 의미하는 것이리라"고 기록했던 로빈슨이 다다른 곳이 바로 이 다른 섬이다. 이 소설의 영문판 제목이 *Friday, or The Other Island*인 것은 아마도 그래서이리라.

로빈슨이 처음 무인도에 표류했던 때로부터 마지막에 죄디와 함께 이제는 '다른 섬'이 된 스페란차에 남기까지 그가 겪은 모든 일은 프롤로그에서 반 데셀 선장이 타로 카드로 예언했던 것과 일치한다. 그가 뽑은 열한 개의 카드와 예언의 내용 그리고 그가 실제로 겪은 일을 순서대로 비교해보면 이 소설에서 투르니에가 말하고 싶었던 메시지가 분명하게 드러난다.

1) 조물주—무질서한 세계와 싸우면서 그것을 휘어잡으려 노력함—로빈슨이 스페란차에 자기의 질서를 세우기 위해 노력함

2) 화성—겉보기에 대자연을 정복함("그는 힘으로 승리를 거두었고, 주위에 자기의 모습을 본뜬 질서를 강요하고 있는 것입니다.")—로빈슨이 문명화 작업경작과 목축, 행정, 법 등에 성공함

3) 은자隱者—자신의 고독을 완전히 인식하고 자신의 근원적 원천을 되찾기 위하여 굴속으로 물러나 은거 생활을 함—로빈슨이 스페란차와의 합일을 경험함

4) 금성—은자를 그의 굴속에서 꺼내주는 자가 나타남—방드

르디가 출현함

5) 사수좌―날개 달린 천사로 둔갑한 금성이 해를 향해서 화
살을 날림―방드르디의 공기적 속성, 해를 닮은 방드르디

6) 혼돈의 비방―대지의 짐승이 불의 괴물과 싸우고 있음―
화약의 폭발로 인한 문명의 붕괴

7) 토성―발이 묶여 머리를 땅으로 향하고 거꾸로 매달림―
로빈슨이 대지의 세계두 발로 땅을 딛고 서 있던 세계를 벗어남

8) 쌍둥이좌―금성이 로빈슨의 쌍둥이 형제가 됨―로빈슨이
방드르디의 세계로 진입함

9) 사자―두 어린아이가 태양의 도시 앞에 손을 마주잡고 서
있음("시간과 영원, 삶과 죽음 사이에 떠 있는 그 태양의 도시에
는 주민들이 남녀 양성을 겸한 것보다 더한 순환적 성질을 가진
태양의 성性에 도달한 까닭에 어린아이 같은 순진성을 지니고 있
지요.")―로빈슨이 방드르디에게 동화됨

10) 마갈궁―태양의 도시 높은 곳에서 떨어져 죽음의 위협에
처함―방드르디가 떠난 것을 알고 죽기를 결심, 동굴로 들
어감

11) 목성―하늘의 신이 로빈슨을 구해줌―'화이트버드호'에
있던 소년 수부가 로빈슨 앞에 나타나 그와 함께 섬에 남아
살기로 결심했음을 알림

소설의 마지막에서 방드르디가 떠난 것을 알고 절망에 빠진 로빈슨 앞에 나타난 소년 때문에 로빈슨은 문명 세계로 돌아가는 배를 아쉬움 없이 바라볼 수 있다. 그는 소년에게 '죄디'라는 이름을 지어주면서 "그건 하늘의 신인 주피터의 날이지. 그건 또 어린아이들의 일요일이기도 하단다"라고 말한다. 죄디는 원래 목요일이라는 뜻이지만 여기서는 태양을 암시한다. 이로써 반 데셀 선장이 마지막 카드에 대하여 목성이 황금으로 된 어린아이의 모습으로 나타나서 로빈슨에게 태양의 열쇠를 건네준다고 말했던 예언은 어린 수부가 로빈슨과 함께 이제는 향일성을 띤 스페란차, 즉 다른 섬에서 살아가면서 실현된 것이다.

디포의 로빈슨 크루소가 무인도를 정복하고 지배했으며 원주민 프라이데이를 미개한 상태에서 벗어나도록 교육했던 것과는 달리 투르니에의 로빈슨은 스페란차에 그리고 방드르디에게 동화되었으며 방드르디가 오히려 로빈슨의 스승 역할을 한다. 그리고 로빈슨 크루소가 문명 세계로 돌아간 것과는 반대로 로빈슨은 섬에 남는다. 디포가 문명과 자연을 대립 관계로 보고 제국주의적, 계몽주의적 관점에 입각해 자연을 지배하고 통치할 대상으로 보았던 것에 반대하여 투르니에는 자연을 그 자체로 받아들여 그것과 함께 행복한 총체를 이룰 수 있는 대상으로 본 것이다.

줄거리

항해 중이던 '버지니아호'가 난파되어 홀로 살아남은 로빈슨은 태평양에 있는 한 무인도에 표류하게 된다. 그는 무인도에서 탈출하기 위해 모진 고생 끝에 배를 완성하지만 혼자서는 그것을 바닷물 속까지 끌고 갈 수 없음을 깨닫고 탈출을 포기한다. 절망에 빠진 그는 환영을 보게 되고 광기로부터 자신을 보호하기 위하여 적극적으로 섬을 개척하고 지배하기로 한다. 그래서 그는 섬을 '스페란차(희망)'라고 명명한 후 달력과 물시계를 제작하는 한편 경작과 목축, 건설, 행정, 법 등 문명화 작업을 통해 자신이 알고 있는 문명의 세계를 섬에 재건하기 위해서 노력하고 스스로를 섬의 총독으로 임명한다.

그러던 어느 날 로빈슨은 그의 섬에 건너와 야만적인 의식을 행하는 아라우칸족 원주민으로부터 한 아이를 구하게 된다. 로빈슨은 그의 이름을 방드르디(금요일)라 부르기로 한 후 그와 함께 섬에서 일상생활을 해 나간다. 그런데 로빈슨이 세운 문명의 세계에 전혀 동화되지 않는 방드르디는 로빈슨이 섬에 애써 구축한 질서를 여러 차례 무너뜨리고 두 사람 사이에는 때때로 충돌이 발생한다. 그리고 하루는 로빈슨의 담배를 몰래 피던 방드르디 때문에 화약고가 폭발하여 로빈슨이 세운 문명은 하루아침에 무너져버린다. 그 이후 로빈슨과 방드르디 사이의 서열은 사라지고, 로빈슨은 점차 방드르디의 삶의 방식을 닮아간다.

어느 날 뜻밖에 나타난 배를 방드르디가 발견하고, 로빈슨은 그 배의 선장과 선원들을 만나게 된다. 그러나 그들에게 실망한 로빈슨은 28년 2개월 만에 섬을 벗어날 기회가 생겼음에도 불구하고 방드르디와 섬에 남기로 결정한다. 하지만 다음 날 로빈슨은 방드르디가 배와 함께 떠난 것을 알게 되고 이에 절망한 나머지 죽으려 하나 때마침 배에서 보았던 소년이 섬에 숨어 있는 걸 발견한다. 로빈슨은 소년과 함께 언덕 꼭대기에 올라 멀리 사라지는 배를 바라보며 소년에게 죄디(목요일)라는 이름을 지어준다.

미셸 투르니에 Michel Tournier, 1924~2016

미셸 투르니에는 프랑스 파리에서 태어나 문과대학과 법과대학의 학사 과정을 마친후 독일의 대학에서 철학을 공부했으며 1967년 발표한 첫 소설 「방드르디, 태평양의끝」으로 문단에 데뷔했다. 대니얼 디포의 소설 「로빈슨 크루소」를 패러디하여 각색한 이 소설은 제목이 암시하듯이 「로빈슨 크루소」에서 주변적인 인물로 묘사되었던원주민 프라이데이(프랑스어로 '방드르디Vendredi')를 로빈슨 못지않은 중심인물로 부각시킨다. 이 작품은 투르니에만의 매력적인 신화적 상상력과 철학적 고찰이 녹아 있다고 평가되어 그에게 아카데미 프랑세즈 소설 대상이라는 영예를 안겨주었다. 이후그는 1970년 발표한 두 번째 소설 「마왕」으로 프랑스의 최고 문학상인 공쿠르상을 수상했다. 파리 근교 교회의 부속 건물에서 독신으로 살면서 2016년 1월 18일 91세의나이로 세상을 떠나기까지 그는 「예찬」, 「짧은 글 긴 침묵」, 「꼬마 푸셰의 외출」, 「외면일기」, 「뒷모습」 등 다양한 장르의 작품을 꾸준히 선보였다.

4

참을 수 없는 존재의 가벼움

타인의 품 안에서 나는 죽는다

“

오직 한 가지만은 분명하다.

모든 모순 중에서 무거운 것−가벼운 것의 모순이

가장 신비롭고 가장 미묘하다.

”

무거움 대 가벼움

이 소설의 제목이 시사하듯, 무거움과 가벼움의 문제는 소설 전체를 관통하는 주제다. 이 문제를 다루기 위해 쿤데라는 기원전 6세기 파르메니데스가 제기했던 주제를 끌어들인다. 파르메니데스의 말에 따르면, 이 세상은 빛-어둠, 두꺼운 것-얇은 것, 뜨거운 것-찬 것, 존재-비존재와 같은 반대되는 것의 쌍으로 양분되어 있다. 그는 이 모순의 한쪽 극단은 긍정적(+)이고 다른 쪽 극단은 부정적(-)이라 생각했다. 쿤데라는 파르메니데스의 극단적 이분법이 유치하게 느껴질 정도로 안이하게 보일 수도 있으나 단 한 가지만은 예외로 본다. 그것은 바로 무거운 것과 가벼운 것 중 어느 것이 긍정적인가 하는 물음이라고 하면서 그 물음에 대하여 이렇게 말한다. "파르메니데스는 이렇게 답했다. 가벼운 것이 긍정적이고 무거운 것이 부정적이라고. 그의 말이 맞을까? 이것이 문제다. 오직 한 가지만은 분명하다. 모든 모순 중에서 무거운 것-가벼운 것의 모순이 가장 신비롭고 가장 미묘하다."

철학에서 세계를 대립쌍으로 제시할 때 일반적으로 정신-물질, 주관-객관, 실상-가상 혹은 실체냐 아니냐 등으로 나누어왔던 것과는 달리 여기서 쿤데라는 무거움과 가벼움이라는 감각적이고 물리적인 범주를 내세운다. 무거움과 가벼움은 사실 중력의 문제다. 중력이 있기 때문에 모든 물체가 피할 수 없이 감당해야만 하는 것이 무게인데 이 무게가 단지 물리적인 현상이 아니라 인간의 삶의 문제에 적용되고 있는 것이다. 그렇다면 과연 무엇이 무거움의 세계일까? 이 질문에 대하여 쿤데라는 니체가 얘기하는 영원회귀 사상을 그 대표적인 예라고 말한다. "영원한 회귀의 세상에서는 몸짓 하나하나가 견딜 수 없는 책임의 짐을 떠맡는다. 바로 그 때문에 니체는 영원회귀의 사상은 가장 무거운 짐이라고 말했던 것이다." 영원회귀란 어떤 동일한 사건 또는 행동이 끊임없이 반복되는 것이다. 출발했던 지점으로 반복해서 돌아오는 것, 나가는 것 같아도 끊임없이 원점으로 회귀하는 그러한 존재의 실상을 니체는 영원회귀라고 했는데 그것이야말로 무거운 세계다. 그것은 마치 시지프시시포스가 받은 천형天刑과 같다. 바윗돌을 산 정상으로 밀어 올리면 바윗돌이 다시 굴러 내려오고 내려온 바윗돌을 또다시 올려놓으면 다시 굴러 떨어지는 그런 숙명에 처해 있는 세계이다.

우리는 삶을 기본적으로 무겁게 생각한다. 우리는 태어나는 순간부터 짐을 짊어지고 살아간다. 우리가 짊어져야 하는 짐의 종류는 학업이나 취업의 부담에서부터 가족의 한 구성원으로 다른 가족에 대하여 져야 하는 부양의 책임 등에 이르기까지 다양하다. 때로는 우리 자신의 생각이 우리에게 무거운 짐으로 다가오기도 한다. 또한 우리가 따르고 지켜야 할 도덕이나 관습 혹은 법제도도 우리가 살아가면서 그 무게를 느끼고 짊어져야 할 짐이다. 삶의 무거움은 이제까지 문학이나 예술을 비롯한 인문학 분야 전반에서 많이 다루어진 주제이다. 무거움이라는 용어로 지칭한 것은 아니지만 그리스 비극에서 말하는 운명은 대표적인 무거움의 세계이며 거기에서 무거움은 인간다움의 가치로 간주되었다. 인간이 아무리 피하려 해도 인간을 짓누르는 운명, 그리고 그 운명에 결국은 굴복하고 마는 주인공들의 삶은 그러나 그들이 자신의 운명을 꿋꿋하게 견디기 때문에 비극적이면서도 위대한 삶으로 조명되곤 한다.

쿤데라는 무거움을 견디는 일의 가치를 인정한다. "우리 생각에는 인간을 위대하게 하는 것은, 아틀라스가 어깨에 하늘을 지고 있듯 인간도 자신의 운명을 짊어지고 있다는 점이다." 하지만 그는 이 무거움의 세계에 대하여 가벼움의 세계를 대비시킨다. 그리고 가벼움이 무거움에 덮이는 세계가 아니라 그 자체로 삶에서 무거움과 거의 같은 비중을 차지한다고 가벼움을 부각한다. "영원한 회귀가 가장 무거운 짐이라면, 이를 배경으로 거느린 우리 삶은 찬란한 가벼움 속에서 그 자태를 드러낸다." 영원한 반복의 무거움을 배경으로 가벼움이 전경前景으로 모습을 드러낸다. 그리하여 무거움과 가벼움은 인간의 현실을 지탱하는 두 축이 된다. "짐이 무거우면 무거울수록, 우리 삶이 지상에 가까우면 가까울수록, 우리 삶은 보다 생생하고 진실해진다. 반면에 짐이 완전히 없다면 인간의 존재는 공기보다 가벼워지고 어디론가 날아가버려, 지상의 존재로부터 멀어진 인간은 겨우 반쯤만 현실적이고 그 움직임은 자유롭다 못해 무의미해지고 만다."

파르메니데스가 가벼운 것을 긍정적인 것으로, 무거운 것을 부정적인 것으로 표현했을 때 긍정적인 것은 '양(+)'을 부정적인 것은 '음(-)'을 뜻한다. 대수학이나 물리학에서 '+'는 위 또는 앞을 향하게 하고 '-'는 아래 또는 뒤를 향하게 하기 때문이다. 짐을 올리면 아래로 무거워지고 짐을 내리면 위로 가벼워진다. 쿤데라는 이 소설을 통해 그리스 비극에서처럼 무거움이 바람직한 것인가 아니면 파르메니데스의 견해대로 가벼운 것이 긍정적이고 무거운 것이 부정적인 것인가를 묻고 있다. 이 소설은 등장인물 네 명의 삶을 통해 그 답을 찾아가는 과정이라 할 수 있다.

참을 수 없는 가벼움

소설 속 네 인물 가운데 중심에 서 있는 주인공은 외과의사 토마시다. "토마시는 'Einmal ist keinmal한 번뿐인 것은 전혀 없었던 것과 같다'이라는 문장에서 태어났다." 토마시가 그 문장에서 태어났다는 것은 한 번만 사는 것은 전혀 살지 않는 것과 마찬가지라는 생각, 그래서 한 번뿐인 삶은 자기를 틀에 가두지 않고 제 멋대로 살아도 된다는 생각으로 산다는 말이다. 삶이 한 번뿐이라면 그 일회성으로 인해 비교가 불가능하며, 따라서 삶은 덧없고 가볍다. "도무지 비교할 길이 없으니 어느 쪽 결정이 좋을지 확인할 길도 없다. 모든 것이 일순간, 난생 처음으로, 준비도 없이 닥친 것이다. 마치 한 번도 리허설을 하지 않고 무대에 오른 배우처럼."

그래서 그는 "그런데 인생의 첫 번째 리허설이 인생 그 자체라면 인생에는 과연 무슨 의미가 있을까?"라고 질문한다. 엄밀히 말하면 삶은 리허설을 허용하지 않는다. 비슷해 보이지만 실은 매번이 처음이다. 완전히 똑같은 경우를 삶에서 찾을 수 없기 때문이다. 여기서 삶의 의미 문제가 생겨난다. '의미'는 반복과 비교가 가능할 때에만 성립할 수 있는 사항이다. 어떤 일이 '의미있다'는 것은 그 어떤 일이 다른 것에 견줄 수 있거나 반복적으로 발생할 수 있을 때에만 성립한다. '의미'는 일종의 가치 부여 혹은 가치 판단에서 비롯된다는 점에서 윤리적인 판단으로 이어질 수 있다. 개인의 행위에 대해 윤리적 평가가 가능하려면 그 행위가 반복해서 나타날 수 있는 가능성을 전제해야 한다. 윤리적인 판단이 개인의 행위에 대해 현실적인 제재의 효과를 지니기 위해서는 그 행위가 다시 발생할 수 있어야 하기 때문이다. 하지만 어떤 행위가 한 차례에 그치고 다시는 동일한 행위가 출현하지 않는다면 그 행위에 대해서는 의미를 따지거나 윤리적 판단을 내릴 수 없게 된다.

토마시는 역사에 대해서도 같은 생각을 한다. "Einmal ist keinmal. 한 번은 중요하지 않다. 한 번이면 그것으로 영원히 끝이다. 유럽 역사와 마찬가지로 보헤미아 역사도 두 번 다시 반복되지 않을 것이다. 보헤미아 역사와 유럽 역사는 인류의 치명적 체험 부재가 그려낸 두 밑그림이다." 그가 보기에 정치범의 석방을 요구하는 탄원서에 서명을 해달라고 찾아온 기자는 역사가 밑그림이 아니라 완성된 그림인 것처럼 행동하는 사람이다. 토마시는 그 기자가 자신이 하는 일이 영원회귀 속에서 셀 수 없을 정도로 무한히 반복되어야 한다는 듯 행동했으며 자신의 행위에 대해 틀림없이 한 번도 의심해본 적이 없다고 생각한다. 가벼움의 세계에 있는 토마시에게 기자는 무거움의 세계에 찌들어 그것을 당연시하는 도덕군자처럼 보였고, 그것은 응당 부당하고 구역질나는 태도였을 것이다. 정치범 석방의 요구는 특정한 윤리적 판단에서 비롯하며, 이러한 판단은 민주주의를 지향해온 역사에서 매번 정당화될 수 있는 논리라고 그 기자는 생각한다. 그런데 기자의 논리는 역사가 반복된다는 사실을 전제하고 있는 하나의 허구라는 사실을 토마시는 지적하고 있는 것이다.

개인뿐만 아니라 역사도 반복되지 않는다면 그것에 대해 윤리적 판단을 할 수 없다. "인간의 삶이란 오직 한 번뿐이며, 모든 상황에서 우리는 딱 한 번만 결정을 내릴 수 있기 때문에 과연 어떤 것이 좋은 결정이고 어떤 것이 나쁜 결정인지 결코 확인할 수가 없을 것이다. 역사도 개인의 삶과 마찬가지다." 역사를 사건으로서의 역사Geschichte와 기록으로서의 역사Historie로 구별하여 이해할 경우, 사건으로서의 역사는 엄밀히 말하면 일회적이고 개별적이어서 역사적 사건을 객관적으로 서술하는 기록으로서의 역사와 달리 윤리적 평가의 대상이 되지 않는다. 개별적인 사건은 어디

참을 수 없는 존재의 가벼움

에도 정착하지 못하고 가볍게 떠다닐 뿐이다. 단 한 번뿐인 사건, 일회적인 사건에 대하여 우리는 어떤 비교도 어떤 판단도 내릴 수 없다. 그래서 영원한 회귀란 없다는 데에 근거한 세계에는 고유하고 심각한 도덕적 변태가 존재한다. "왜냐하면 이런 세계에서는 모든 것이 처음부터 용서되며, 따라서 모든 것이 냉소적으로 허용되기 때문이다."

하지만 한 번뿐인 삶의 가벼움을 토마시는 참을 수가 없다. 여기서 '참을 수 없는'의 의미에 대하여 생각해보기로 하자. 이 소설은 원래 체코어로 씌어졌으나 체코어로 출간된 것은 프랑스어판이 나온 1984년보다 오히려 1년 늦은 1985년이었으며 쿤데라 자신도 프랑스어판을 오리지널로 간주하는 만큼 프랑스어판은 가장 신뢰할 만한 텍스트로 인정되고 있다. 소설의 원제에서 '참을 수 없는'에 해당하는 프랑스어는 'insoutenable'로 이 단어를 영어로 번역하면 'inadmissible지지할 수 없는'과 'insupportable참을 수 없는, 견딜 수 없는'의 두 가지 뜻을 가지는데 여기서는 두 번째 뜻으로 사용된다.

'insupportable'은 'unendurable'보다는 'unbearable'의 의미에 가까운 단어다. 'unendurable'이 순전히 외부의 어떤 조건 혹은 상황이 견딜 수 없다는 의미인 데 반하여 'unbearable'은 무언가를 품고 있기가 힘들다, 그것을 그대로 간직하고 있기가 고통스럽다는 의미로 무언가를 견딜 수 없다는 뜻이다. 더위를 '참을 수 없다'고 할 때 그것은 'unendurable'의 의미로 우리는 그 상황을 끝내기 위해 선풍기나 에어컨을 튼다. 반면에 웃음을 참을 수 없다고 할 때의 '참을 수 없는'은 'unbearable'의 의미로 우리는 웃음을 터뜨리고 만다. 'unendurable'이 외부의 요인에 초점을 맞춘 단어라면 'unbearable'은 우리 자신의 내부에 초점을 맞춘 단어다. 이 소설 속의 인물들이 참고 견뎌야 하는, 하지만 참을 수 없는 것은 자기 밖의 어떤 것이 아니다. '참을 수 없는' 것은 존재가 가벼운 것이 역겨워서 혹은 괴로워서 존재의 가벼움을 품고 있으려 해도 도저히 그럴 수 없다는 뜻이다. 그래서 이 소설의 영문판 제목은 'The Unbearable Lightness of Being'이다.

토마시는 품고 있을 수 없는 가벼움을 수많은 여자들과의 '에로틱한 우정'을 통해 발산한다. 에로틱한 우정은 서로를 구속하지 않는 관계다. 그는 몇 명과는 지속적인 만남을 유지하면서도 일회적인 수많은 만남을 거부하지 않는다. 그리고 자신이 만나는 모든 여자들에게 두 사람 중 누구도 상대방의 인생과 자유에 대한 독점권을 내세우지 않는, 감상이 배제된 관계만이 두 사람 모두에게 행복을 줄 수 있다고 강조한다. "에로틱한 우정의 불문율을 지킨다는 것은 토마시가 자신의 삶에서 사랑을 배제한다는 것도 의미했다." 토마시의 그런 생각을 잘 이해하는 유일한 사람

참을 수 없는 존재의 가벼움

이 바로 사비나다. 왜냐하면 그녀 또한 존재의 참을 수 없는 가벼움에 짓눌려 가벼움의 드라마를, 배반의 드라마를 선택하기 때문이다.

이런 토마시 앞에 테레자가 나타난다. 그녀가 처음 토마시의 아파트 문턱을 넘었을 때 그녀의 배에서 난 꾸르륵 소리는 토마시를 향한 그녀의 마음을 그녀의 육체가 배반하는 소리다. "따라서 테레자는 인간의 근본적 체험, 즉 영혼과 육체 간의 화해 불가능한 이원성이 급작스럽게 드러난 상황으로부터 태어난 것이다." 테레사에게 육체는 덧없는 것, 비슷비슷해서 구별되지 않고 의미가 없는 것이다. "육체는 껍데기고, 그 안에서 뭔가가 보고, 듣고, 두려워하고, 생각하고, 놀라는 것이다. 이 무엇, 남아 있는 잔금, 육체로부터 추론된 것, 이것이 영혼이다." 그녀에게 참을 수 없는 가벼움은 육체의 가벼움이다. 테레자는 육체의 가벼움을 참을 수 없어 필사적으로 영혼에 매달린다.

우리는 흔히 신체는 무게가 있고 정신의 활동은 무게가 없기 때문에 신체가 무겁고 정신이 가볍다고 생각하기 쉽다. 정신 혹은 영혼을 가리키는 그리스어의 프뉴마pneuma는 본래 호흡 혹은 숨결이란 뜻이다. 정신은 그렇게 바람이나 깃털처럼 가벼운 것으로 간주되었다. 그런데 이 소설은 그런 통상적인 생각을 뒤집는다. 여기서는 육체가 가볍고 오히려 영혼이 무겁다. 이러한 전환은 정신 활동을 물질적 특성이 아니라 의미 작용의 측면에서 파악할 때 가능하다. 우리는 많은 경우에 하고 싶은 대로 행동하는 것이 아니라 '~해야 한다'는 당위에 따른다. 여기서 이 당위를 요청하는 것, 양심이나 도덕 또는 의무감의 출처가 바로 정신이다. 정신이 우리를 일정한 틀에 가두어 그 틀을 벗어나지 못하게 하는 힘으로 작용하고 있는 것이다. 정신의 이러한 구속은 우리를 누르는 무거운 짐이다. 그런데 정신의 짐을 지고 있으면서도 우리의 신체는 끊임없이 감각적인 유혹에 빠져 한눈을 팔고 이리저리 가볍게 흔들린다. 정신은 특정한 방향을 지시하나 육체에게는 나아가야 할 방향이 없다. 방향 따라 가는 길은 무겁지만, 방향 없이 가는 길은 가볍다. 전자는 긴장을 요구하나 후자는 그렇지 않기 때문이다.

"테레자의 어머니는 서로 비슷비슷한 육체와 눈에 보이지 않는 영혼이 갇혀 있는 거대한 집단수용소 같은 뻔뻔스러운 세계에 딸도 자신과 함께 남길 고집했다." 테레자의 어머니는 자기의 딸이 자신과 같이 육체를 가볍게 여기는 길을 감으로써 자신의 가벼움이 공유되기를 바랐고 이를 통해 자신의 행위에 어느 정도 면죄부를 얻기 바랐는지 모른다. 삶의 모든 방식에 구체적인 도덕적 잣대를 들이댈 수는 없다. 자신이 하는 일이 주위 사람들에게 다소 비난받을 일이라고 해도 자기의 자식 역시 그 일을 따라

하기 바라는 경우를 충분히 생각할 수 있다. 프로이트가 말하는 반복강박Wiederholungszwang은 도덕적인 의식에 의한 행위보다 원초적이어서, 인간은 자신의 행위가 비도덕적이라는 사실을 알면서도 이를 반복해서 행하고자 하는 강박증을 갖곤 한다.

테레자는 그 어머니의 세계에서 벗어나기 위해 "고집스레 거울을 보며 어머니의 윤곽에서 벗어나려 했고 백지 상태에서 출발하여 자신의 얼굴에 오직 자기 자신의 것만 남기려고 애썼다. 그것에 도달하면 도취의 순간이 왔다. 그때 그녀의 영혼은 선실에서 기어 나와 갑판 위에서 하늘을 향해 손을 흔들고 노래를 부르는 뱃사람처럼 육체의 표면으로 솟아올랐다." 테레자는 어머니의 가벼운 신체가 갇힌 어두운 선실에서 벗어나 밝은 갑판 위에 올라 영혼의 안내를 따르고자 한다. 토마시를 처음 만나던 날 그녀는 자신의 영혼이 그 남자에게 모습을 드러내려고 그녀의 모든 정맥, 모세혈관, 모공을 통해 표면으로 튀어 오르는 것을 느꼈다. "그녀는 모든 육체가 평등했던 어머니의 세계로부터 벗어나기 위해 그와 함께 살러 온 것이다. 자신의 육체를 유일하고 대체 불가능한 것으로 만들기 위해 그와 함께 산 것이다." 그녀 어머니가 그토록 경멸했던 육체를, 육체의 가벼움을 그녀는 무거운 순결함으로 바꾸고 싶었다.

토마시에게 테레자와 사비나는 그의 삶에 있어서 두 극점, 서로 멀리 떨어져 화해가 불가능하지만 하나같이 아름다운 극점을 표상했다. 테레자는 사랑을, 사비나는 에로틱한 우정을 의미한다. 이전까지 사랑을 배제한 관계를 유지해왔던 그가 테레자에게는 자기의 원칙을 더 이상 고수하지 않는다. 잠에서 깨어났을 때 테레자가 그의 손을 꽉 잡고 있는 것을 보고 그토록 기겁을 했으면서도 토마시는 "지난밤을 돌이켜 생각해보았더니 자신이 알지 못했던 행복의 향기를 들이마셨다는 생각이 들었다." 그 경험은 그로 하여금 사랑은 수많은 여자에게 적용되는, 정사를 나누고 싶다는 욕망이 아니라 오직 한 여자에게만 관련된, 동반 수면의 욕망으로 발현되는 것이라고 생각하게 만든다. 삶의 찬란하고 덧없는 가벼움을 참을 수 없어 그 가벼움을 수많은 여자들과의 가벼운 관계로 표출하면서 살았던 그가 테레자의 무거운 세계로 끌려 들어가고 있는 것이다.

그리고 이 끌림에 대하여 토마시는 마음속 한편으로는 저항하면서 다른 한편으로는 결국 굴복하는데 그의 이러한 갈등을 사비나는 이렇게 표현한다. "당신을 보고 있자니 당신이 내 그림의 영원한 테마 속에 녹아드는 중이라는 느낌이 들어. 두 세계의 만남이라는 테마. 이중노출이랄까? 바람둥이 토마시의 그림자 뒤에 낭만적 사랑에 빠진 연인의 모습이 나타나거든. 혹은 그 반대일 수도 있어. 오직 테레자만을 생각하는 트리스탄의 모습에서 바람둥이의 아름다운 세계가 언뜻 엿보이기도 하고." 가벼움의 세계에 길들여져 있는 사비나에게는 무거움의 세계에 서서히 발을 들여놓고 있는 토마시의 태도조차 어느 한 세계에 정착할 수 없는 배반의 드라마처럼 보일 뿐이다.

우연과 필연

테레자에게 토마시와의 만남에서 일어난 몇 가지 우연한 사건은 운명적인 의미를 갖는다. "우연만이 우리에게 어떤 계시로 나타날 수 있다. 필연에 의해 발생하는 것, 기다려왔던 것, 매일 반복되는 것은 그저 침묵하는 그 무엇일 따름이다. 오로지 우연만이 웅변적이다. 집시들이 커피 잔 바닥에 남은 찌꺼기 형상을 통해 의미를 읽듯이, 우리는 우연의 의미를 해독하려고 애쓴다." 우리가 예상하거나 의도하지 않았던 것이 일어났을 때 우리는 그것에 별다른 주의를 기울이지 않을 수도, 거기에 특별한 의미를 부여할 수도 있다. 이미 그렇게 되도록 되어 있는 것이 출현한 것은 '사건'으로서 아무런 의미를 지니지 않는다. 기존의 틀로 쉽게 설명되기 때문에 더 이상 왈가왈부할 필요가 없다. 어떤 일이 '특별하게' 다가오는 것은 그 일이 예상되었거나 일상적으로 반복되었던 것이 아니라 거기에 뜻하지 않은 무엇이 덧붙여지는 경우이다. 이 무언가는 거창하거나 특별히 눈에 띄는 것일 필요는 없다. 작아서 쉽게 간과하기 쉬운 것이라도 그것에 주목할 경우 특별한 의미를 부여할 수 있는 그런 우연적인 것이다. 테레자는 토마시와의 첫 대면에서 일어난 일들에 특별한 의미를 부여한다. "하나의 사랑이 잊히지 않는 사랑이 되기 위해서는 성 프란체스코의 어깨에 새들이 모여 앉듯 첫 순간부터 여러 우연이 합해져야만 한다."

그녀는 테이블에 책을 올려둔 유일한 손님인 토마시에게 그가 주문한 음료를 가져다주는 순간 베토벤의 음악이 흘러나왔다는 사실, 그가 6호실에 머물고 자신의 예전 집 주소가 6번지였던 것, 그리고 자기 근무가 6시에 끝난다는 사실과 전날 자신이 앉았던 노란 벤치에 그가 앉아 있다는 우연의 일치에서 자신에게 다가올 미래의 운명을 알아챘다. 그녀가 어머니의 세계를 떠나 토마시를 찾아갈 용기를 냈던 것은 바로 이 "우연책, 베토벤, 6이라는 숫자, 광장의 노란 벤치의 부름이었다. 그녀의 사랑에 발동을 걸고, 끝나는 날까지 그녀에게 힘을 준 에너지의 원천은 아마도 이런 몇몇 우연들일 것이다." 우연은 인간의 의지나 의도와 상관없이 뜻밖에 주어진다는 점에서 피안의 섭리를 느끼게 하고 우연과 결부된 당사자는 여기에 특별한 의미를 부여하곤 한다. 아리스토텔레스

참을 수 없는 존재의 가벼움

가 우연accidents을 설명하기 위해, 만나기로 약속하지 않았지만 보고 싶었던 친구를 길거리에서 우연히 마주치는 경우를 예로 드는 것이 이 경우에 해당한다. 서로 전혀 의도하지 않았는데도 마치 의도했던 것인 양 현실에서 어떤 일이 벌어질 경우 우리는 그것을 자신이 알지 못하는 우주의 조화로 여겨 특별한 의미를 부여한다.

테레자가 토마시와의 관계에서 발생한 몇몇 우연에 운명적인 의미를 부여하는 것은 비단 첫 만남에서만은 아니다. 그녀가 토마시를 떠나 프라하로 혼자 돌아온 뒤 토마시 역시 그녀를 따라 프라하로 되돌아왔을 때에도 우연은 테레자에게 필연이 된다. "어제 그가 아파트 문 앞에 나타났고, 잠시 후 프라하의 교회 종이 6시를 알렸다. 그들이 처음 만났을 때 그녀는 6시에 일을 끝마쳤다. 그녀는 노란 벤치에 앉아 있던 그를 마주 보았고 쨍그랑거리는 종소리를 들었다." 테레자는 우연의 잦은 출현을 예사롭게 여기지 않는다. 그녀에게는 그것이 마치 하늘의 뜻이 자신과 토마시 사이에 개입하고 있다는 운명의 계시, 즉 필연으로 인식되기 시작한다.

그녀가 운명의 계시로 믿었던 이 우연들, 토마시에 대한 그녀의 사랑이 운명적임을 가리키는 이 신호들은 'Es muß sein!그래야만 한다'이다. '그래야만 한다'는 무거움의 세계다. 그리고 거기에 던지는 질문 'Muß es sein?그래야만 하는가?'은 가벼운 쪽에서의 저항이다. 베토벤의 마지막 현악 4중주 중 마지막 악장은 이 같은 두 모티프로 작곡되었다. 악보를 보면 '↗'와 '↘'가 리드미컬하게 반복해서 나타나고 있는데, 쿤데라는 이를 '그래야만 하나?'의 물음 형식과 '그래야만 한다!'의 답변 형식으로 파악한다. 파르메니데스와 달리 베토벤은 무거움을 뭔가 긍정적인 것이라고 간주했던 것 같다. "Der schwer gefaßte Entschluß진중하게 내린 결정"는 운명의 목소리와 결부되었다. Es muß sein! 무거움, 필연성 그리고 가치는 내면적으로 연결된 세 개념이다. 필연적인 것만이 진중한 것이고, 묵직한 것만이 가치 있는 것이다. 베토벤의 음악 세계는 무거움을 지향한다. 클래식 음악 가운데에도 특히 베토벤의 음악은 진지하고 장중하다. 그가 지향하는 예술미는 그래서 비장미에 가깝다. 그의 교향곡 5번에 '운명'이라는 이름이 붙은 것은 결코 우연이 아니다.

하지만 토마시에게는 그들의 사랑의 역사가 'Es muß sein!'이 아니라 'Es könnte auch anders sein얼마든지 달리 될 수도 있었는데'이다. '그래야만 하는 것'은 무거운 세계이고 '달리 될 수도 있는 것'은 가벼운 세계이다. 우연을 운명으로 믿는 테레자와 달리 토마시는 테레자가 순전히 우연의 화신이라고 생각한다. 좌골 신경통이 도진 외과 과장을 대신해 우연히 학회에 참석하게 되었고 그 학회가 열리는 마을에 살고 있던 테레자의 일터에 우연히 들어서면서 두 사람이 만나게 되었기 때문이다. 토마시에게는 자기에 대한 테레자의 사랑이 마치 그의 발목에 채우는 방울 같았다. 그래서 그는 테레자가 자신을 떠나 프라하로 돌아갔을 때 파르메니데스의 마술적 공간에 들어가 존재의 달콤한 가벼움을 만끽한다.

왜 그는 테레자에게 다시 돌아가는 걸까? 게다가 근무하던 병원 원장의 질문 'Muβ es sein?'에 대하여 왜 'Es muβ sein!'이라고 대답하는 걸까? 그것은 동정同情 때문이다. 쿤데라는 토마시가 테레자에게 느낀 동정의 감정을 설명하기 위하여 동정을 두가지로 구분한다. 먼저 라틴어에서 파생된 모든 언어에서 동정 compassion이라는 단어는 접두사 '콤com'과 원래 '고통'을 의미하는 어간 '파시오passio'로 구성된다. 따라서 동정은 타인의 고통을 차마 차가운 심장으로 바라볼 수 없다는 것을 뜻한다. 달리 말해 고통스러워하는 이와 공감한다는 뜻이다. 이것은 연민과 비슷한 뜻을 가지며 사랑과는 별로 관계없는 저급한 감정을 지칭한다.

하지만 'compassion'에 해당하는 영어의 'sympathy'는 '함께'를 뜻하는 그리스어 접두사 '심sym'과 '감정'을 뜻하는 어간 '파토스pathos'로 구성되어 있다. 여기서 'sympathy'는 감정을 함께 나눈다는 점에서 '공감共感'의 의미를 수반한 '동정'으로서 반드시 '연민'과 같은 저급한 감정을 지칭하지는 않는다. "동정심을 갖는다는

행복한 뫼르소

것은 타인의 불행을 함께 겪을 뿐 아니라 환희, 고통, 행복, 고민과 같은 다른 모든 감정도 함께 느낄 수 있다는 것을 뜻한다. 이러한 동정은 고도의 감정적 상상력, 감정적 텔레파시 기술을 지칭한다."

토마시가 느끼는 동정은 후자에 속한다. 그가 느끼는 동정은 사실 테레자에 대한 그의 사랑에서 비롯된 것이다. 테레자가 떠난 직후 느꼈던 달콤한 가벼움은 곧 테레자가 이별의 편지를 쓰며 겪었던 감정을 그가 느끼는 순간 무거운 고통이 되어 그를 짓누른다. "동정심보다 무거운 것은 없다. 우리 자신의 고통조차도, 상상력으로 증폭되고 수천 번 메아리치면서 깊어진, 타인과 함께, 타인을 위해, 타인을 대신해 느끼는 고통만큼 무겁지는 않다." 그래서 그는 'Muß es sein?'이라는 물음에 "Es muß sein!"이라고 대답한다.

토마시가 테레자에게 느끼는 동정은 니체가 죄라고 여기는 그 동정과는 다르다. 동정을 뜻하는 독일어 'Mit-leiden'은 '함께'라는 의미를 지닌 접두사 $_{mit}$와 '고통'을 뜻하는 명사 $_{leiden}$가 결합한 단어다. 이 단어는 sympathy가 아니라 compassion이며 '연민'에 가깝다. 연민이 죄인 이유는 연민의 대상이 되는 사람의 삶의 의지를 약화시키기 때문이다. 따라서 니체가 말하는 동정 $_{compassion}$의 무거움은 동정을 받는 사람을 향해 있는 데 반하여 토마시가 느끼는 동정sympathy은 동정을 행하는 그 자신을 무겁게 짓누른다. 토마시는 타인인 테레자가 실제로 겪을 수 있는 고통보다 더 큰 고통을 스스로 느낀다. 타인이 느꼈을 고통은 사람에 따라 자신의 죄책감 그리고 상상력과 더불어 무한한 크기로 증폭되어 자기에게 되돌아올 수 있는 것이다. 타인에 대한 동정은 니체의 경우처럼 타인을 파괴하기도 하지만 토마시의 경우처럼 자신을 파괴하기도 한다.

가능성의 측면에서 볼 때 테레자에게는 토마시와 이루어진 사랑 외에도 실현되지 않은 다른 남자와의 무수한 사랑이 존재한다. 실현될 수도 있었을 이 무수한 사랑이 가능성으로만 남은 반면 토마시와의 사랑이 실제로 실현된 것은 그저 우연의 작용이다. 토마시를 테레자에게 데려가기 위해 여섯 차례의 우연이 연속적으로 존재해야만 했고, 그것이 없었다면 그는 테레자에게까지 이르지 못했을 것이다. 그래서 토마시에게는 테레자가 그를 프라하로 처음 찾아왔을 때부터 그리고 심지어는 그녀와 결혼한 이후에도 그녀와의 관계는 'Es könnte auch anders sein'이다. 그런데 테레자가 그의 곁을 떠난 후 그를 엄습한 테레자에 대한 사랑이 그리고 그 사랑으로 인한 동정심이 우연을 'Es könnte auch anders sein'에 머물게 하지 않고 'Es muß sein!'이 되게 하여 그로 하여금 테레자를 뒤따르게 하는 것이다. 취리히에서의 안정된 의사 자리를 포기하고 정치적으로 불안하기 짝이 없는 프라하로 되돌아가는 그의 행동은 젊은 남녀 간의 인연이 단순히 일시적인 쾌락만을 좇는 것도, 한낱 덧없이 흘러가는 가벼운 것만도 아니라는 사실을 보여준다.

정조와 배신

이제 또 다른 두 명의 등장인물 프란츠와 사비나에 대해서 살펴보기로 하자. 두 사람의 관계 역시 무거움과 가벼움의 대립이다. 프란츠에게는 정조가 모든 덕목 중 으뜸이다. 그는 정조가 우리 삶에 통일성을 부여하며, 정조가 없다면 우리 삶은 수천 조각의 덧없는 인상으로 흩어져버릴 것이라고 생각한다. 정조란 프란츠에게 삶을 응축시키는 수렴점이어서 정조를 지키지 않으면 삶이 중심을 잃고 공허하게 흩날리게 된다. 그런데 사비나를 유혹하는 것은 정조가 아니라 배신이다. "배신한다는 것은 줄 바깥으로 나가는 것이다. 배신이란 줄 바깥으로 나가 미지의 세계로 떠나는 것이다. 사비나에게 미지로 떠나는 것보다 더 아름다운 것은 없었다." 정조는 프란츠에게 충직忠直이요, 가장 바람직한 가치인 반면 사비나에게는 권태를 뜻한다. 권태로운 것은 동일

한 것의 반복이어서 필연적인 것과 마찬가지로 매력이 없다. 그
것은 그어진 선을 따라 걷는 것처럼 지루하고 고루하다. 이에 반
해 배신은 그어진 선 밖으로 나가는 행위이다. 사비나는 주어진
선 밖으로 나갈 때 자유롭고 생기가 돈다. 그래서 배신은 매력적
이다. 배신은 일탈이고 이탈이다. 토마시에게 우연만이 관찰할
가치를 갖듯이 사비나에게는 배신만이 인간관계에서 음미할 가
치가 있다. 이미 항상 그렇게 되어온 것에 편승하는 삶에서는 삶
의 비밀을 찾을 수 없다.

정조는 무거움의 세계에 속한다. 정조는 한 사람에게 충실한
것을 의미한다. 프란츠는 어린 시절부터 어머니가 죽는 순간까
지 그리고 그의 회상 속에서도 어머니를 사랑했다. 그는 아내와
결혼할 때도 아내를 존중하겠다고 다짐하는 것이 아니라 '아내
에게 내재된 여자'를 존중하겠다고 맹세하는데 여기서 '아내에게
내재된 여자'와 그의 어머니는 동일한 것이다. 사비나를 만난 이
후 그에게는 그녀가 여자다. "프란츠는 모든 거짓의 원천이 개인
적인 삶과 공적인 삶의 분리에 있다고 확신했다." 그에게서 정조
를 지키는 삶이란 거짓이 없는 삶, 진리 속에서 사는 삶이다. 그
리고 그것은 곧 사적인 것과 공개적인 것 사이에 있는 장벽을 제
거하는 것을 뜻한다. 그는 사람들 앞에서 자신의 모습이 그들이
없는 곳에서의 모습과 같아야 한다고 믿는다. 그래서 그는 더 이

상 거짓 속에서 살지 않기 위하여, 사비나에게 정조를 지키기 위하여, 사비나와의 관계를 공적인 것으로 만들기 위하여 아내를 떠난다.

하지만 "사비나에게 있어 진리 속에서 산다거나 자기 자신이나 타인에게 거짓말을 하지 않는다는 것은 군중 없이 산다는 조건에서만 가능한 일이다. 행위의 목격자가 있는 그 순간부터 우리는 좋건 싫건 간에 우리를 관찰하는 눈에 자신을 맞추며, 우리가 하는 그 무엇도 더 이상 진실이 아니다." 프란츠에게는 사비나와의 사랑을 비밀로 간직하는 것이 거짓이지만 사비나에게는 자신의 사랑을 감추는 것이 오히려 진리 속에서 사는 유일한 방법이다. 타인의 시선이 있는 한 거짓말은 불가피하다. 그 거짓말은 진실이고 진리이다. 타인의 시선을 무시하거나 거부할 수 없는 한 거짓말은 할 수밖에 없고, 그러한 거짓말이 필연적이라는 점에서 거짓말은 진리다.

사비나는 이 진리를 존중한다. 프란츠는 타인의 시선에 자신을 다 드러내는 것이 진실이라고 생각하나 사비나는 타인의 시선에 자기를 드러내는 것 자체가 이미 거짓이고 거짓말을 할 수밖에 없는 조건이라고 여긴다. 사비나에게는 타인의 시선에 속하지 않는 가장 내밀한 영역에서 끊임없이 배반을 꿈꾸는 것이, 그 가벼움을 사는 것이 진실되게 사는 것이다. 그녀에게는 자신과

169

의 사랑을 공개한 프란츠의 행동이 "그녀 사생활의 문을 깨고 무단 침입한 것과 같았다." 사비나는 자신이 거주하는 가벼움의 성城에 프란츠의 정직한 무거움이 파고드는 것을 견딜 수 없었다.

사비나는 프란츠와의 관계가 공개되어 공적으로 그의 곁에 있게 되면 모든 사람의 시선 안에서 자신이 사비나가 되는 대신 억지로 사비나 역을 연기해야만 하고 그 연기법을 찾아야만 할 것이라고 생각한다. 그녀 생각에 공개적으로 변한 사랑은 무게를 더할 것이고 짐으로 느껴질 것이다. 사비나에게 타인의 시선 안에서 가능했던 거짓은 프란츠와의 관계가 타인에게 알려진 순간 더 이상 가능하지 않다. 그래서 사비나는 자신과 프란츠 사이의 연인 관계가 공식적으로 인정되어 이 관계에 충실한 역할을 수행해야 한다는 무게를 감당할 수 없게 된다. 사비나의 드라마는 "무거움의 드라마가 아니라 가벼움의 드라마였다. 그녀를 짓눌렀던 것은 짐이 아니라 존재의 참을 수 없는 가벼움이었다."

가벼움은 끈질기게 그녀를 따라다닌다. 이미 명확해져서 다른 길을 생각할 수 없는 밝고 곧은 길은 그녀에게 길이 아니다. 예상되는 길은 과거와 현재의 반복으로서 그녀에게 더 이상 흥미와 긴장을 유발하지 않는다. 불투명하고 예기치 못한 옆길로 발을 들여놓을 때 비로소 사비나는 흥겨워진다. "배반의 순간들이 그녀를 들뜨게 했고, 그녀 앞에 새로운 길을 열어주고, 그 끝에는

170

여전히 또 다른 배반의 모험이 펼쳐지는 즐거움을 그녀의 가슴 속에 가득 채워주곤 했다." 그래서 그녀는 말없이 프란츠를 떠난다. 그녀에 대한 사랑에 정조를 지키고자 했던 프란츠에게 배신으로 응답한 것이다.

"그녀가 아버지를 배반했을 때, 삶은 길고 긴 배반의 길처럼 그녀 앞에 활짝 열렸고, 매번 새로운 배반은 마치 악덕처럼, 승리처럼 그녀를 유혹했다. 그녀는 대열 속에 머무르고 싶지 않았고 머무르지도 않을 것이다! 항상 같은 사람, 같은 단어들과 더불어 대열 속에 영원히 머무르지 않을 것이다!" 여기서 우리는 사비나가 몸담고 있는 가벼움의 존재론적 근거가 '차이difference'라는 사실을 알게 된다. 정조가 어떤 하나에 충실한 것이라면 배반은 바로 그 하나를 떠나 그것과는 다른 하나로 나아가는 것이다.

이것은 정조를 중시하는 프란츠가 음악 애호가인 반면 배반을 추구하는 사비나가 화가라는 사실과 무관하지 않다. 음악은 동일성을 추구하는 데 반하여 회화는 차이성을 추구한다. 교향곡이 동일한 주제의 반복을 통하여 통일성의 아름다움을 달성하는 반면 회화는 차별적인 어떤 것을 보여줌으로써 유일무이한 것의 아름다움을 구현한다. 동일성과 반복이 무거움의 세계라면 차이성과 유일성은 가벼움의 세계다. 차이에 매혹되는 사비나가 늘 배반의 모험을 꿈꾸는 것과 마찬가지로 토마시에게도 차이는 그

참을 수 없는 존재의 가벼움

가 몸담고 있는 가벼움의 존재론적 근거가 된다. 지금까지와는 다른 것, 바로 그것이 토마시가 끊임없이 새로운 여성을 찾아가는 동기다.

토마시는 왜 그토록 차이에 매혹되는 것일까? 그는 의료 활동을 시작한 후 처음 십 년 동안 오로지 인간의 뇌만 집중적으로 다루면서 자아를 포착하는 것이 가장 어렵다는 것을 알았다. 그리고 자아의 유일성은 인간 존재가 상상조차 하지 못할 아주 미미한 차이에 숨어 있다는 사실을 깨달았다. 차이는 대체 왜 그토록 작은가? 그리고 왜 그토록 찾아내기가 어려운가? 그것은 인간은 모든 존재에 있어서 동일한 것, 자신에게 공통적인 것만 상상할 수 있을 따름이기 때문이다. 인간은 자신이 이미 가지고 있는 틀에 따라 대상을 이해하고 설명하고 상상한다. 대상을 파악할 수 있는 틀이 없다면 대상의 타자성을 파악하기는 어렵다.

"히틀러와 아인슈타인 사이나, 브레즈네프와 솔제니친 사이에는 차이점보다는 유사성이 훨씬 많았다. 이를 수학적으로 표현한다면 그들 간에는 100만 분의 1의 상이한 점과 99만 9,999의 유사한 점이 있다." 히틀러는 홀로코스트를 행한 범죄자로서 인류의 적으로 간주되는 반면, 아인슈타인은 상대성이론을 발견한 천재 물리학자로 추앙받는다. 이들에 대한 윤리적인 평가는 크게 갈리지만 이들은 어느 하나에 집요하게 몰두하여 소기의 목적을 달성했다는 점에서 거의 차이가 없다. 문제는 '작은 차이'이다. 작은 차이가 한 사람은 인류의 적으로 한 사람은 인류의 친구로 만든다. 어떤 것들의 '차이'란 생각만큼 크지 않을뿐더러 차이의 크기가 차이의 의미를 결정하지도 않는다. 중요한 것은 '차이' 자체다.

토마시에게 여자는 거의 다 똑같다. 문제는 여자들이 '거의' 같다고 해서 똑같지는 않기 때문에 구별하기 힘든 차이가 존재한다는 점이고, 그 차이야말로 토마시가 많은 여자들과 관계하는 이유가 된다. "그는 여자에 사로잡힌 것이 아니라, 그들 각자가 지닌 상상 못 하는 부분, 달리 말해서 한 여자를 다른 여자와 구분 짓는 이 100만 분의 1의 상이성에 사로잡힌 것이다." 다시 말하면 차이가 혹은 이 차이가 만들어내는 자아의 개별성이 토마시를 움직인다. "개별적 '자아'란 보편적인 것으로부터 구별되고 따라서 미리 짐작도 계산도 할 수 없으며 그래서 무엇보다도 먼저 베일을 벗기고 발견하고 타인으로부터 쟁취해야만 하는 것이다." 토마시는 그를 매혹시키는 찬란한 가벼움의 세계를 정복하기 위해, 100만 분의 1의 차이를 쟁취하기 위해 끊임없이 새로운 여자들을 찾아나선다. 그리고 그런 토마시에게 사비나는 "당신은 모든 점에서 키치와는 정반대라서 당신을 사랑하는 거야. 키치의 왕국에서 당신은 괴물이야"라고 말하는데 여기서 사비나가

참을 수 없는 존재의 가벼움

토마시에게 한 말의 뜻을 이해하려면 무거움과 가벼움의 문제와
관련하여 키치가 어떤 의미를 갖는지 살펴볼 필요가 있다.

키치

키치의 문제는 이 소설에서 스탈린의 아들 야코프의 죽음과
연관해서 본격적으로 거론된다. 스탈린은 소련에서 신으로 추앙
받았지만, 그의 아들은 나치 독일의 포로수용소에서 변소를 더
럽혔다는 이유로 청소를 명령받은 데 모욕감을 느끼고 고압 철
조망으로 달려가 매달린 채 죽었다. "저주와 특권이 더도 덜도
아닌 같은 것이라면 고상한 것과 천한 것 사이의 차이점은 없어
질 테고, 신의 아들이 똥 때문에 심판받는다면 인간 존재는 그 의
미를 잃고 참을 수 없는 가벼움 그 자체가 될 것이다. 스탈린의
아들이 고압 전류가 흐르는 철조망에 몸을 던진 것은 의미가 사
라진 세계의 무한한 가벼움 때문에 한심하게 치솟은 천칭의 접
시 위에 자기 몸을 올려놓기 위해서였다." 한 인간은 똥 때문에
죽음에 이르기도 한다. 스탈린과 똥은 어울리는 조합이 아니다.
그런데 근엄한 스탈린의 자식인 야코프는 우스꽝스럽게도, 아니
슬프게도 근엄한 것과 가장 거리가 먼 똥을 제대로 관리하지 못

하여 죽음을 맞이한다.

똥이 사람을 죽음으로 몰고 간다면, 삶에는 '의미'가 들어설 자리가 없어지게 된다. 의미란 귀한 것과 천한 것 간의 차이에서 생기는데, 귀한 것에 더 의미를 두고 상대적으로 천한 것에 의미를 덜 둘 때 '의미'라는 말 자체가 의미를 갖는다. 하찮은 똥에 죽음이라는 무거운 의미를 부여하는 순간 '의미'는 더 이상 아무런 의미를 갖지 못한다. 똥 때문에 사람을 죽인다면, 똥보다 귀한 것에서 문제를 일으키는 자에게는 죽음보다 더한 형벌이 가해져야 한다. 그럴 경우 의미는 사라지고 세계는 한없이 가벼워진다. 야코프가 철조망에 몸을 던진 것은 한없이 가벼워진 세계에 자신의 무게를 더하기 위해서였다. 의미가 사라진 가벼움의 세계를 참지 못해 목숨으로 저항한 것이다.

쿤데라는 야코프의 죽음이 전쟁의 광범위한 바보짓 중 유일한 형이상학적인 죽음이라고 말한다. 왜냐하면 똥의 문제는 형이상학적인 문제이기 때문이다. 똥과 신은 양립할 수 없다. 그러므로 인간은 신의 모습에 따라 창조되었고 따라서 신도 창자를 지녔거나, 아니면 신은 창자를 지니지 않았고 인간도 신을 닮지 않았거나, 둘 중 하나다. 신의 창자에 대하여 생각하는 것은 신성모독이다. 성서에 예수님이 먹고 마셨다는 기록은 있으나 배설에 관한 기록이 없는 것은 신성한 존재와 똥을 연결시키는 것이 존엄에 대한 신성모독이기 때문이다. 전쟁으로 인해 발생하는 숱한 사건들이 비극이기는 하지만 이해할 수 없는 것이 아니다. 피난과 이별과 살상과 부상과 고통은 그에 상응하는 설명 가능한 원인이나 이유를 이해할 수 있다. 그러나 똥으로 인한 죽음은 경험적인 것만으로 설명될 수 없다. 신성한 것은 어떤 경우에도 천한 것과 연결시켜서는 안 된다. 그럴 경우 신성모독이 되기 때문이다. 그런데 스탈린의 야코프는 이러한 불일치가 현실로 드러난 경우다. 그런 점에서 야코프의 똥 문제는 경험적으로 해명할 수 없는 형이상학적인 문제다.

키치란 본질적으로 똥에 대한 절대적 부정이다. 키치는 자신의 시야에서 인간 존재가 지닌 것 중 본질적으로 수락할 수 없는 모든 것을 배제한다. "존재에 대한 확고부동한 동의가 미학적 이상으로 삼는 세계는, 똥이 부정되고 마치 존재하지 않는 것처럼 각자가 처신하는 세계라는 결론이 도출된다. 이러한 미학적 이상은 키치라고 불린다." 존재는 어떠해야 하는가 하는 물음에 대해 미학이 가장 이상적인 것으로 간주하는 세계는 천한 것 혹은 하찮은 것이 없는 세계다. 우아하고 품위 있고 조화롭고 세련된 것이야말로 미학이 존재 안에서 추구하는 이상이다. 똥은 정확히 그 반대편에 속한다. 그래서 미학적 이상이 실현되기 위해서는 똥이 거부되어야 한다. 똥은 가려져야 한다. 그럼으로써 똥이

행복한 뫼르소

없는 세계가 그려진다.

여기서 똥이 '마치 존재하지 않는 것처럼' 처신하는 세계가 키치라는 사실에 주목해보자. '마치 존재하지 않는 것처럼'은 곧 실제로는 존재한다는 말이다. 바꾸어 말해 키치는 실제로 존재하는 것을 다른 것으로 가리는 것, 위장하는 것이다. 인간 존재는 마땅히 이러이러해야 한다고 여겨지는 것들을 제외한 나머지 실상을 덮어서 없는 것처럼 만드는 것이다. 따라서 키치는 무거운 세계를 가볍게 묘사하거나 반대로 가벼운 세계를 무겁게 포장하는 것이다. 어느 경우든 본래 실상과는 다르게 포장하는 것, 진실을 교묘하게 감추고 거짓이면서도 마치 진실인 양 전시하는 것이다. 이렇게 볼 때 사비나가 토마시를 '키치와는 정반대의 인물'로 일컫는 이유는 토마시가 가벼움을 추구하는 자신의 성향을 위장하지 않고 표현하기 때문이라고 할 수 있다.

사비나는 키치에 저항한다. "공산주의에 대한 사비나의 첫 번째 내면적 저항은 윤리적인 것이 아니라 미학적인 성격을 지녔다. 그녀에게 혐오감을 일으켰던 것은 공산주의 세계의 추함보다는 공산주의가 뒤집어쓰고 있는 아름다움의 가면, 달리 말하면 공산주의라는 키치였다." 그녀가 공산주의를 거부하는 것은 공산주의가 겉으로는 평등을 내세우면서 실제로는 당 간부들만 호의호식하는, 윤리적으로 지탄받아야 하는 체제이기 때문이 아니다. 소련 사회가 이미 너무 발전하여 근본적인 갈등이 선과 악의 갈등이 아니라 선과 최선 사이의 갈등이기 때문이다. 악은 존재 자체가 부정되어 존재하는 것은 모두 공산주의라는 키치의 옷을 입은 선이다. 따라서 똥그러니까 본질적으로 받아들여질 수 없는 것은 '저쪽 편'예를 들면 미국에만 존재할 수 있으며 '선과 최선들'만 있는 세계에 마치 이물질처럼 외부로부터 침투할 수 있는 것으로 설명된다.

소련 사회는 근엄하다. 거기에는 '똥'과 같은 어휘는 존재할 수 없다. 그런데 실제로 소련 사회는 똥으로 가득 차 있다. 똥으로 가득 찬 사회는 근엄한 소련 사회에서 용납될 수 없기 때문에 어떤 식으로든 위장되어야 하고 치장되어야 한다. 이 전체주의적인 키치의 왕국은 유명한 동화 「벌거벗은 임금님」의 왕국이다. 이 왕국에서 공산주의는 무대 뒤쪽에 숨은 것을 가리는 무대장치다. 그녀가 자기 그림에 대하여 앞은 이해 가능한 거짓말이고 그 뒤로 가야 이해 불가능한 진실이 투명하게 드러난다고 설명하는 것은 바로 그 때문이다.

사비나에게 키치의 모델은 프라하에서 열린 축제 행진이다. "행진 대열이 연단 가까이 가면 가장 우울한 표정을 짓던 얼굴조차도 미소로 환해졌는데, 마치 자신들이 즐기는 것이 당연하다는 것을 증명하기 위해, 또는 보다 정확히 말하자면 자신들이 당연히 그래야 하는 것에 동의하고 있다는 것을 증명이라도 하고 싶은 사람들처럼 보였다." 놀이동산에서 카니발 퍼레이드를 마치고 인적이 뜸한 뒷길에 들어선 차량 위의 인물들을 본 적이 있는가? 그들의 지치고 어두운 얼굴에서는 카니발 행사 때의 밝고 즐거운 표정을 찾을 수 없다. 그들은 물론 연기자들이다. 그들은 자신들에게 대중이 무엇을 기대하는지 알고 그에 맞춰 표정을 지었던 것이다. 그래서 그들의 기대에 부응할 필요가 없는 상황에서 그들은 자신들의 가면을 벗는다.

실제 세계에서도 인간은 자신들이 '이상적ideal'이라고 간주하거나 기대하는 세계 혹은 일상생활을 위해 연출하고 연기한다. 사람들이 이상적이라고 동의하고 꿈꾸는 무대를 만들고 치장한다. 무대 뒤의 실제 세계는 무대 위의 연기로 가려진다. 이게 키치의 세계다. 나중에 미국에서 만난 상원의원이 잔디밭을 달리는 아이들을 보며 꿈꾸는 듯한 표정으로 자기가 행복이라 부르는 것이 바로 저런 것이라고 했을 때 사비나는 축제 행렬에서 보았던 미소를 떠올린다. 축제 행렬에 참여한 사람들의 미소도 상원의원의 표정도 키치의 세계, 키치가 유발한 효과다. 키치는 가장 많은 사람들의 공감을 끌어낼 수 있도록 감수성에 호소한다. "모든 인간 사이의 유대감은 오로지 이 키치 위에 근거할 수밖에 없다."

사람들이 그녀의 작품 활동에 대하여 자유를 위해 그림으로

싸운다고 평가하는 것이 그녀에게는 사람들이 그녀의 삶을 가지고 만들어내려고 했던 키치다. 그러나 일생 동안 자신의 적은 키치라고 단언했던 사비나도 이따금 그녀 가슴 깊은 곳에서 행복한 가족이 살고 있는 환한 두 창문에 대해 이야기하는 우스꽝스럽고 감상적인 노래가 존재의 참을 수 없는 가벼움 속에서 울려 퍼질 것이라고 생각한다. "그녀는 이 노래가 아름다운 거짓말에 불과하다는 것을 너무도 잘 안다. 키치는 거짓말로 인식되는 순간, 비-키치의 맥락에 자리 잡는다. 권위를 상실한 키치는 모든 인간의 약점처럼 감동적인 것이 된다. 왜냐하면 우리 중 그 누구도 초인이 아니며 키치로부터 완전하게 벗어날 수 없기 때문이다. 우리가 아무리 키치를 경멸해도 키치는 인간 조건의 한 부분이다." 가면이 벗겨진 키치는 감동적이다. 근엄한 아버지의 뒷모습에서 아버지의 실상을 보게 되는 경우의 감동과 같다. 진실은 항상 감동이기 때문이다. 하지만 초라하고 약한 뒷모습이 진실이고 또한 그 뒷모습의 확인이 감동을 준다고는 해도 그 진실은 어쩔 수 없이 무거우며 그 무게로부터 벗어나고자 하는 것은 보편적인 욕구다. 이렇게 볼 때 삶에서 키치는 불가피하다. 평생 키치와 싸워왔던 사비나조차도 가슴 깊은 곳에 행복한 가족에 대한 환상이라는 키치를, 행복한 삶이란 마땅히 이러이러해야 한다는 동의로서의 키치를 품고 있다.

행복한 뫼르소

화해

끊임없이 다른 육체의 찬란한 가벼움에 끌리는 토마시를 견딜수 없어서 고통스러웠던 테레자는 그에게 짐이 되지 않기 위하여 취리히를 떠난다. "그들은 서로 사랑했는데도 상대방에게 하나의 지옥을 선사했다. 그들이 사랑한 것은 사실이다. 오류가 그들 자신이나 그들의 행동 방식 혹은 감정에 기인하는 것이 아니라 그들의 공존 불가능성에서 기인했다는 것이 그 증거다. 왜냐하면 그는 강했고 그녀는 약했기 때문이다." 강한 자는 강한 자끼리, 약한 자는 약한 자끼리 결합할 때 풍파가 없이 평화로울 것이다. 그러나 알랭 드 보통이 「우리는 사랑일까」에서 말한 것처럼 사랑하는 두 사람 사이에 힘의 균형추는 어느 한쪽으로 기울기 마련이며, '사랑의 총량론'에 따라 어느 한쪽의 부족분을 다른 한쪽이 채워야만 사랑은 유지된다. 따라서 더 많이 사랑하는 사람이 더 힘이 들 수밖에 없다. 테레자를 사랑하지만 수많은 다른 가능성들을 버리지 않는 토마시에 대해, 토마시를 유일무이한 가능성으로 여기는 테레자의 고민과 고통은 불가피하다. 그리고 그 고통을 더 이상 감당할 수 없게 되면서 테레자는 토마시의 곁을 떠난다.

토마시에게 테레자와의 관계는 'Es könnte auch anders sein'이

었다. 따라서 그녀의 부재는 그를 행복한 가벼움의 세계로 돌아가게 했어야 마땅하지만 앞에서도 언급했듯이 그녀의 고통에 공감하는 토마시는 그녀를 뒤따른다. 그러나 가벼움의 세계를 떠나 무거움의 세계로 들어가는 토마시에게 저항이 없는 것은 아니다. "취리히에서 프라하로 돌아가는 차 안에서 토마시는 테레자에 대한 사랑을 생각하며 혼잣말로 'Es muß sein!'이라고 나지막하게 되뇌었다. 일단 국경을 넘어서자 그는 과연 진정 그럴 수밖에 없었는지 의심하기 시작했다. 그가 테레자에게로 떠밀려간 것은 그저 7년 전 발생했던 하찮은 우연의 연속 때문일 뿐이고외과 과장의 좌골신경통에서 비롯되었다 그 우연은 더 이상 빠져나갈 길이 없는 새장 속으로 그를 몰고 갔다." 과연 그래야만 하는 것인지 의심하는 것도 그리고 자신의 처지를 새장 속에 들어간 것으로 생각하는 것도 'Es muß sein!'이 결국 그에게는 필연적인 것이 아님을 가리킨다. 프라하에 돌아와 외과 의사직에서 쫓겨난 후 유리창 청소부로 일할 때 여자들의 유혹을 뿌리치지 않았던 것도 그런 이유에서라 하겠다. 그가 비록 새장 속에 들어가긴 했지만 그는 원하기만 하면 언제든지 새장 문을 열고 밖으로 날아갈 수 있었던 것이다.

테레자를 뒤따라 프라하로 돌아온 토마시는 이처럼 마음속으로는 'Es muß sein!'을 다짐하면서도 'Muß es sein?'을 떨쳐버릴 수 없다. 그랬던 그가 정치적으로 위험한 결과가 예상되는 서명운동에 동참하기를 요구받는 순간 그녀가 'Es muß sein!'보다 소중함을 깨닫는다. 우연을 운명으로 받아들였던 테레자와는 달리 그녀를 따라 무거움의 세계로 발을 들여놓으면서도 우연이 과연 필연인지 의심했던 토마시가 그녀를 진정으로 사랑하게 된 것이다. "그에게 중요한 것은 아무것도 없다. 오로지 그녀만이 중요했다. 여섯 우연의 소산인 그녀, 외과 과장의 좌골신경통에서 태어난 꽃 한 송이, 모든 'Es muß sein!'의 피안彼岸에 있던 그녀, 유일하게 그가 진정으로 애착을 갖는 그녀." 플라톤이 『향연』에서 든 유명한 신화처럼 사랑이 우리 자신의 잃어버린 반쪽에 대한 욕망이라면 이 잃어버린 반쪽만이 'Es muß sein!'일 것이며 이 잃어버린 반쪽과 함께하는 파라다이스는 꿈속에서나 가능할 것이다. 그런데 그는 "언제라도 꿈속 젊은 여자와 함께 사는 자신의 파라다이스를 떠나 테레자, 그로테스크한 여섯 우연에서 태어난 그 여자와 함께 떠나기 위해 자기 사랑의 'Es muß sein!'을 배신할 것을 알았다." 우연의 연속에서 생겨난 그녀와의 관계가 그녀에 대한 진정한 사랑으로 깊어지면서 무거움에 한 발을 걸쳐놓은 관계가 무거움을 넘어서는 관계, 무거움과 가벼움의 화해로 발전한 것이다.

테레자에게 무거움과 가벼움의 화해는 더 이상 강하지 않은,

이제는 더없이 약해진 토마시에 대한 사랑이다. 테레자는 자신이 그들의 개 카레닌에게는 사랑을 강요한 적이 없으며 단지 그의 존재만을 요구한 데 반하여 토마시의 사랑은 의심하고 저울질하고 탐색했다는 것을, 카레닌은 있는 모습 그대로 받아들였고 그를 자신의 모습에 따라 바꾸려 들지 않은 데 반해 토마시는 자기처럼 약해지기를 바랐다는 것을 깨닫는다. 소설의 뒷부분에서 그녀는 토마시가 토끼로 변하는 꿈을 꾸는데 품에 껴안을 수 있는 이 작은 동물을 손 안에 든 그녀는 행복했다. "그녀는 마침내 목표를 달성해 그녀가 가고자 했던 곳, 더 이상 도망칠 이유라곤 없는 그런 곳에 있다고 생각하며 토끼를 집으로 데려왔다." 그녀의 약함은 "그가 더 이상 강하지 않아 그녀 품에서 토끼로 변할 때까지 매번 그에게 타협을 강요했던 공격적인 약함이었다." 그녀는 약해진 토마시에게 한계도 절제도 없는 사랑을 느끼며 이상한 행복, 이상한 슬픔을 느꼈다. "이 슬픔은 우리가 종착역에 있다는 것을 의미했다. 이 행복은 우리가 함께 있다는 것을 의미했다. 슬픔은 형식이었고, 행복이 내용이었다. 행복은 슬픔의 공간을 채웠다." 테레자는 약해진 토마시를 원했고 그로 인해 행복했지만, 다른 한편으로 약해진 토마시는 더 이상 '토마시'가 아니게 되어 그녀에게 슬픔을 주었다.

소설의 마지막은 두 사람이 마을 사람들과 함께 시내 호텔로

춤을 추러 가는 장면이다. 춤을 추면서 테레자는 토마시에게 자신이 그의 삶을 밑바닥까지 끌어내렸다고 자책한다. 그녀의 마음속에는 그가 자신을 사랑하는가를 확인하기 위해 자기를 따라오라고 불렀고 결국 그를 이곳까지 불러들인 셈이라는 생각이 떠나지 않는다. "물론 그녀는 그에게 짐이 되지 않기 위해 사랑의 감정으로 그렇게 행동했다고 확신했더랬다. 그러나 이 사랑이 계략과는 다른 어떤 것이었을까? 사실 그녀는 그가 귀국해서 자기에게 오리라는 것을 알았다!" 하지만 그녀의 자책에 대하여 토마시는 "테레자, 내가 이곳에서 얼마나 행복한지 당신은 모르겠어?" 하고 말한다. 테레자가 그 말에 그의 임무는 수술하는 거라고 소리치자 토마시는 이렇게 대꾸한다. "임무라니, 테레자, 그건 다 헛소리야. 내게 임무란 없어. 누구에게도 임무란 없어. 임무도 없고 자유롭다는 것을 깨닫고 나니 얼마나 홀가분한데." 그의 인생에서 사랑이 아니라 직업에는 적어도 'Es muß sein!'이라는 것, 혹은 위대한 필연성이 있었다는 것을 고려하면 마땅히 주목해야 할 발언이다. 현실의 사랑에서는 필연을 믿지 않는 토마시지만 그가 의학을 택한 것은 우연이나 합리적 계산이 아니라 깊은 내면의 욕구에 따른 것이었다. 그런 그가 병원을 그만두고 유리창 닦는 노동자가 된 후 "자신이 어떤 중요성도 부여하지 않는 일을 했고, 그것이 아름답다 생각했다. 그는 내면적 'Es muß sein!'에 의

참을 수 없는 존재의 가벼움

해 인도되지 않은 직업에 종사하며 일단 일을 끝내면 모든 것을 잊을 수 있는 사람들의 행복을 이해했다."

토마시가 테레자와의 시골 생활에서 발견한 평화와 행복은 관계의 가벼움을 버리고 직업의 무거움을 버린, 무거움과 가벼움의 화해에서 온 선물이다. "Einmal ist keinmal. 한 번은 중요치 않다. 한 번뿐인 것은 전혀 없었던 것과 같다. 한 번만 산다는 것은 전혀 살지 않는다는 것과 마찬가지다." 그래서 어떤 비교도 어떤 선택도 덧없다고 생각했던 토마시에게 테레자와의 삶은 한 번의 삶, 단 한 번뿐이기에 참으로 소중한 삶이고 진정한 행복을 누리는 삶이 된 것이다.

사비나가 두 사람의 사망 소식을 알리는 편지를 읽고 놀랐던 것은 토마시의 그런 변화를 확인했기 때문이다. "그들은 가끔 이웃 마을에 가서 호텔에 묵었다. 편지의 이 대목이 그녀에겐 충격이었다. 그것은 그들이 행복했다는 것을 증명했다. 마치 그녀 그림의 한 점처럼 토마시의 모습이 눈앞에 떠올랐다. 마치 전경에 서툰 화가가 그린 가짜 무대장치처럼 돈 후안의 모습이 있다. 무대장치 틈 사이로 트리스탄이 보였다." 사비나에게 토마시는 여성 편력으로 유명했던 돈 후안이 아니라 이졸데에게 지고지순한 사랑을 바친 트리스탄으로 죽은 것이다. 하지만 그녀는 생각한다. "테레자와 토마시는 무거움의 분위기 속에서 죽었다. 그녀는 가벼움의 분위기에서 죽고 싶었다. 그 가벼움은 공기보다도 가벼울 것이다. 파르메니데스에 따른다면 부정적인 것이 긍정적인 것으로 변모하는 것이다." 무거움과 가벼움의 화해를 통해 진정한 사랑과 행복을 발견한 두 사람과는 달리 사비나는 마지막까지 가벼움의 세계에 머물기를 여전히 바라고 있다.

줄거리

이혼하고 독신남의 자유를 마음껏 누리며 살고 있는 외과의사 토마시는 어느 날 보헤미아의 시골에서 우연히 만난 테레자가 자기를 찾아오자 그녀에게 깊은 감정을 느끼게 되지만 다른 여자들과의 만남을 포기하지 않는다. 자기가 토마시에게 단지 그를 스쳐가는 많은 육체들 가운데 하나일까 봐 두려워하는 테레자는 극심한 질투와 고통에 시달리고 토마시는 그녀의 고통을 덜어주기 위해 그녀와 결혼한다.

1968년 소련군이 체코를 점령하자 토마시는 테레자와 함께 스위스 취리히로 가는데 그곳에서 또다시 시작된 그의 여성 편력 때문에 외로움을 느낀 테레자는 기르던 개를 데리고 프라하로 돌아간다. 토마시는 자신이 그녀와 함께 있기를 원한다는 사실을 깨닫고 그녀를 뒤쫓아 프라하로 간다. 그는 오이디푸스에 빗대어 체코 공산주의자들을 비난한 글이 문제가 되어 병원에서 해고된 후 유리창 닦는 노동자가 된다. 공산주의 정권하에서 끊임없이 감시당하며 사는 것에 염증이 난 그는 결국 테레자와 함께 시골로 이사한 후 트럭 운전사가 되며 테레자와 함께하는 시골생활에서 진정한 행복을 발견한다.

한편 화가인 사비나는 토마시의 애인이자 절친한 친구인데 가벼움의 극단적인 예를 보여주는 삶을 영위하고 있으며 배신행위에서 깊은 만족감을 느낀다. 그녀는 청교도적인 선조들과 공산당에서 요구하는 윤리나 제재에 따르기를 거부하며 키치에 저항한다. 소련군의 체코 점령 후 스위스 제네바로 활동 무대를 옮긴 사비나는 그곳에서 대학 교수인 프란츠를 만나는데 학자로서의 생활과 책이 삶의 전부이며 가끔 시위 대열에 참여하는 것이 유일한 일탈이었던 프란츠는 투쟁과 시위의 고장에서 온 사비나를 열정적으로 사랑하게 된다.

아내 몰래 사비나와의 만남을 이어가던 프란츠가 어느 날 그녀와의 사랑에 정조를 지키기 위하여 아내에게 이혼을 선언하자 사비나는 그의 사랑의 무게를 감당할 수 없어 말없이 떠난다. 사비나가 자취를 감춘 후 그녀에 대한 사랑의 기억을 소중하게 간직한 채 살아가던 프란츠는 캄보디아 국경에서 열리는 행진에 참여했다가 방콕의 한

행복한 외로소

호텔 앞에서 노상강도의 습격을 받아 치명상을 입은 채 제네바 병원으로 호송되어 죽음을 맞는다. 그리고 프란츠를 떠난 사비나는 파리에 머물다가 미국에 정착하게 되는데 어느 날 토마시와 전처 사이에서 태어난 아들 시몽이 보낸 편지를 통해 토마시와 테레자가 트럭에 깔려 함께 사망했다는 소식을 듣는다.

밀란 쿤데라 Milan Kundera, 1929~

체코슬로바키아에서 태어난 밀란 쿤데라는 프라하의 공연예술 아카데미 영화학부를 졸업한 후 영화 아카데미에서 세계 문학을 가르치는 강사가 되었다. 그는 민주주의하의 체코를 경험하지 않은 젊은 세대에 속했으며 당시 대부분의 체코 젊은이들과 마찬가지로 체코 공산당에 많은 영향을 받았다. 1948년 체코 공산당에 가입했으나 1950년 '반(反)공산당' 활동을 이유로 체코 공산당에서 축출되었다. 그때 경험을 소재로 1967년 사회주의 체제의 전체주의적 성격을 풍자하는 내용의 소설 「농담」을 발표했으며 1968년에 일어난 체코의 민주화 운동 '프라하의 봄'에 참여했다. 같은 해 8월 소련군이 체코를 점령한 이래 정치적인 탄압을 받게 되자 1975년 프랑스로 망명했으며 1981년 프랑스 시민권을 취득한 이후 줄곧 프랑스에 살면서 작품 활동을 계속하고 있다. 1984년에 발표된 「참을 수 없는 존재의 가벼움」은 그에게 세계적인 명성을 가져다준 대표작이며 〈프라하의 봄〉이라는 제목으로 영화화되기도 했다.

5

연금술사
낮선 길을 떠나 나에게 이르다

> 자아의 신화를 이루어내는 것이야말로
> 이 세상 모든 사람들에게 부과된 유일한 의무지.
> 세상 만물은 모두 한가지라네.

우주와 나

「연금술사」의 주인공 산티아고는 넓은 세상을 경험하고 싶어 양치기를 직업으로 택한 젊은이다. 어느날 그는 자신이 살렘의 왕이라고 말하는 노인을 우연히 만나는데 살렘의 왕은 산티아고에게 자아의 신화를 찾아 이집트로 떠나라고 권유한다. 산티아고가 '자아의 신화personal legend'의 뜻을 묻자 그는 "그것은 항상 자네가 이루기를 소망해오던 바로 그것일세"라고 답한다. 이 여행에서 그는 여러 차례 중도에 포기하고 싶은 유혹을 물리치고 온갖 고난을 극복한 끝에 자신만의 보물을 찾아냄으로써 마침내 자아의 신화를 이루어낸다.

산티아고는 어떻게 자아의 신화를 실현할 수 있었을까? 살렘의 왕은 산티아고에게 이 세상에는 위대한 진실이 하나 있는데 그것은 바로 무엇이든 마음을 다해 진실로 원한다면 반드시 그렇게 된다는 것이라고 말한다. 무언가를 바라는 마음은 곧 우주의 마음에서 비롯하기 때문이라는 것이다. 그는 산티아고에게 간절하게 바라는 바로 그것을 실현하는 것이 산티아고가 이 땅에서 맡은 임무라고 덧붙인다. 그는 또한 산티아고에게 "자네가 무언가를 간절히 원할 때 온 우주는 자네의 소망이 실현되도록 도와준다네"라고 말하는데 이 말은 소설에 나오는 다른 어떤 말보다도 강하게 사람들의 마음을 사로잡았던 한마디다. 이 우주가 내 꿈을 이룰 수 있도록 도와준다니, 꿈을 실현하고자 하는 사람들에게 얼마나 희망적인 메시지인가!

내가 뭔가를 진실로 원하면 우주가 나를 돕는다는 말은 나와 우주가 서로 관계하고 소통한다는 말이다. 물론 아무런 의문 없이 '그래, 나도 우주의 일부니까 내 생각이 우주와 어떤 식으로든 통하겠지'라고 받아들일 수도 있다. 하지만 철학의 입장에서는 '과연 그럴까? 우주가 내 마음을 알아서 나를 도와준다는 게 어떻게 가능한가?'라고 묻지 않을 수 없다. 그리고 이 질문은 어떤 형이상학적인 전제가 없이는 그런 얘기가 성립할 수 없다는 것을 의미한다. 여기서 형이상학이라는 말은 경험적으로 쉽게 검증될 수 없는, 초월적인, 눈에 보이지 않는 세계에 대해서 논의하는 그런 학문 영역을 가리킨다. 그렇다면 내가 진실로 원하면 우주가 나를 돕는다는 메시지는 형이상학적으로 어떻게 이해할 수 있을까?

신 안에서 만물은 하나

소설의 곳곳에 등장하는 표현들, 예를 들어 '세상의 만물은 서로 다르게 표현돼 있지만 오직 하나에 대해 말하고 있다'거나 '하늘 아래 모든 것은 단 하나의 손에 의해 씌어졌다' 혹은 '사막과 마음은 하나의 언어로 말하고 있었다'는 말들은 하나같이 만물이 하나의 언어로 이어져 있기 때문에 서로 소통이 가능하다는 뜻이다. 이런 의미에서 우주와 나 또한 하나의 언어로 이어져 있는 것이고 그래서 내가 무언가를 진실로 원하면 우주도 그것을 진실로 원하기 때문에 나를 돕는다. 사막에서 만난 영국인이 산티아고에게 그가 크리스털 가게에서 일하는 동안 그 가게의 그릇들도 그의 성공을 기원했을 것이라고 말한 사실 그리고 산티아고가 대상 행렬과 사막이 같은 언어로 이야기하기 때문에 사막은 대상 행렬이 자신을 건너갈 수 있도록 허락하는 것이라고 대꾸한 사실도 모두 같은 맥락에서 이해할 수 있다.

이처럼 세상의 만물이 서로 다른 것 같아도 하나의 언어에 의해서 출현한 것이고 그런 의미에서 서로가 소통할 수 있다는 생각을 뒷받침하는 철학자로 범신론汎神論을 주장한 스피노자를 떠올릴 수 있다. 범신론pantheism의 '범pan'은 '모든 것에 걸쳐'라는 의미를 지닌다. 따라서 범신론은 세상 모든 것 안에 신이 깃들어 있다는 주장이다. 오아시스에서 만난 연금술사가 산티아고에게 "현자들은 이 세상이 다만 하나의 영상이요, 천상계의 투영일 뿐이라는 걸 알고 있었네. 이 세상이 존재한다는 사실은 이 세상보다 더 완벽한 세상의 존재를 보증해주는 것이지"라고 말하는 대목은 무한자라고 하는 것은 유한자의 움직임과 떨어져서 별도로 존재하지 않는다는 의미를 담고 있다. 모래 하나에도 그 안에 신의 호흡이 다 들어가 있다는 말이다. 이런 범신론적 사고가 코엘료의 작품 「연금술사」에 등장하는 말들의 철학적인 토대라고 볼 수 있다.

스피노자는 신을 하나의 실체로 본다. 실체란 자족적인 주체, 다른 것에 의존하지 않고 자기 스스로를 설명할 수 있는 자를 가리킨다. 그의 의견에 따르면 만물은 실체인 신이 가지고 있는 속성의 양태다. 신이라고 하는 실체의 속성attribute은 사유thinking와 연장extension이다. 사유와 연장이라고 하는 두 가지 속성이 이 세상에 주어져 있는 모든 사물들의 형태 속에 다양한 비례 관계로 서로 조합되어서 다양한 형태, 즉 양태modus로 나타났다는 것이다. 다시 말해서 이 세상 만물 안에는 신이 지닌 속성이 모두 들어가 있다. 스피노자에게는 만물이 자연이다. 그래서 그는 '신은 곧 자연'이라고 말한다.

스피노자는 존재하는 모든 것은 각각 '우주의 얼굴'이며 실체로서의 신의 이성에 절대적으로 의존함으로써 현재의 자기 모습을 지닐 수 있다고 본다. 유일 실체로서 신의 속성인 사유와 연장이 각각 구체적인 현실로 드러난 결과가 정신의 관념적 세계와 정신 밖의 물질적 세계다. 두 세계는 서로 속성은 다르지만 신을 공동의 원천으로 삼고 있는 한에서 소통할 수 있게 열려 있다. 그래서 연금술사는 산티아고에게 "그대의 마음에 귀를 기울이게. 그대의 마음이 모든 것을 알 테니. 그대의 마음은 만물의 정기에서 태어났고, 언젠가는 만물의 정기 속으로 되돌아갈 것이니"라고 말한다. 산티아고가 "내 안에는 바람과 사막, 태양, 별들 그리고 우주에서 창조된 모든 만물이 존재하고 있어. 우리는 오직 한 분의 손으로 빚어졌고, 우리에게는 같은 영혼이 있는 거야"라고 말하는 것도 같은 의미로 이해할 수 있다.

모래알에 담긴 우주의 원리

그러나 만물이 서로 소통한다는 사실은 나의 신화를 찾는 데, 그러니까 나의 꿈을 실현하는 데 필요조건이기는 해도 충분조건은 아니다. 각자의 '나'라는 개별자가 온전하게 드러날 수 있을 때 각자의 꿈을 실현할 수 있다고 한다면, 이를 위해서는 더 엄밀한 조건이 필요하다. 나는 네가 아니듯이 나의 꿈이 너의 꿈은 아니다. 각자의 개별성은 그 자체로 존중되어야 한다. 그래서 코엘료는 말한다. "납과 구리, 쇠에게도 역시 이루어야 할 자아의 신화가 있다." "쇠가 구리와 비슷해지거나 구리가 금과 똑같아질 필요는 없어. 각각의 물질은 그 고유한 개별성 속에서 자신의 정확한 몫만 수행하면 되는 거야." 앞에서 언급했듯이 모래 알갱이 하나에도 천지창조의 경이가 깃들어 있으니 납과 구리, 쇠에도 신이 깃들어 있다. 그런데 납과 구리 그리고 쇠가 모두 각자 자신에게 고유한 자아의 신화를 살아내도록 되어 있다니, 이를 어떻게 이해해야 할까? 그런 일이 어떻게 가능할까?

여기서 독일의 철학자이자 수학자인 라이프니츠가 제시한 모나드Monad 개념을 떠올릴 수 있다. 데카르트, 스피노자와 더불어 근대 합리론의 최종 주자라고 할 수 있는 라이프니츠가 우주의 만물을 설명하기 위해 내세운 개념인 '모나드'는 한글로는 '단자'

라고 한다. 이것은 한자로 쓰면 '單子'로 단위가 되는 요소라는 뜻을 가진다. 라이프니츠의 모나드는 더 이상 쪼개지지 않는 최소 단위, 최소의 입자다. 우주 전체를 1이라고 가정하고 그것을 무한히 나눈다고 할 때 이를 수식으로 표현하면 $\lim\limits_{x \to \infty} \frac{1}{x} = 0$ 이다. 그런데 라이프니츠는 우주를 무한히 쪼개면 물리적 세계에서는 수학에서처럼 0이 되는 것이 아니라 더는 나눌 수 없는 최소의 입자가 남는데 그것이 바로 모나드라고 말한다. 1인 우주 전체가 0이 돼버리면 이 우주는 존재하지 않을 것 아닌가?

라이프니츠가 보기에 이 우주에는 무수한 개별자들이 존재한다. 수학의 계산과 달리 세계는 무수히 많은 것으로 나뉘어 있어도 0으로 와해되지 않고 서로 구별되는 것들로 가득 차 있다. 그렇다면 이 무수히 다양한 사물들 사이에 존재하는 차별성, 차이성을 어떻게 설명할 것인가? 이는 개체와 개체 사이에서 둘을 구별하는 분명한 경계가 있어야만 설명 가능하다. 그 경계가 없으면 둘 사이의 구별은 없어지고 하나가 돼버릴 것이다. 우주를 유일 실체로 파악한 스피노자에게 라이프니츠가 저항하는 것도 바로 이 대목이다. 스피노자의 형이상학에서는 개체들 간의 구별을 설명할 수 없기 때문이다. 그래서 라이프니츠는 모나드가 창문이 없다고 말한다. 각각의 모나드에 창문이 있다면 다른 모나드들과의 구별 혹은 경계가 무너져 각 개별자의 고유성이 사라진다는 것이다. 다른 어떤 개체와도 구별되는 하나하나의 개체, 자신 안에서 독자적으로 완전한 개별자가 바로 모나드다.

스피노자는 신을 유일한 실체로 보았지만 라이프니츠는 이 모나드를 실체로 본다. 다시 말해서 무수히 많은, 서로 다른 모든 모나드가 실체다. 실체란 앞에서도 말했듯이 자족적인 자립체다. 자족적인 자립체라고 하는 것은 자기가 누구인지를 설명하기 위해서 다른 것에 의존하지 않는다는 뜻이다. 그러므로 모나드는 그 자체로 자기운동을 하는 존재이다. 그런 의미에서 라이프니츠는 모나드를 소우주Mikrokosmos라고 부른다. 모래 알갱이 하나를 들여다보기만 해도, 마음속에서 천지창조의 모든 경이를 볼 수 있을 것이라는 연금술사의 말은 모래 알갱이 하나에도 우주의 원리가 담겨 있으며 모래 알갱이는 그 자체로 하나의 우주라는 말로 이해할 수 있겠다.

나르키소스의 눈에 비친 호수

각자는 다른 사람의 신화가 아닌 자기 자신의 신화를 찾아가야 한다. 자기 안에 감춰진 보물을 밖으로 끌어내야 한다. 자기 안에 우주의 원리를 간직하고 있다고 해도 밖으로 드러내지 않으면 아무 소용이 없다. 각자가 오직 자기에 대해 관심을 가져야 하는 이유다. 자아의 신화를 찾아가는 데에서 타인의 존재도 실은 자기의 계발을 위한 수단일 뿐 그 자체로 목적일 수 없다. 이와 관련하여 「연금술사」의 프롤로그에 나오는 나르키소스 에피소드는 시사하는 바가 크다.

이 프롤로그는 그리스 신화의 나르키소스 이야기에 대한 오스카 와일드의 독특한 해석을 소개한다. 코엘료가 오스카 와일드의 나르키소스 해석을 소설의 첫머리에 실었다는 것은 앞으로 전개될 이야기의 핵심을 암시한다는 점에서 주목을 요한다. 나르키소스는 그리스 신화에 나오는 미소년이다. 아름다운 용모로 많은 이들의 사랑을 받던 나르키소스는 어느 날 호수에 비친 자기 얼굴을 보게 된다. 호수에 비친 너무나 아름다운 사람이 바로 자신인 줄도 모르고 나르키소스는 그 사람을 사랑하게 된다. 그러다가 그것이 자신의 모습인 것을 깨닫고 신에게 '제발 나를 나에게서 분리시켜 주세요'라고 기도를 한다. 사랑의 대상과 떨어져 있어야만 그 대상을 사랑할 수 있기 때문이다. 그런데 그것은 불가능했다. 자기를 자신으로부터 어떻게 분리해낼 수 있겠는가? 그래서 나르키소스는 물에 비친 자기 모습을 보기 위해 매일 호숫가를 찾다가 결국 호수에 빠져 죽고 만다. 이 나르키소스가 죽은 그 자리에서 오늘날 '수선화'라고 알려진 꽃이 피어났다는 이야기가 그리스 신화의 나르키소스 에피소드다.

그런데 「연금술사」에 소개된 오스카 와일드의 이야기는 결말이 다르다. 나르키소스가 죽었을 때 호숫가에 모인 숲의 요정들은 호수가 비통한 눈물을 흘리는 것을 보고 그 까닭을 묻는다. 호수가 나르키소스의 죽음을 애도하고 있다고 대답하자 요정들은 호수에게 나르키소스의 아름다움을 가장 가까이서 지켜보았으니 당연하다고 말한다. 그러자 호수는 나르키소스가 그렇게 아름다웠냐고 묻고는 "저는 지금 나르키소스를 애도하고 있지만, 그가 그토록 아름답다는 건 전혀 몰랐어요. 저는 그가 제 물결 위로 얼굴을 구부릴 때마다 그의 눈 속 깊은 곳에 비친 나 자신의 아름다운 영상을 볼 수 있었어요. 그런데 그가 죽었으니 아, 이젠 그럴 수 없잖아요"라고 말한다.

이 이야기를 읽은 연금술사는 정말 아름다운 이야기라고 감탄을 터뜨린다. 진정으로 중요한 것은 오로지 자기 자신이라는 것을 이야기가 보여주기 때문이다. 나르키소스가 자기를 사랑했듯이 호수에게도 결국 중요한 것은 자기였다. 나르키소스 에피소드에서 유래한 나르시시즘은 우리말로 '자기애'다. 나르시시즘, 즉 자기애란 자기가 자기를 사랑하는 것이다. 나르키소스만 자기를 사랑했던 것이 아니다. 호수도 나르키소스의 눈에 비친 자기를 사랑했다. 타자라고 하는 존재도 결국은 나를 보기 위한 방편 또는 수단에 지나지 않는다.

타자란 '자기가 아닌 것'이다. 따라서 타자는 자기가 '나'일 때 타인을 말할 수도 있고, 개인에 대해서는 사회가 타자가 되며, 피조물인 인간에 대해서 조물주가 타자가 되기도 하는 상대적인 개념이다. 이 경우에 호수의 타자는 호수가 아닌 바깥의 것으로서 나르키소스의 눈이 호수에게는 타자였다. 나르키소스의 눈을 들여다보았을 때 호수가 본 것은 나르키소스의 눈이 아니라 자기 자신이었다. 그래서 이 이야기는 각자에게 타자는 자기를 성찰하고 사랑하게 하는 매개자인 것이지 타자 그 자체가 자기의 목적일 수 없다는 사실을 일깨운다. 나르키소스 에피소드에 대한 오스카 와일드의 이야기는 타자의 의미를 자아성찰이라는 측면에서 살피는 데 그치지 않고 산티아고의 행적과 관련하여 「연금술사」 전반의 플롯에서 타자가 어떤 의미를 지니는지를 암시한다. 「연금술사」에서 말하는 '자기의 신화'는 타자를 통하여 이루어지지만, 여기서 타자는 어디까지나 자기를 비추는 거울 이상의 의미를 뜻하지 않는다. 타자는 내가 나를 사랑하는 데 요구되는 방편이라는 사실을 「연금술사」는 오스카 와일드의 이야기를 빌려 책의 서두에서 밝히고 있다.

자아의 연금술

산티아고가 사막에서 알게 된 영국인의 말에 따르면 연금술사들은 어떤 금속을 아주 오랜 기간 가열하면 그 금속 특유의 물질적 특성은 전부 발산되어버리고 그 자리에는 오직 만물의 정기만이 남게 될 거라고 믿었다. 그들은 이 최종 물질이 모든 사물의 의사소통을 가능하게 해주는 언어logos이므로 이 물질을 통해 지상에 존재하는 모든 것을 이해할 수 있으리라 기대했다.

원래 연금술은 금이 아닌 다른 금속을 금으로 만드는 기술로 기원전 알렉산드리아에서 시작하여 오랜 세월 인류의 관심을 끌어왔다. 금은 최고로 진화한 형태의 금속이고 또 불변한다는 점 때문에 가장 가치 있는 금속으로 간주되었다. 하지만 코엘료가 말하는 연금술은 단순히 금이 아닌 다른 금속을 금으로 만드는 기술, 물질적인 세계의 질서를 변형하여 금을 만들어내는 기술을 가리키는 것이 아니다. 그의 연금술은 우주적인 정신의 질서를 내 것으로 삼아 나의 신화를 찾는 것이다. 이를 '자아의 실현'이라고 불러도 무방할 것이다.

산티아고가 자신의 보물을 찾아내기까지 겪었던 모든 일들은 그가 자신에게 주어진 자아의 신화를 살아내는 과정이었다. 산티아고와 연금술사가 첩자로 오인 받아 목숨이 경각에 달렸을 때를 떠올려보자. 연금술사는 자신들을 붙잡은 사령관에게 산티아고가 바람으로 변할 수 있다고 말한다. 그리고 산티아고는 실제로 그렇게 할 수 있었다. 만물의 정기 속으로 깊이 침잠해 들어가 자신이 기적을 이루어낼 수 있다는 걸 알았다. 만물의 정기란 신의 정기의 일부이며, 신의 정기가 곧 그 자신의 영혼임을 깨달았기 때문이다. 그럼으로써 산티아고는 그의 스승이 말한 세 번째 부류의 연금술사, 즉 연금술이라는 말을 한 번도 들어본 적이 없으면서도 연금술의 비밀을 얻고, 자신의 삶 속에서 철학자의 돌을 발견해낸 사람이 되었다고 볼 수 있다.

만물이 저마다 자아의 신화를 살아내도록 되어 있다고 하는 말을 라이프니츠의 모나드와 연관시켜 이해한다고 할 때 그가 말하는 모나드가 곧 개인은 아니다. 하지만 살렘의 왕이 "어쨌든 자아의 신화를 이루어내는 것이야말로 이 세상 모든 사람들에게 부과된 유일한 의무지. 세상 만물은 모두 한가지라네"라고 말한 것을 보면 모나드 개념을 개인에 적용해서 그 의미를 생각해볼 수 있겠다.

살렘의 왕이 말했듯이 자아의 신화란 우리가 가장 간절하게 소망하는 어떤 것이다. 요즘 말로 바꾸면 각자가 원하는 분야에서 최고의 전문가가 되는 것, 혹은 꼭 최고가 아니더라도 나아갈 수 있는 한 가장 멀리까지 나아가 빛나는 상태에 이르는 것이다.

그래서 연금술은 만물의 정기 속으로 깊이 들어가 만물의 정기가 우리 각자를 위해 예정해둔 보물을 찾아내는 것이며 우리 모두 자신의 보물을 찾아 전보다 더 나은 삶을 살아가는 것이다. 진정한 연금술사는 '어떤 한 가지 사물이 진화할 때 그 주위에 있는 모든 것들도 더불어 진화한다는 것을 알기에 자신들도 마치 금처럼 진화하고자 노력해서 철학자의 돌을 발견한 사람들'이다. 이렇게 볼 때 소설 「연금술사」의 연금술은 나를 금으로 만드는 프로젝트다. 금이 아닌 내가 금이 되기를 꿈꾸고 마침내 금이 되기까지 결코 포기하는 일 없이 나의 꿈을 이루는 것이다.

그렇다면 아직 금이 아닌 내가 어떻게 금이 될 수 있을까? 앞에서 언급했던 라이프니츠의 모나드 개념을 다시 한 번 떠올려보자. 그의 견해에 따르면 존재하는 모든 것은 그 자체로 하나의 소우주다. 소우주란 대우주와 달리 비록 크기는 작지만 그 안에 우주의 원리를 간직하고 있는 존재다. 이해를 돕기 위해서 편의상 우주 전체에 A, B, C 세 개의 모나드가 있다고 가정할 때이 각각의 모나드 A와 B 그리고 C 안에는 A, B, C 세 개가 다 들어 있다고 볼 수 있다. A와 B 그리고 C는 각각 하나의 소우주이기 때문에 그 안에는 우주 전체를 이루는 A, B, C가 모두 들어 있는 것이다. 다만 모나드 A는 A가 겉으로 드러나 있고 B와 C는 드러나 있지 않을 뿐이다. 그리고 이는 모나드 B와 C의 경우도 마찬가지다. 여기서 겉으로 드러난 것은 아리스토텔레스가 말하는 '현실태Actuality'이며 드러나지 않고 잠재되어 있는 것은 '가능태Potentiality'이다. 다시 말해서 모나드 A는 B와 C를 가능태로서 자기 안에 간직하고 있으면서 A가 현실태로 드러나 있는 것이다

　모나드인 각각의 개인, 그러니까 나 역시 하나의 소우주다. 그래서 나에게는 모든 가능성이 열려 있다. 그 가운데 단지 어떤 부분만 밖으로 발현되고 있을 뿐 나머지는 아직 드러나지 않은 상태이다. 그래서 현재 납인 내가 나의 신화인 금이 되기 위해서는 나의 모나드적인 특성, 즉 내 안에 잠재된 우주의 질서를 활용할 필요가 있다. 지금 납$_A$으로 드러난 나는 내 안의 다른 가능성인 B와 C가 나의 현재 안으로 들어오도록 도모해야 한다. 그런데 이 대목에서 「연금술사」는 중대한 사항을 환기시킨다. "납은 세상이 더 이상 납을 필요로 하지 않을 때까지 납의 역할을 다하고 마침내는 금으로 변하는 것이다." 내가 나의 신화를 실현하기 위해서는, 달리 말해 납인 나를 금으로 만들기 위해서는 현재의 나$_{납}$를 충분히 절실하게 살아내지 않으면 안 된다는 것이다. 내 안의 금이라는 가능태를 현실태로 전환하기 위해서는 납으로서의 삶을 투철하게 살아내야 한다. 현재의 납의 영혼을 부단히 탁마琢磨할 때에만 나에게서 금빛이 발한다. 산티아고가 자아의 신화를 찾아 오랜 여행을 하는 동안 필요한 모든 것을 배우고, 숱한 유혹과

난관에 기꺼이 맞서 이를 극복한 것은 납으로서의 자기 역할을
온전히 수행하기 위해서였다.

되어야 할 것은 될 수밖에 없는 법

자아의 신화를 찾아가는 산티아고의 여정에서 종종 등장하는
중요한 용어가 있다. '마크툽'이라는 말이다. 이 용어는 아랍어
로 '이미 기록되어 있다'는 뜻이다. 어차피 그렇게 될 일 혹은 일
어날 수밖에 없는 일이라고 해석할 수 있는 이 말은 한 가지 일
을 다른 일로 연결시키는 신비로운 사슬이다. 바로 그 사슬이 산
티아고로 하여금 양치기가 되게 하고, 똑같은 꿈을 계속해서 꾸
게 하며, 피라미드가 있는 아프리카에 가까운 도시 탕헤르로 가
도록 한다. 그리고 그곳의 광장에서 늙은 왕을 만나게 하며, 가진
것을 모두 털리게 하고, 크리스털 상인을 만나게 하여 산티아고
가 자신의 꿈에 가까이 다가가게 했던 것이다. 그래서 산티아고
는 예감이라는 것이 삶의 보편적인 흐름 한가운데, 그러니까 세
상 사람들의 모든 이야기들 속에 그럴 수밖에 없는 어떤 방식으
로 펼쳐져 있는 것임을 이해하기 시작했을 때 그것이 천지의 모
든 일이 이미 기록되어 있기 때문이라는 것도 이해할 수 있었다.

이것이 중요한 순간마다 그가 '마크툽'을 중얼거리는 이유다.

따라서 마크툽은 모든 것이 신의 섭리, 또는 우주의 섭리에 따라서 그렇게 되도록 되어 있다는 뜻이다. 만물에게는 저마다 이루어야 할 자아의 신화가 있다는 말은 곧 만물이 자아의 신화를 이루어내도록 이미 그렇게 예정되어 있다는 말이다. 그렇다면 만물, 라이프니츠의 개념을 빌리면 '창문이 없는' 상태인 이 모나드들은 어떻게 저마다 자아의 신화를 살아내기 위하여 움직이면서도 서로 충돌하지 않을 수 있을까? 이에 답하기 위해서는 라이프니츠의 예정조화설을 살펴볼 필요가 있다.

모나드들은 눈이 멀어 있기 때문에 다른 모나드들이 어떻게 움직이는지 모른다. 자기 안에 닫혀 그저 혼자서 움직일 뿐이다. 마치 차창에 까맣게 칠을 한 자동차들이 밖을 내다볼 수 없는 상태에서 도로 위를 각자 달리는 것과 마찬가지다. 만일 실제로 그런 일이 있다면 세상은 완전히 무질서 상태가 될 것이다. 그런데 이 우주는 모나드들이 각자의 운행을 계속해도 질서를 유지한다. 라이프니츠는 이것이 신이 미리 정해놓은 어떤 운행 원리에 따라 모나드들이 조화를 유지하면서 움직이기 때문이라고 설명한다. 연금술사가 산티아고에게 오직 금만을 찾으려는 자들이 연금술의 비밀을 결코 찾아내지 못한 까닭에 대하여 설명하면서 "납과 구리, 쇠에게도 역시 이루어야 할 자아의 신화가 있다는 것을 잊었던 걸세. 다른 사물의 자아의 신화를 방해하는 자는 그 자신의 신화를 결코 찾지 못하는 법이지"라고 말한 것은 이런 맥락에서 이해할 수 있다.

살렘의 왕은 산티아고에게 보물이 있는 곳에 도달하려면 표지를 따라가야 한다고 충고한다. 신이 우리 인간들 각자가 가야 하는 길을 적어주었으니 그 주어진 길을 읽어내기만 하면 된다는 것이다. 여기서 그가 말하는 표지 역시 마크툽과 연관시켜 이해해야 한다. 표지가 가리키는 길은 자아의 신화를 이루어내기 위해서 산티아고가 따르도록 되어 있었다. 행운의 표지로 나타났던 나비도, 선택의 갈림길에서 '우림'과 '툼밈'이라는 신비로운 돌이 보여준 답도 표지였으며 오아시스에서 만난 여인 파티마의 입가에 어린 미소도 "정체를 모른 채 오랜 세월 기다려온, 책 속에서, 양들 곁에서, 크리스털 가게와 사막의 침묵 속에서 찾아 헤매던 바로 그 표지였다." 그래서 산티아고는 "내가 가는 길에 표지를 남겨놓으신 분은 신이 틀림없다"라고 생각하게 된다.

유한자와 무한자의 동행

'마크툽'의 의미대로 자아의 신화를 실현하기 위하여 표지를

행복한 뫼르소

따라가는 산티아고에게는 여러 번의 위기가 닥친다. 가진 돈을 몽땅 도둑맞기도 하고 목숨을 잃을 위험에 처하기도 하며 사랑하는 여인과 함께하기 위하여 여행을 중단하고 싶은 유혹을 느끼기도 한다. 또 그는 때로 보물에 이르지 못하거나 사막에서 죽음을 맞을 수도 있다는 생각으로 두려움에 빠진다. 하지만 꿈을 찾아가는 매 순간이란 신과 영겁의 세월을 만나는 순간이라는 연금술사의 말을 듣고 산티아고는 "그래, 무언가를 찾아가는 매 순간이 신과 조우하는 순간인 거야"라고 마음을 다잡는다.

모든 인간은 태어나는 순간부터 언젠가는 죽을 수밖에 없는 운명을 맞는다. 그런 의미에서 한계가 있는 존재, 즉 유한자다. 산티아고의 말은 유한자인 인간의 말과 행동 속에 무한자가 함께 하고 있다는 뜻에서 유한과 무한의 동일성을 얘기했던 독일의 철학자 헤겔을 떠올리게 한다. 절대적 관념론으로 고전철학의 정점을 찍었다고 평가받는 헤겔은 종전까지 이분법적 대립 구조로 파악되던 유한과 무한의 관계를 새로운 각도에서 조명하여 유한과 무한이 동일하다고 말한다. 유한과 무한이 동일하다는 말은 얼핏 듣기에 전혀 이해가 되지 않는다. 유한은 끝이 있는 것이고 무한은 끝이 없는 것인데 어떻게 그 둘이 같을 수가 있단 말인가? 헤겔은 악무한과 진무한 개념으로 이를 설명한다.

악무한惡無限은 글자 그대로 나쁜 무한이다. 이것은 끝이 없는 무한으로 내가 지향하는 목표는 미래의 어느 지점에 있는데 그 지점은 끝이 있는 어느 지점이 아니라 마치 끝없이 뻗어 있는 직선처럼 무한히 멀어진다. 그러므로 현재의 나는 항상 아직 목표에 도달하지 못한 상태일 수밖에 없다. 마치 절대로 잡히지 않는 무지개를 좇는 것처럼 잡았는가 싶으면 다시 멀어진다. 목표를 향해 다가서는 것처럼 보이는가 싶지만 그 목표는 끝없는 직선상에 놓여 있어서 현재의 나는 끝없는 불만과 불행을 피할 수 없다. 그래서 악무한은 결코 잡을 수 없는 무지개를 잡으려는 무한히 반복되는 시도, 무한소급이며 끝없는 욕구불만이다.

악무한이 직선이라면 진무한眞無限은 원이다. 직선은 앞으로만 나아간다. 그래서 끝이 없다. 반면에 원은 끝이 있으면서 동시에 끝없이 돌아간다. 다시 말해서 원은 끝이 있는 무한이다. 무한은 원래 끝이 없다는 말인데 끝이 있는 무한은 자기모순처럼 들린다. 하지만 헤겔은 바로 이 끝이 있는 무한만이 참된 무한, 즉 진무한이라고 말한다. 끝이 있는 무한이 논리적으로는 모순이지만 그것만이 진짜 무한이라는 말은 의식 혹은 사고의 관점에서 이해해야 한다.

악무한적 사고에서 현재는 항상 희망하는 목표에 이르기 위해 거쳐 가는 단계일 뿐 그 자체로는 의미가 없다. 게다가 아직 목표를 이루지 못했기 때문에 늘 불행한 상태인 것은 더 말할 나위도

행복한 뫼르소

없다. 그와 반대로 진무한적 사고에서는 현재가 그 자체로 의미가 있으며 아직 목표를 달성하지 못했다고 해서 현재의 행복이 유보되지 않는다. 산티아고가 마음속으로 보물을 찾아가는 동안의 모든 날들은 빛나는 시간이었다고, 매 순간은 보물을 찾고자 하는 꿈의 일부분이라는 걸 알고 있었다고 생각하는 것은 진무한적 사고의 특성을 잘 보여준다. 아직 보물을 찾지 못했어도 보물을 찾고 있는 순간순간에 무한자인 신이 함께하기 때문에 그는 이미 진리의 길에 들어섰으며, 현재 신이 그와 함께하는 한에서 그에게는 불평을 하거나 좌절할 이유가 전혀 없다. 오히려 힘든 현재를 기꺼이 보듬고 사랑할 이유만 남는다.

코엘료가 세상을 보는 두 가지 눈을 '현재 불평주의자'와 '미래 긍정주의자'로 구별한 것도 악무한적 사고와 진무한적 사고로 볼 수 있다. 산티아고가 탕헤르의 광장에서 가진 돈을 모두 도둑맞았을 때를 떠올려보자. 그는 말도 통하지 않는 낯선 땅에서 외톨이 나그네 신세가 되어 있었다. 그는 더 이상 양치기도 아니었고, 고향으로 돌아가서 다시 시작할 돈도 남아 있지 않았다. 처음에는 슬픔과 불행만이 느껴졌고 불행한 피해자의 눈으로만 이 세상을 볼 수도 있었다. 그러나 그는 곧 보물을 찾아 나선 모험가의 눈으로도 세상을 볼 수 있다는 사실을 깨닫는다. 그러자 다음 날 아침 그가 느낀 것은 행복감이었다. 보물을 찾아가는 미지의 모험이 그를 기다리고 있었기 때문이다.

그래서 산티아고는 자신이 찾아야 할 보물을 잊지 않으면서도 그 길을 걸어가는 모든 순간을 빛나는 순간으로 경험한다. 그는 오아시스를 발견한 순간 피라미드까지는 아직 갈 길이 멀었고, 언젠가는 이날 아침의 풍경도 그에게는 한낱 추억으로 남을 테지만 지금이 바로 현재의 순간이고, 낙타몰이꾼이 말한 잔치의 순간이기도 하다고 생각한다. 그는 소설에 등장하는 '현자'가 말한 행복의 비밀을 터득한 자다. 어떤 상인이 행복의 비밀을 배워 오라며 자기 아들을 현자에게 보낸다. 현자는 청년에게 우선 두 시간 동안 자기 저택을 구경하고 오라고 시키더니 기름 두 방울이 담긴 찻숟가락을 건네면서 기름을 한 방울도 흘려서는 안 된다고 주의시킨다. 두 시간이 지나 돌아온 청년에게 현자가 자기 집의 아름다운 물건들을 하나하나 대면서 그것들을 보았는지 묻자 청년은 기름을 흘리지 않는 데에만 신경을 쓰느라 아무것도 보지 못했다고 대답한다. 현자가 청년에게 다시 가서 자기 집의 아름다운 것들을 살펴보고 오라고 보냈더니 이번에는 아름다운 것들을 자세히 보고 오기는 했지만 기름은 한 방울도 남아 있지 않았다. 현자는 "행복의 비밀은 이 세상 모든 아름다움을 보는 것, 그리고 동시에 숟가락 속에 담긴 기름 두 방울을 잊지 않는 데 있도다"라고 말한다.

행복한 뫼르소

낯선 길을 떠나 자기로 향하기

자신의 보물을 찾기 위해 길고 험난한 여정 끝에 도착한 피라미드에서 산티아고는 보물을 찾은 것이 아니라 보물이 숨겨져 있는 장소를 알게 된다. 그런데 그곳은 무화과나무가 서 있던 스페인의 한 버려진 교회, 그가 똑같은 꿈을 두 번째로 꾼 바로 그 장소였다. 그의 여행은 사실 거기서부터 시작되었다고 해야 할 것이다. 두 번씩이나 꾼 꿈의 해몽을 위해 점쟁이 노파를 찾아가고, 살렘의 왕을 만나게 되었기 때문이다.

보물은 산티아고의 꿈속에 나타난다. 그에게는 보물을 찾는 것이 가능성으로 주어진다. 그러나 그 가능성이 현실이 된 것은 그가 자아의 신화를 살아냈기 때문이다. 자아의 신화를 찾아 떠나는 그의 여행은 스페인의 한 교회가 시작점이고 이집트의 피라미드까지 갔다가 다시 그 교회로 돌아와 끝난다. 시작이 곧 끝이 되는 원을 이루면서 그의 자아의 신화는 완성된다. 자기 밖으로 나갔다가 다시 자기 안으로 복귀함으로써 완성된다는 점에서 소설 「연금술사」의 전체 서사는 프롤로그에서 소개한 나르키소스 에피소드에 대한 오스카 와일드의 이야기와 동일한 구조를 띠고 있으며, 이는 다시 헤겔이 말하는 타자를 매개로 한 자기로의 복귀라는 원환운동을 연상시킨다. 오스카 와일드의 나르키소스 이야기에서 호수가 나르키소스의 빼어난 얼굴이 아니라 그의 눈에 비친 자기를 본 것은 자기에서 출발하여 타자로 향했다가 다시 자기로 돌아오는 원환운동의 구조를 이루기 때문이다.

헤겔이 말하는 원환운동 개념은 최초의 자기가 자기 밖의 타자로 나갔다가 다시 자기로 돌아옴으로써 자기는 처음보다 더 풍부한 내용을 가진 자기가 된다는 내용인데, 자기에서 출발하여 자기로 복귀하는 이 운동은 시작과 끝이 만나는 원을 그린다. 자기가 찾던 보물이 사실은 자기가 출발했던 지점에 있었다 하더라도 보물을 찾기 위해 산티아고가 자기에게 익숙한 세계를 떠나 새로운 세계로 여행하지 않았더라면 그는 결코 보물을 발견하지 못했을 것이다. 산티아고가 보물을 찾을 수 있었던 까닭은 보물이 이미 자기 안에 주어져 있었지만, 그가 자기 밖의 낯선 길로 나갔다가 다시 자기에게 돌아오는 여정을 통하여 예전과는 다른 존재가 되었기 때문이다. 긴 여정을 통해 온갖 것을 경험하고 숱한 난관을 이겨냄으로써 그는 만물의 정기 속으로 깊이 잠겨 들어가 마침내 영혼의 연금술사가 될 수 있었다.

줄거리

더 넓은 세상을 알고 싶었던 주인공 산티아고는 마음껏 여행하기 위해 부모의 소원인 신부가 되기를 포기하고 양치기가 된다. 그렇게 세상을 떠돌아다니던 중 그는 이집트의 피라미드가 나오는 꿈을 연달아 꾸게 되자 어떤 마을의 점쟁이를 찾아간다. 점쟁이 노파의 해몽만을 믿고 보물을 찾으러 이집트로 떠날 것인지를 고민하고 있던 산티아고는 자신을 살렘의 왕이라고 소개하는 한 노인과의 만남 후 자신의 보물을 찾기 위해 이집트로 출발한다.

그러나 이집트로의 여정은 출발부터 순조롭지 않았다. 처음 발을 디딘 아프리카의 도시 탕헤르에서 산티아고는 그의 전 재산을 도둑맞고 만다. 이에 낙담한 그는 고향으로 돌아가기로 결심하고 양을 살 돈과 여비를 마련하기 위해 크리스털 가게에서 일을 한다. 1년이 지나 산티아고는 목표로 했던 돈을 벌었지만 살렘의 왕과 나누었던 대화를 떠올린 후 고향으로 돌아가는 대신 피라미드를 찾아가기로 마음을 바꾸고 이집트로 향하는 대상의 행렬을 따라나선다.

사막을 건너는 길고 험한 여정 끝에 다다른 오아시스에서 산티아고는 운명의 여인 파티마와 마주치게 되고 또 그곳에 은둔해 살던 연금술사와도 만나게 된다. 산티아고는 파티마와 사랑에 빠져 그녀와 함께 살기 위해 오아시스에 머물고 싶다는 유혹을 느낀다. 하지만 파티마는 그가 꿈을 실현하고 돌아올 때까지 그를 기다리겠다고 약속하고 연금술사는 산티아고에게 사랑이 결코 자아의 신화를 찾아가는 한 남자를 가로막는 것이 아니라고 말한다.

산티아고는 오아시스가 공격을 받는 환상을 본 후 부족들을 구하게 되면서 자신이 만물의 정기를 꿰뚫고 있음을 깨닫는다. 그리고 연금술사와 동행하여 이집트로 가던 중 첩자로 오인 받아 목숨을 잃게 될 처지에 놓이지만 그 사이에 배운 만물의 언어를 통해 위기를 벗어난다. 마침내 도착한 피라미드 앞에서 산티아고는 그가 이제껏 찾고자 했던 보물이 바로 그가 처음 떠나온 곳에 묻혀 있음을 깨닫고 그곳으로 돌아가 보물을 찾는다.

연금술사

파울로 코엘료 Paulo Coelho, 1947~

브라질의 중산층 가톨릭 집안 출신인 파울로 코엘료는 젊은 시절 히피운동에 뛰어들어 활동했으며, 영적 탐구에 매료되어 밀교와 동양종교를 공부하기 위해 세계여행을 떠나기도 했다. 1987년 스페인의 성지순례 장소로 유명한 산티아고까지의 여행 경험을 바탕으로 한 이야기 「순례자」를 통해 본격적인 작가의 길로 들어선 그는 1988년 대표작으로 꼽히는 「연금술사」가 대중에게 큰 호응을 얻으면서 유명해졌다. 「베로니카, 죽기로 결심하다」(1998), 「11분」(2003), 「오 자히르」(2005) 등이 국내에서도 출간되었다.

6

데미안
내 안의 타자와 화해하다

"

새는 알에서 나오려고 투쟁한다.

알은 세계이다.

태어나려는 자는 하나의 세계를 깨뜨려야 한다.

"

인간은 극복되어야 할 어떤 것이다

인간은 어떻게 자기 자신이 될 수 있을까? 소설 「데미안」의 핵심 문제다. 이 소설의 주인공 싱클레어는 인간으로 태어나 인간으로서 자기 자신이 되는 길을 처음부터 끝까지 고민한다. "내 속에서 솟아 나오려는 것, 바로 그것을 나는 살아보려고 했다. 그런데 그것이 왜 그토록 어려웠을까." 소설의 첫 장 맨 위의 이 발문은 싱클레어가 자기 자신이 되기 위하여 겪어야만 했던 고뇌와 방황을 압축적으로 보여준다.

자기 자신이 된다는 것은 내가 어떻게 진실로 내가 될 수 있을까 하는 문제다. 다른 어떤 존재가 아닌 유일한 존재로서 자기 자신이 된다는 뜻이다. "한 사람 한 사람은 그저 그 자신일 뿐만 아니라 일회적이고, 아주 특별하고, 어떤 경우에도 중요하며 주목할 만한 존재이다. 세계의 여러 현상이 그곳에서 오직 한 번 서로 교차되며, 다시 반복되는 일이 없는 하나의 점인 것이다." 그래서 "한 사람 한 사람의 삶은 자기 자신에게로 이르는 길이다. 일찍이 그 어떤 사람도 온전히 자기 자신이 되어본 적은 없었다. 그럼에도 누구나 자기 자신이 되려고 노력한다."

온전히 자기 자신이 된다는 문제에서 주목할 점은 인간으로 태어나는 것이 곧 인간으로 살아가는 것을 의미하지는 않는다는 사실이다. "더러는 결코 사람이 되지 못한 채, 개구리에 그치고 말며, 도마뱀에, 개미에 그치고 만다. 그리고 더러는 위는 사람이고 아래는 물고기인 채로 남는 경우도 있다. 그러나 모두가 인간이 되라고 기원하며 자연이 던진 돌인 것이다." 인간은 인간 존재로서의 가능성을 부여받았을 뿐 그것을 실현하느냐의 여부는 각자의 몫임을 여기서 분명히 하고 있다. 그래서 싱클레어의 성장에 도움을 주는 피스토리우스는 싱클레어에게 사람들 하나하나 속에 인간이 될 가능성이 있으며 각자가 그 가능성들을 예감하고 의식하는 것을 배움으로써 비로소 그 가능성들을 실현할 수 있다고 말한다.

이처럼 인간으로 살아간다는 것은 단순히 인간으로 태어났다는 생물학적 출현의 문제가 아니라 인간으로 되어야 한다는 인간학적 과정의 문제다. 이와 같은 맥락에서 니체는 유명한 『차라투스트라는 이렇게 말했다』에서 "인간은 극복되어야 할 어떤 것이다"라고 말한다. 극복되어야 할 어떤 존재라는 말은 인간이 인간으로 태어난 상태가 아니라 인간으로 되어야 하는 과정에 놓인 존재라는 말이다.

그래서 니체는 『차라투스트라는 이렇게 말했다』에서 인간의 정신이 낙타의 단계에서 사자의 단계를 거쳐 아이의 단계로 발전한다고 서술한다. 여기서 마지막 단계인 아이가 결국은 니체가 말하는 초인超人 또는 위버멘쉬Übermensch이다. 낙타는 인간으로 태어나서 자기 등에 무거운 짐을 짊어진 채 뜨거운 모래사막을 건너는 낙타처럼 평생 일만 열심히 하는 사람들을 일컫는다. 자식들을 먹여 살리기 위해서 평생 낙타 같은 삶을 사는 수많은 부모의 삶이라 할 수 있겠다. 두 번째 단계인 사자는 용기와 자유를 의미한다. 낙타가 지고 있던 무거운 짐들을 벗어던지고 뭔가 자유롭고 용기 있게 자신의 삶을 개척해가는 단계다. 하지만 이 단계도 니체가 말하는 진정한 의미의 인간은 아니다. 마지막 단계인 아이야말로 인간이 궁극적으로 지향해야 할 단계이다. 인간은 아이처럼 어느 것에도 구애받지 않고 끊임없이 창의적인 것을 생각하고 만들 수 있을 때 비로소 인간이 될 수 있다고 보기 때문이다.

싱클레어가 겪는 모든 과정이 니체가 말하는 아이의 단계에 이르기 위한 과정이라는 뜻은 아니다. 다만 인간은 태어난 그 자체에 머물러서는 안 되고 부단히 자신을 극복해가야 하는 과정적인 존재라는 뜻이다. 싱클레어가 "나는 자연이 던진 돌이었다. 불확실함 속으로, 어쩌면 새로운 것으로, 어쩌면 무無에로 던져졌다. 그리고 측량할 길 없는 깊은 곳으로부터의 이 던져짐이 남김없이 이루어지게 하고, 그 뜻을 마음속에서 느끼고 그것을 완전히 내 것으로 만드는 것, 그것만이 나의 직분이었다. 오직 그것만이!"라고 고백하는 데서도 알 수 있듯이, 그가 걸어간 길은 유일무이한 인간으로서 자기 자신이 부여받은 가능성을 실현하기 위한 길이다. 참된 의미에서 자기 자신이 되기 위하여, 지금의 자신과는 다른 새로운 자기가 되기 위하여 자기 밖의 낯선 것을 만나고 자기 안의 낯선 것과 마주하여 마침내 자기 자신에 이르는 길을 「데미안」은 제시한다.

나 자신으로 향하는 길

자기 자신이 된다는 것은 자신의 삶을 주체적으로 산다는 뜻이기도 하다. 그래서 헤세는 모든 깨어 있는 사람에게서 진실한 직분이란 아무래도 좋은 운명 하나가 아니라, 자기 자신에 이르는 길을 찾아내어 그 길을 굴절 없이 다 살아내는 일이라고 말한다. 때로는 타인일 수도 있고 때로는 사물일 수도 있는, 자기를 둘러싼 모든 것들과의 관계를 저버리라는 말이 아니라 그 관계가 자신에게 어떤 의미를 갖는지 끊임없이 물으면서 자기만의 길을 갈 수 있어야 한다는 말이다.

이 소설에서 싱클레어의 정신적 성장에 인도자 혹은 스승의 역할을 하고 있는 데미안이 구약성서에 등장하는 카인에 대해 싱클레어에게 설명하는 대목은 주체적인 사고의 중요성을 드러낸다. 데미안은 카인에 대한 기존의 성서 해석이 잘못되었을지도 모른다고 지적한다. 그는 사람들이 카인에게서 본 것은 오히려 그의 시선에서 뿜어나는 비범한 정신과 담력이었을 거라고, 사람들은 그 표적을 그것의 원래 모습인 우월함에 대한 표징으로 설명하지 않고 반대로 설명한 거라고 말한다. 이마에 표적을 달고 태어난 카인은 용기와 개성을 지닌 비범한 인간으로서 자신만의 길을 갔고 그의 이러한 주체적인 역량이 사람들에게 두려움을 샀기 때문에 사람들이 그를 매도했을 가능성이 있다는 것이다. 데미안은 카인이 비록 동생 아벨을 죽인 인류 최초의 살인자이기는 하지만 그가 주체적인 삶을 산 인물이라는 점을 높이 평가한다.

카인에 얽힌 성서의 내용을 새롭게 해석하는 데미안의 시각은 싱클레어로 하여금 주어진 사태를 타인들에 의해 전승된 말이 아니라 자신의 머리로 다시 해석하는 주체적인 자세를 갖도록 일깨운다. 자신의 귀에 익숙한 말이 꼭 좋은 말은 아니다. 세계를 나에게 유리하게 해석한다고 해서 세계가 나에게 유리해지는 것은 아니다. 나에게 불리해도 세계를 냉정하게 객관적으로 바라볼 줄 알아야 한다. 주체적인 사고란 자기에게 유리하게 사태를 인식하거나 타인의 해석 방식을 무비판적으로 수용하는 것이 아니라 자신만의 시각을 갖고 사태를 바라볼 줄 아는 기량을 뜻한다. 주어진 것에 의문을 품고 주체적으로 그 사태를 바라보아야 한다는 데미안의 충고는 싱클레어가 "몹시 긴 시간 동안 카인, 쳐 죽임, 표적은 바로 인식, 회의, 비판에 이르려는 나의 시도들의 출발점이었다"라고 고백했듯이 그의 정신적 성장에 큰 영향을 미친다.

데미안은 예수 옆에 매달린 도둑에 대해서도 자신의 독자적인 해석에 따른 견해를 밝힌다. 그는 회개하지 않은 그 도둑이야말로 자신의 길을 끝까지 갔으니 사나이답고 개성이 있다고 말한다. 자신의 신념에 따라 회개를 거부하고 그로 인해 목숨을 연명할 기회를 거부한 그 도둑이 오히려 신뢰를 줄 수 있으며 어쩌면 그는 카인의 후예일 거라는 설명이다. 예수 옆에 매달린 도둑과 카인에 대한 데미안의 해석이 얼마나 성서의 정신에 위배되는가, 카인과 도둑에 대한 데미안의 해석이 과연 옳은가는 여기서 중요하지 않다. 초점은 오히려 그 두 인물이 당당한 개성을 지녔으며 자신만의 길을 갔다는 점을 데미안이 강조하고 있으며 그것이 싱클레어에게 자신만의 길을 걷는 일의 중요성에 대하여 어떤 깨달음을 얻도록 이끌었다는 사실에 있다.

데미안이 싱클레어에게 "누군가를 두려워한다면, 그건 그 누군가에게 자기 자신을 지배할 힘을 내주었다는 것에서 비롯하는 거야"라고 말하는 것 역시 주체적인 삶의 중요성을 강조하는 말이다. 삶을 주체적으로 산다는 것은 나를 다스릴 힘을 나 자신이 아닌 그 어느 누구에게도 내주지 않는다는 뜻이다. 타인의 의지에 좌우되는 타율적인 삶이 아니라 자신 속에서 솟아나오려고 하는 것에 따르는 자율적인 삶의 소중함을 데미안은 싱클레어에게 일깨운다.

데미안은 '허용된 것'과 '금지된 것'에 대한 판단 또한 주체적이고 자율적이어야 한다고 말한다. "하지만 '허용되었다', '금지되었다'라는 것이 사실 무엇인지 통찰할 수 있는 곳에 넌 아직 가보지 못했어"라는 데미안의 충고는 누구나 자기에게 무엇이 허용되고 무엇이 금지되어 있는지 스스로 찾아내야 한다는 뜻이다.

외부에서 해도 된다거나 해서는 안 된다거나 하는 식으로 제시해주어서가 아니라 독자적으로 판단해서 해도 되는 것과 해서는 안 되는 것을 구별하고 선택하는 일이 주체적인 삶을 살고자 하는 사람들에게 필요하다는 사실을 역설하고 있는 것이다. 피스토리우스가 싱클레어에게 아무것도 무서워해서는 안 되고 영혼이 우리들 마음속에서 소망하는 그 무엇도 금지되었다고 해서는 안 된다고 말하는 것도 같은 이유에서다.

내 안의 나

자기 자신이 된다는 것, 내가 된다는 것은 단순히 나를 그대로 둔다고 해서 저절로 성취되는 일이 아니다. 내 안에 있는 가능성은 내가 아닌 것, 즉 타자 또는 타인과의 갈등적인 관계를 통해서만 드러나는 것이다. 내가 되는 과정은 내가 가만히 있어도 마치 어떤 식물의 씨앗이 모든 걸 잉태하고 있어서 물만 주면 자동적으로 씨앗에 내포되어 있는 가능성이 바깥으로 드러나 싹이 트고 잎이 나고 줄기가 생기고 꽃이 피는 것처럼 자연스럽게 이루어지는 과정이 아니다. 인간이라고 하는 존재는 동식물과 달리 자기 내면에 있는 것이 자연스럽게 바깥으로 드러나는 게 아니라 타자, 타인과의 관계 속에서 자기 내면에 무엇이 있는가 하는 것이 드러난다. 그래서 자기 자신이 된다는 문제는 타인과의 관계를 떠나서 얘기할 수 없다.

타자 혹은 타인과의 관계를 통해 내 안에 과연 무엇이 있는지를 스스로 파악하고 그것을 깨우는 데에서 계기로 작용하는 두 가지가 있다. 하나는 자기의 타자화他者化이며 다른 하나는 타자의 자기화自己化이다. 자기를 타자화하는 것은 자기를 타자에 맞추는 것이며 타자를 자기화하는 것은 타자를 자기에 맞추는 것이다.

싱클레어가 처음으로 자기 안의 낯선 존재를 깨닫게 된 것은 크로머 때문이다. 그는 온화한 광채, 맑음과 깨끗함으로 채워진 부모님의 밝은 세계와 그와는 완전히 다른 또 하나의 세계, 소란스럽고 요란하며 음침하고 폭력적인 세계가 자기 주변에 공존하고 있음을 느낀다. 두 세계의 경계가 맞닿아 있어 어두운 세계에 끌리면서도 한 걸음이면 부모님의 품으로 피신할 수 있다는 사실을 알고 있다. 그런 그가 어두운 세계에 대한 호기심에 끌려 저지르지도 않은 절도를 고백한 후 크로머의 협박으로 괴로웠을 때 아무것도 모르는 아버지를 대하며 느낀 것은 우월감이었다. 그 순간 아버지의 무지에 대해 약간의 경멸을 느낀 자신의 모습에서 싱클레어는 자신의 내면에 숨어 있던 어두움을 발견한다. "그것은 아버지의 신성함에 그어진 첫 칼자국이었다. 내 유년 생활을 떠받치고 있는, 그리고 누구든 자신이 되기 전에 깨뜨려야 하는 큰 기둥에 그어진 첫 발자국이었다." 이렇게 싱클레어가 자기 자신이 되기 위하여 내디딘 첫걸음은 자기 안에 있는 상처 혹은 어두움을 발견하는 일, 다시 말해 자기 안의 타자를 인정하는 일이었다.

자신을 안다는 것은 자신 속에 무엇이 있는지 안다는 것이다. 그리고 자신 안에 있는, 자신도 몰랐던 어떤 모습이 있다면 그것을 일깨우는 것은 자기 밖에 있는 것이다. "우리가 어떤 사람을 미워한다면, 우리는 그의 모습 속에, 바로 우리들 자신 속에 들어앉아 있는 그 무엇인가를 보고 미워하는 것이지. 우리들 자신 속에 있지 않은 것, 그건 우리를 자극하지 않아." 바깥에서 들어오는 것이 무엇이든 거기에 내가 반응한다면 그것은 내 안에도 그런 요소가 있다는 것을 전제로 한다. "우리가 보는 사물들은 우리들 마음속에 있는 것과 똑같은 사물들이지. 우리가 우리들 마음속에 가지고 있지 않은 현실이란 없어." 타자는 이렇게 내 안의 것이 움직이게 만드는 필요조건이다.

그런데 바깥의 타자가 있다는 것만으로 내가 새로운 내가 되는 것은 아니다. 바깥에 있는 것을 내 것으로 전환시키는 일은 나의 노력을 필요로 한다. 그런 의미에서 타자는 나의 성장 혹은 성숙에 필요조건이기는 하지만 충분조건은 아니다. 밖에서 온 타자에 반응하는 내 안의 감춰진 나, 나에게는 타자인 이 낯선 나를 인정하고 이 나와 화해해야만 나는 진정한 의미의 새로운 나로 거듭날 수 있다. 그리고 이 타자의 자기화는 자기 안으로 파고들어가 깊이 침잠했을 때 가능하다. 데미안이 싱클레어에게 똑똑한 이야기를 늘어놓는 건 자기 자신으로부터 떠날 뿐이니 전혀 가치가 없다면서 거북이처럼 자기 자신 안으로 완전히 기어들 수 있어야 한다고 충고하는 것은 바로 이런 이유에서다.

줄탁동시

이처럼 자기 자신이 된다는 것은 내 안의 새로운 나를 일깨워 현실화하는 일인데, 이는 나를 타자에게 열어놓으면서 동시에 타자를 내 것으로 만드는 이중적인 활동을 통해 가능하다. 이러한 정황은 한자 성어 '줄탁동시啐啄同時'에 빗댈 수 있다. 줄탁동시는 병아리가 알에서 나오기 위해서는 부화 직전 알 속의 새끼와 알 밖의 어미 닭이 안팎에서 서로 껍질을 쪼는 형국을 일컫는다. 줄탁동시에서 줄啐은 알 안에서 새끼가 껍질을 쪼는 행위이며, 탁啄은 알 밖에서 어미 닭이 껍질을 쪼는 행위를 가리킨다. 싱클레어가 궁극적으로 새로운 자기가 되어가는 과정은 줄탁동시처럼 크로머와 벡, 피스토리우스 그리고 데미안과 에바 부인 등 밖에서 그에게 영향을 끼치는 인물들이 끊임없이 그를 자극하고 그가 그 자극에 반응하여 고뇌와 방황을 거치면서 자기 세계를 깨뜨리고 나오는 데에서 이루어진다. "모든 대화가 나의 형성에 도움이 되었다. 모든 대화가 내 허물을 벗는 일에, 알껍데기를 부수는 일에 도움이 되었던 것이다."

여기서 물론 어미 닭이 외부에서 쪼아대는 것도 중요하지만 더 중요한 것은 새끼가 밖으로 나오려고 쪼아대는 행위다. 어미 닭의 행위는 외부에서 주어지는 도움일 뿐 알을 깨뜨리는 행위의 주체는 알에서 나오고자 하는 새끼다. 다시 말해서 새로운 자기를 낳는 것은 자기 밖의 어떤 것이 아니라 자기다. 자기 자신이 된다는 것, 새로운 자기로 성장한다는 것은 외부에서 제공되는 조건이 무엇이든 그것을 자기 안에 받아들여 자기 안에서 스스로 이루어나가야 하는 과정이기 때문이다. "무엇인가를 절실하게 필요로 하는 사람이 자신에게 정말로 필요한 것을 찾아내면, 그것은 그에게 주어진 우연이 아니라 그 자신이, 그 자신의 욕구와 필요가 그를 거기로 인도한 것이다." 이것은 수컷 나방이 자신의 모든 주의력과 모든 의지를 동원하여 몇 킬로미터 밖에서도 암컷 나방의 존재를 감지하고 날아오는 것과 마찬가지로 새로운 나로 태어나려는 소망이 나를 가득 채우고 있을 때에만 가능하다.

싱클레어가 오랜 시간 인도자의 역할을 했던 피스토리우스와 결별하는 까닭도 그가 외면적인 것들을 버리지 못했기 때문이다. 피스토리우스는 오르간 음악이든, 비밀 의식이든, 상징과 신화든 자신이 아름답고 성스럽게 느끼는 것들 안에서만 편안함을 느끼는 인물이다. 자기가 좋아하고 자기에게 익숙한 그것들을 떠날 수 없다는 것이 자신의 약점임을 알고 있으면서도 그는 거기에 머물러 있다. 그가 아름답고 성스럽게 느끼는 것들은 과거에서 물려받은 것들이다. 그래서 싱클레어는 피스토리우스의 이상에서는 골동품 냄새가 난다고 말하면서 그를 과거를 향한 구도자라고 부른다. "그는 너무도 편안하게 이미 존재하는 것 속에 머물렀다. 그는 너무도 정확하게 예전의 것을 알고 있었다."

싱클레어가 자기 자신에 이르기 위하여 걷는 길은 새롭게 태어나는 길이어서 피스토리우스와 동행할 수 없었다. 피스토리우스는 사실 자신의 마음속 가장 깊은 곳에서는 새로운 것은 새롭고도 달라야 한다는 것, 새 땅에서 솟아야지 수집되거나 도서관에서 길어내어서는 안 된다는 것을 알면서도 과거에서 물려받은 것으로부터 떠나지 못했다. 그렇게 그는 길잡이인 자신도 넘어서지 못하고 돌아서야 했던 길로 싱클레어를 인도하려 했던 것이다.

나의 실현

싱클레어가 새롭게 태어나는 과정을 상징적으로 나타내는 유명한 구절이 있다. "새는 알에서 나오려고 투쟁한다. 알은 세계이다. 태어나려는 자는 하나의 세계를 깨뜨려야 한다." 이것은 싱클레어가 자기 집 현관문 위에 붙어 있는 문장紋章과 데미안의 꿈을 꾼 후 그린 그림을 보내고 데미안에게서 받은 답장이다. 꿈속에서 데미안은 싱클레어에게 억지로 문장을 먹인다. 잠에서 깬 싱클레어는 그림을 그리는데 "이제 그것은 날카롭고 대담한 매의 머리를 가진 한 마리 맹금猛禽이었다. 그의 몸 절반은 어두운 지구 땅덩이 속에 박혀 있었는데, 커다란 알에서부터인 듯 땅덩이에서 나오려고 푸른 하늘 바탕 위에서 애쓰고 있었다." 싱클레어가 피스토리우스와 주고받은 대화에서 짓부수어진 세계의 껍질을 뚫고 마침내 노란빛 새가 머리를 조금 더 높이, 조금 더 자유롭게 쳐들어, 그 아름다운 맹금의 머리를 불쑥 내민다고 말했던 것도 자신의 정신적 성장을 바로 이 '알을 깨고 나오는 새'에 빗대어 설명한 것이다.

싱클레어의 성장에 중대한 영향을 미치는 에바 부인이 처음 등장하는 것도 꿈을 통해서다. 그는 고향집으로 돌아가는 꿈을 반복해서 꾸는데 집안으로 들어서는 그를 맞이하는 것은 한 번도 본 적이 없는 인물이다. "키 크고 힘 있는 인물, 막스 데미안이나 내가 그린 그림과 비슷한데도, 또 달랐다. 그리고 힘이 있는데도 완전히 여성적이었다. 이 인물이 나를 자기에게로 끌어당겨 전율을 일으키는 깊은 사랑의 포옹을 했다." 싱클레어는 나중에 데미안이 살던 집을 찾아갔다가 우연히 본 사진을 통해 꿈속 여인의 정체가 데미안의 어머니 에바 부인임을 알게 된다. 에바 부인은 남성성과 여성성 그리고 힘과 부드러움을 동시에 지닌 가장 이상적인 인물이다.

싱클레어가 새로운 자기로 태어나는 과정에서 이렇게 그에게 성장의 계기를 제공하는 데미안도, 문장의 새도, 에바 부인도 처음에는 단순히 외적인 조건이다. 그는 데미안과 새와 그의 운명이자 그의 연인이던 위대한 꿈속의 영상과 함께 살았지만 그 꿈들 중 어느 것도, 그의 생각들 중 어느 것도 그에게 복종하지 않는다. 그가 "그것들이 와서 나를 가졌다. 나는 그것들의 다스림을 받았다. 그것들에 의해 살았다"라고 고백하는 것은 자기 밖의 것들이 자기 안으로 들어오기는 했지만 아직 새로운 자기가 태어나지 못했음을 보여준다.

그러나 그는 방황과 고통을 통해 자기 밖의 것들을 자기 안으로 받아들이면서 성장한다. 공원에서 보았던 아름다운 소녀 베아트리체의 모습을 그리는 것으로 시작했던 그림이 점차 데미안을 닮아가더니 결국 어느 초여름 저녁 자기가 그린 초상을 바라보던 싱클레어는 그것이 베아트리체도 데미안도 아니며 자기 자신이라는 느낌을 받는다. "그것은 나의 내면, 나의 운명 혹은 내 속에 내재하는 수호신이었다."

꿈과 그림은 싱클레어가 새롭게 태어나기 위해 내적인 고통을 겪다가 고통을 이겨내면서 결국은 새로운 자기로 탄생하는 것을 암시한다. 그리고 그 과정은 데미안을 닮아가는 과정이면서 데미안을 넘어서는 과정이다. 데미안을 필요로 했지만 결국은 더 이상 필요로 하지 않게 되는 과정이다. 그렇기 때문에 소설의 끝 부분에서 데미안은 싱클레어에게 "그럴 때 넌 네 자신 안으로 귀 기울여야 해. 그러면 알아차릴 거야. 내가 네 안에 있다는 것을" 이라고 말한다. 그리고 싱클레어는 마지막 문장에서 완전히 자기 자신 속으로 들어가면 자기 친구이자 인도자인 데미안과 완전히 닮아 있는 자신의 모습이 보인다고 고백한다.

자기의 부정과 새로운 탄생

이제까지 살펴본 「데미안」의 핵심 내용을 개념적으로 이해하는 데는 헤겔의 변증법이 도움을 줄 수 있다. 독일 관념론의 대가

인 헤겔의 변증법은 흔히 '정-반-합'의 3단계적 전개로 도식화된다. 먼저 정正, thesis이 있고 그다음에 그와 반대되는 반反, antithesis이 있고 마지막으로 정과 반이 만나서 합合, synthesis을 만들어낸다는 것이다. 그런데 이것은 사실 유물론적인 변증법에서 도식화하여 사용한 것이지, 헤겔이 사용한 용어는 아니다. 헤겔은 자신의 변증법에 정반합 대신 '즉자卽自-대자對自-즉자대자卽自對自' 혹은 '긍정肯定-부정否定-부정否定의 부정否定'이라는 표현을 사용했다. 헤겔의 변증법을 「데미안」의 중심 문제인 자기 자신이 되는 것과 관련시켜 조금 쉽게 풀어서 설명해보자. 먼저 최초의 '나'가 있는데 이 나가 '나'와 '내가 아닌 것', 이렇게 둘로 쪼개진다. 이 분열된 두 개의 나가 서로 대립을 거쳐서 그다음 단계인 합으로 나아가 '새로운 나'가 되는 것이다.

변증법의 최초 단계에 있는 맨 앞의 존재를 나라고 표현할 때 이 나라고 하는 것은 사실 헤겔 철학 안에서 보면 여러 가지를 가리킬 수 있다. 그것은 어떤 존재일 수도 있고 신일 수도 있고 공동체로서의 어떤 한 집단을 얘기할 수도 있다. 어쨌든 변증법에서 최초 단계에 있는 이것을 우리는 '즉자존재'라고 부른다. 독일어로는 'An sich sein'인데 'sich'는 영어의 'itself'에 해당하는 재귀대명사이고 전치사 'an'은 그에 상응하는 단어가 영어에는 없지만 가장 가까운 단어라면 'in'이라 하겠다. 그래서 'an sich'는 'in itself', 그 자체로 자기 자신 안에 있는 것이다. 즉자라고 하는 생소한 용어를 한자로 쓰면 '卽自'인데, 이때의 '卽'은 우리가 보통 '다시 말해서' 혹은 '다른 것이 아니라 바로'의 뜻으로 사용하고 있는 그 '즉'이다. 따라서 즉자라는 것은 내가 나에게서 분리되지 않고 붙어 있는 상태, 내가 나와 하나가 되어 있는 상태, 내가 나하고 붙어 있어서 내가 누군지 모르는 상태다.

즉자의 다음 단계인 '대자'는 한자로는 '對自'인데, 말 그대로 풀이하면 자기에 대해서, 내가 나에 대해서 있는 것이다. 내가 나에 대해 있다는 것은 나에 대하여 다른 나를 대립시켜 바라본다는 뜻이다. 독일어로는 'für sich' 영어로는 'for itself'이다. 자기 자신에 대하여 있는 것, 내가 나에 대하여 서로 대립 상태에 있는 것, 내가 나하고 붙어 있다가 나를 내게서 분리시켜 낯선 나로 바라보는 상태이다.

즉자와 대자, 나^{1}과 나^{2}는 서로 대립 상태로 있으면서 투쟁을 거쳐 결국 새로운 나를 탄생시킨다. 그래서 변증법의 맨 마지막 단계는 앞에 있는 두 개, 즉자존재와 대자존재를 합쳐서 즉자대자존재라 하는데 독일어로는 'An und für sich sein'이며 영어로 한다면 'In and for itself being'이 되겠다. 이렇게 최초의 '나'가 새로운 나로 탈바꿈하는 일련의 과정, 이러한 운동이 헤겔 변증법의 기본 구조인데 이 구조를 「데미안」 텍스트에도 적용할 수 있다.

「데미안」의 전체 줄거리는 결국 싱클레어가 정신적으로 성장해 가는 과정, 그가 자기 자신을 대자화해서 낯선 자기를 만나고 그것을 다시 자기 안으로 끌어들여 새로운 나, 다시 말해서 데미안 이 되는 과정에 대한 서술이다.

앞에서 내가 내가 되기 위한 조건의 하나로 '자기의 타자화'를 말했는데 그것이 바로 최초의 나, 즉자 상태에 있는 나가 대자적 인 나로 전환되는 단계이다. 내가 나하고 붙어 있다가 나를 나로 부터 떼어놓으면서 지금까지 없었던 낯선 나를 내가 대면하게 되는 이 단계를 '대자화對自化'라고 하는데 대자화는 자기 성장에 서 필수적이다. 대자화하는 것은 자기를 대상화하는 것이다. 자기가 누구인지 모르는 즉자 상태의 내가 나를 바깥으로 떼어놓고 내가 누구인지를 다시 쳐다보는 것이다. 헤겔은 이것을 자기의 대상화, 타자화, 외화外化 또는 자기의 부정 등 다양한 용어로 부른다.

그런데 새로운 나의 출현은 대자화된 나, 나로부터 타자화된 나를 다시 자기 안으로 끌어들여 자기가 즉자대자존재가 됨으로 써 가능하다. 그래서 헤겔 변증법의 기본 구조는 자기에서 출발해서 자기 밖으로 나갔다가 다시 자기 안으로 돌아오는 일종의 원환운동이다. 이렇게 자기에서 출발, 자기의 타자화를 거쳐서 다시 자기에게로 복귀하는 원환운동에서 내가 나를 타자화하는 단계를 1차 부정이라고 하고 원래의 나와 타자화된 내가 대립 상태로 있다가 새로운 나로 넘어가는 과정을 2차 부정이라고 한다.

즉자 상태인 최초의 '나'는 1차 부정을 통해 '내가 아닌 것'이 된다. 그런데 2차 부정에서 그것을 다시 부정하면 '내가 아닌 것이 아닌 것'이 된다. 원래의 나에 대한 부정이 1차 부정이라면 2차 부정은 나에 대한 부정의 부정, 다시 말해서 이중부정이 되므로 결국은 다시 '나'가 되는 셈이다. 수학적으로는 나에 대한 이중부정의 결과가 곧 나다. 처음의 나와 이중부정의 결과인 나는 같다. 그러나 변증법에서는 처음의 나와 나중의 나가 같지 않다. 나중의 나는 처음의 나보다 구체화되고 풍부해진 나로서 여기서 중요한 역할을 담당하고 있는 개념이 '지양'이다.

지양止揚은 독일어로 'aufheben'인데 이 단어는 얼핏 상반되는 것처럼 들리는 두 가지 뜻'버리다'와 '보존하다'을 모두 가지고 있다. 그리고 세 번째로 '더 높은 단계로 나아가다'라는 뜻도 있다. 앞에서 즉자와 대자가 각각 나^{1}과 나^{2}로 분열되어 대립한다고 했을 때 둘 사이에서 맞지 않는 부분은 버리고 맞는 부분은 보존하여 새로운 단계로 이행하는 것이 지양이다. 예를 들어 만일 나^{1}에 ○와 X가 있고 나^{2}에 ○와 △가 있다고 하자. 서로 맞지 않는 X와 △는 버리고 서로 통하는 ○인 부분은 보존하면서 그다음 단계로 나아가는 것, 한편으로는 버리고 한편으로는 보존하면서 앞 단계보다 높은 새로운 단계로 이행하는 것이다. 이렇게 지양은 버리다, 보존하다, 더 높은 단계로 나아가다는 세 가지 의미를 동시에 갖는 변증법적 개념이다.

대립과 갈등의 생산성

처음 싱클레어가 자신이 속해 있던 밝고 따뜻한 세계에서 편안하게 아무것도 모르는 상태를 그의 즉자 상태라 일컬을 수 있다. 이 싱클레어는 사실 아직 아무것도 아닌 것, 내가 누구인지 모르는 상태, 아직 규정되지 않은 자기다. 그 싱클레어가 크로머의 세계와 접하면서 자기 자신 안에 있는 어두운 면을 발견한다. "한때 프란츠 크로머였던 것이 이제는 내 자신 속에 박혀 있었다. 그럼으로써 '다른 세계'가 바깥에서부터도 나를 지배하는 힘을 얻었다"는 싱클레어의 말에서 알 수 있듯이 싱클레어 안에 즉자 상태로 있던 악惡이 크로머를 통하여 깨어나 대자적인 것으로 나타난다.

이제 그는 대립과 갈등에 빠진다. 싱클레어는 대자적인 상태에 놓여 분열 속에서 불안과 공포에 떨고 있다. 선한 싱클레어와 악한 싱클레어 사이에서 방황하는 시기이다. 그는 행복하고 아름다운 자신의 삶이 과거가 되며 자기로부터 떨어져 나가는 것을 얼어붙는 가슴으로 바라보고 있어야 했다. 그리고 처음으로 죽음을 맛보았다. 태어나려는 자는 하나의 세계를 깨뜨려야 하기 때문에 여기서 그가 맛보는 죽음은 탄생에 따르는 고통, 두려운 새 삶에 대한 불안과 염려이다.

하지만 그는 자기 안에 있는 선한 요소와 악한 요소 사이의 대립과 갈등 상태에 머물러 있지 않고 즉자대자적인 나로 이행한다. "이것은 인생의 분기점이다. 자기 삶의 요구가 가장 혹심하게 주변 세계와 갈등에 빠지는 점, 앞을 향하는 길이 가장 혹독하게 투쟁으로 쟁취되어야 하는 점이다. 많은 사람들이 우리들의 운명인 이 죽음과 새로운 탄생을 경험한다." 대립과 모순을 지양하여 새로운 나가 출현하는 순간이다.

변증법적 과정에서 출발 단계의 나는 추상적이고 내용도 없이 빈곤하다. 그런데 자기의 대상화, 타자화를 거치고 또 타자화된 나로부터 자기로 다시 돌아오는 과정을 통해서 구체적이고 풍부한 나로 전환된다. 따라서 변증법적 과정은 처음의 자기가 자기 밖의 타자를 통해 자기 안의 타자를 일깨움으로써 새로운 자기가 출현하는 과정이라는 점에서, 변증법적인 진행에는 자기의 타자화가 필수적이다. 자기에 대한 이런 이해 방식은, 자기를 타자화하지 않고 자기 밖의 모든 것은 자아를 통해서만 설명하고 이해할 수 있을 뿐이라고 설명하는 유아론唯我論, solipsism의 태도와 구별된다. 실재하는 것은 자아뿐이고 다른 모든 것은 자아의 관념이거나 투사의 결과에 불과하다는 유아론적 입장으로는 변증법적 성장의 과정을 설명할 수 없다. 세상에는 나뿐만 아니라 타자도 존재하기에 그 존재를 인정하고 그를 통해 자기 안의 타자 존재를 발견해야만 성장이 가능하다.

어떤 나도 그 자체로서는 완결될 수 없다. 반드시 타자와의 접촉을 통해서 자신 속의 타자 존재를 발견하고 자기 자신과 타자화된 자신 사이의 대립과 갈등 상황을 거쳐야만 추상적인 나는 구체적인 나로 새롭게 태어난다. 다시 말해서 대립과 고통이 수반되지 않고서는 결코 진정한 자기 자신에 이를 수 없다. 싱클레어의 "아, 지금은 알고 있다. 자기 자신에게로 인도하는 길을 가는 것보다 더 인간에게 거슬리는 것이 세상에 아무것도 없다는 것을!"이라는 싱클레어의 고백도 자기 자신에게 이르는 길을 가는 데 따르는 대립과 고통을 염두한 것이다.

이 대립과 고통을 거치지 않고 성장에 이르는 지름길은 없다. 대립과 고통은 성장을 위해서 반드시 치르지 않으면 안 되는 대가다. 다만 그것이 앞으로 나아가는 데 걸림돌이 되게 하는가 아니면 디딤돌이 되게 하는가는 순전히 자기의 몫이다. 크로머나 벡이 싱클레어에게 대립과 고통을 가져왔을 때 그가 거기에 걸

려서 넘어졌다면 그는 인격적으로 성숙하지 못하고 파괴되었을 것이다. 그런데 그는 그들로 인한 고통을 자기 성장의 디딤돌로 삼아 앞으로 나아갔고 정신적으로 성숙해질 수 있었다.

선과 악은 동전의 양면

그러면 새롭게 태어난 싱클레어가 지향하는 세계는 어떤 세계인가? 데미안은 싱클레어에게 보낸 편지에서 알을 깨고 나온 새가 신에게로 날아가는데 그 신의 이름은 압락사스라고 말한다. 싱클레어는 피스토리우스를 통해 압락사스라는 이름의 이 신이 신이면서 또 사탄이라는 것을, 그 안에 환한 세계와 어두운 세계를 둘 다 가지고 있는 신이라는 것을 알게 된다. 데미안은 싱클레어에게 사람들이 존경하는 신이 선, 고귀함, 아버지다움, 아름답고도 드높은 것만을 표상하고 공식적으로 허용된 밝고 환한 세계만 나타내며 그것은 함부로 갈라놓은 세계의 절반에 불과하다고 말한 적이 있다. 데미안의 말에 따르면, 세계는 다른 것으로도 이루어져 있으며 세계의 이 절반이 통째로 숨겨지고 묵살되고 있다는 것이다. 그는 "우리는 모든 것을 존경하고 성스럽게 간직해야 한다고 생각해. 인위적으로 분리시킨 이 공식적인 절반뿐만 아니라 세계 전체를 말이야!"라고 주장한다. 여기서 그가 말하는 세계 자체를 표상하는 신이 바로 압락사스다.

알을 깨고 나온 새가 지향하는 세계는 환한 것들로만 가득 찬 평화로운 세계가 아니라 밝음과 어두움이 공존하는 세계, 선한 면과 악한 면을 동시에 간직한 세계다. 그러므로 싱클레어의 정신적 성숙이 의미하는 것은 곧 대립하는 두 세계 사이의 조화로운 통일이다. 피스토리우스는 싱클레어에게 "자네가 언젠가 나무랄 데 없이 정상적인 인간이 되어버렸을 때, 그때는 압락사스가 자네를 떠나. 그때는, 자신의 사상을 담아 끓일 새로운 냄비를 찾아 그가 자네를 떠나는 거라네"라고 말한다. 이 말은 정상적인 인간이란 선과 악의 양면성을 갖고 있으며 싱클레어가 그런 모습에 도달하면 더 이상 압락사스를 필요로 하지 않기 때문에 압락사스는 자기를 필요로 하는 다른 존재를 찾아 떠난다는 뜻이다. 다시 말해서 밝음과 어두움 어느 한쪽만 있는 것이 아니라 양자가 조화롭게 공존하는 것이 인간 존재의 바람직한 모습이라는 것이다. 결국 「데미안」은 자기 자신이 된다는 것의 목표를 선善의 추구가 아니라 선과 악의 공존을 수용할 수 있을 만큼 정신적으로 성숙해지는 데 두고 있다.

이와 관련하여 니체는 『선악의 피안』에서 선악의 문제는 주관적인 것이고 결국 삶의 의지가 선과 악이라는 도덕적 판단에 앞서서 근원적으로 선행한다고 설파한다. 그는 또 『차라투스트라는 이렇게 말했다』에서 인간 삶의 실상을 줄 타는 광대에 빗대어 광대가 줄에서 떨어지지 않으려면 부단히 상하와 좌우 운동을 계속해야 하는 것처럼 인간의 삶도 끊임없이 움직이는 실체라고 말한다. 선과 악 혹은 강함과 약함과 같은 양면적인 요소들이 동시에 작용하면서 역동적으로 움직이는 현장이 인간 삶의 실상이라는 것이다.

선과 악에 대한 윤리적인 판단은 주관적인 것일 뿐, 인간 삶의 현장에서 실제로 존재하면서 영향을 미치는 것은 어떤 힘의 의지라고 니체는 역설한다. 이 힘의 의지가 결국 삶을 지탱하는 축이며 그것을 가지고 자기 삶의 중심을 잡고 주체적으로 사는 것이야말로 자기 삶을 온전히 사는 것이라고 한다. 니체의 이런 생각은 '새가 하나의 세계인 알을 깨뜨리고 새롭게 태어나 압락사스에게로 날아간다'라고 표현된 싱클레어의 성장과 일맥상통한다.

자기에 이르는 구도자의 길

싱클레어는 구도자의 길을 걸었다. 그가 진정한 자기에 이르려고 걸었던 방황과 고뇌의 길은 진리나 종교적인 깨달음의 경지를 구하는 사람이 홀로 묵묵히 걷는 길과 같다. 참된 자기를 만나기 위해서는 자기가 갇혀 있는 편협한 세계에서 벗어나야 할 뿐만 아니라 타인에 의해 구성되고 조정된 세계를 자기만의 방식으로 재구성해야 한다. 자기 안의 거부할 수 없는 타자와 화해해야 한다. 그래야만 자기 속에서 솟아나오려는 것을 살 수 있다.

태어나는 순간부터 우리는 이미 타인들에 의해서 만들어진 길, 다른 사람들로부터 주어진 길 위에 던져진다. 그래서 자기 속에 무엇이 있는지조차 알지 못한 채 그 길을 따라가기 바쁘다. 데미안이 싱클레어에게 우리들 속에는 모든 것을 알고, 모든 것을 하고자 하고, 모든 것을 우리들 자신보다 더 잘 해내는 어떤 사람이 있다는 것을 알아야 한다고 말하는 것은 우리 자신 속에 있는 진정한 자기 자신을 발견하는 일이 얼마나 중요한지를 강조한 것이다.

자기 자신이 되는 과정은 긴장과 동요의 연속이다. "그들은 왜 불안한 걸까? 자기 자신과 하나가 되지 못하기 때문에 불안한 거야. 그들은 한 번도 자신을 안 적이 없기 때문에 불안한 거야." 내가 누구인지 안다는 것은 그것이 행위로 연결되지 않고 단지 인식의 영역에 그친다고 해도 실존적으로 커다란 의미를 갖는다. 카뮈의 『시지프 신화』에서 시지프는 신들의 노여움을 사 무거운 바윗돌을 언덕 위로 밀어 올리는 형벌을 받는다. 언덕 위로 바위를 밀어 올리면 그 바위는 언덕 아래로 굴러 떨어지고 그러면 시지프는 언덕 아래로 내려와 바위를 다시 밀어 올리는 일이 끝없이 반복된다. 그런데 언덕 위에서 아래로 내려오는 동안 시지프는 '나는 지금 내가 아무리 밀어 올려도 계속해서 굴러 떨어지는 바위를 밀어 올리고 있다는 사실을 알고 있다'라고 생각한다. 그의 앎이 그의 행위에 차이를 만들어내는 것은 아니지만 자신이 무엇을 하고 있는지 알고 있는 경우와 그렇지 않은 경우는 본질적으로 다른 의미를 지닌다고 카뮈는 말한다. 전자에서는 저항이 가능하지만 후자에서는 저항이 불가능하다.

진정한 자기 자신에 이르는 길을 가는 사람들은 주어진 것에 순응하는 것이 아니라 저항하는 사람들이다. 비범한 정신과 담력 그리고 자기만의 길을 갈 수 있는 용기를 갖춘 카인과 같은 사람들이다. 그들은 카인의 표적을 지닌 사람들이며 싱클레어 또한 그런 사람이다. 카인의 표적을 지닌 사람들은 자기 성장을 멈추지 않고 항상 새로워지기를 꿈꾸는 사람들이다. "우리 표적을 가진 사람들은 새로운 것, 개별화된 것 그리고 미래의 것을 향한 자연의 뜻을 제시하는 반면, 다른 사람들은 고수高手의 의지 속에 살고 있었다. 그들에게는 인류가, 그들도 우리처럼 사랑하는 인류가 무언가 완성된 것, 보존되고 지켜져야만 하는 것이었다. 반

행복한 뫼르소

면에 우리들에게는 인류가 하나의 먼 미래, 우리들 모두가 그것을 향해 가는 도중에 있고, 그 모습은 아무도 모르는, 그 법칙은 어디에도 씌어 있지 않은 미래였다."

소설의 끝부분에서 싱클레어가 보는 형상은 싱클레어 개인에게나 그가 처한 시대적 상황으로 보거나 의미심장하다. "그 구름은 잿빛 벽에 막혀 더 가지 못하고 멈추어 있더니 몇 분 지나지 않아, 노란빛과 푸른빛에서 형상 하나를 만들었다. 거대한 새의 모습이었다. 그 새는 푸른 혼돈을 찢어 떨치고 큰 날갯짓으로 하늘 속으로 날아서 사라졌다." 싱클레어가 데미안에게 한 마리 맹금이 그의 몸 절반은 어두운 지구 땅덩이 속에 박혀 있으면서 거기에서 나오려고 애쓰는 모습을 그려 보낸 것과 연관시켜 보면 이 형상은 새로운 세계의 탄생을 의미한다. 데미안이 "세계가 새로워지려 하고 있어. 죽음의 냄새가 나. 그 어떤 새로운 것도 죽음 없이 오진 않아"라고 말하는 것은 세계가 변화하고 성숙하는 것도 새가 알을 깨고 나오는 것처럼 혼란과 고통을 거친 후에야 가능하기 때문이다. 그리고 싱클레어가 본 형상에서 한 줄기 밝은 빛을 보았다는 것은 전쟁의 참혹함을 거친 후의 세계에 밝은 미래가 도래할 것을 암시하는 희망의 메시지로 이해할 수 있다.

줄거리

에밀 싱클레어는 프란츠 크로머라는 아이에게 약점을 잡히는 바람에 그의 요구에 무조건 따라야 하는 처지에 놓인다. 그래서 더 이상 부모님의 사랑이 있는 밝고 깨끗한 세계에 편안히 속하지 못하고 그것과는 완전히 다른 어둡고 추악한 세계의 존재를 느끼게 된다. 두려움과 고통으로 힘든 시간을 보내고 있던 싱클레어는 전학생 데미안의 도움으로 크로머의 손아귀에서 벗어난다.

싱클레어보다 나이도 많고 현명한 데미안은 싱클레어에게 성서에 나오는 카인과 예수 옆에 매달린 도둑에 대해서 기존의 일반적인 해석과는 완전히 다른 해석을 들려준다. 이를 통해 싱클레어는 그때까지 자신이 가지고 있었던 시각에서 벗어나 좀 더 회의적이고 비판적인 시각을 갖게 된다.

상급학교로 진학하여 다른 도시로 간 싱클레어는 알폰스 벡을 만나 술과 타락의 세계에 빠져들고 퇴학당할 상황에까지 몰리지만 어느 날 공원에서 우연히 본 소녀 베아트리체가 정신성과 아름다움에 대한 동경을 일깨우자 정결함을 지향하며 그림을 그리기 시작한다. 그리고 알을 깨뜨리고 나오려는 새의 그림을 그려 데미안에게 보내고 그로부터 새는 '압락사스'라는 이름의 신에게로 날아간다는 답장을 받는다. 그 후 싱클레어는 압락사스의 의미를 찾기 위해 방황하다가 오르간 연주자 피스토리우스와 만나면서 압락사스가 선과 악의 통합체임을 알게 된다.

싱클레어는 데미안이 살던 집에서 우연히 사진 한 장을 보고 데미안의 어머니 에바 부인이 자신이 그린 꿈의 영상이 현실로 나타난 모습임을 알게 된다. 그리고 대학 진학 후 우연히 마주친 데미안의 초대로 그의 집을 방문, 마침내 찾아낸 운명의 여인 에바 부인을 사랑하게 된다. 싱클레어가 데미안과 에바 부인 그리고 에바 부인 주변의 '자신의 길을 가는' 뛰어난 사람들과 교류를 이어가던 도중 전쟁이 일어나 싱클레어와 데미안은 전장으로 나간다. 큰 부상을 입고 누워 있던 싱클레어는 '친구이자 인도자'인 데미안과 완전히 닮은 자신의 모습을 발견한다.

헤르만 헤세 Hermann Hesse, 1877~1962

헤르만 헤세는 독일의 선교사 집안에서 태어나 어릴 때부터 철학, 종교, 문학과 같은 인문학에 심취해 있었으며 동양 사상에도 큰 관심을 가졌다. 그는 초기에는 목사인 아버지와 같은 길을 가고자 신학교에 입학했으나 중도에 그만두고 나중에 들어간 김나지움도 중퇴한다. 그 후 시계 공장의 견습공 그리고 서점 직원 등으로 일을 하면서 글을 쓰기 시작한다. 처음에 발표한 시와 산문은 낭만적인 경향이 강한 작품들로 별로 주목을 받지 못했으나 1904년 장편소설 「페터 카멘친트」가 출간되면서 작가로서 성공을 거둔다. 그는 자전적 요소가 강한 작품들을 많이 발표했으며 인간 내부에 공존하고 있는 양면성을 인정하고 그 조화와 통일을 추구하는 데 큰 관심을 가졌다. 주요 작품으로 「수레바퀴 밑에서」(1906), 「데미안」(1919), 「싯다르타」(1922) 등이 있으며, 「유리알 유희」로 1946년 노벨문학상을 받았다.

7

빌헬름 마이스터의 수업시대

현실의 세상에서 나의 길을 찾다

"

나는 한 아이나 젊은이가

자신의 길 위에서 방황하고 있는 모습이

낯선 길 위에서 바르게 걷고 있는 것보다

훨씬 바람직하다고 생각해요.

"

두 세계

　「빌헬름 마이스터의 수업시대」_{이하 「수업시대」로 약칭}의 주인공 빌헬름은 어린 시절에는 인형극에, 청년기에는 연극에 빠져 사는 인물이다. 연극을 관람하기 위해 매일 극장을 출입하는 빌헬름을 그의 부모는 달갑게 여기지 않는다. 연극배우는 '고달프고 배고픈 직업'이라는 생각 때문이다. 부모는 아버지를 따라 상업에 종사하기를 바라지만 빌헬름은 그 길을 가고 싶어 하지 않는다. 자신의 앞날을 염려하는 어머니에게 빌헬름은 이렇게 반문한다. "도대체 우리 지갑에 즉각 돈을 채워주지 않는 것, 우리에게 금방 재산을 채워주지 않는 것은 모두 소용없는 것일까요?" 하지만 빌헬름의 부모가 그에게 아버지를 따라 상인의 길을 걷도록 권하는 일도 무리는 아니다. 괴테의 「수업시대」가 출간된 1796년은 유럽에서 프랑스 대혁명(1789)의 열기가 채 가시지 않았고 그 혁명이 봉건적 귀족사회에 대항한 신흥 상인계층부르주아지의 승리라고 할 때, 미래는 근대적 상업자본주의가 대세를 이루리라는 전망이 무르익고 있었기 때문이다. 정치적으로는 근대적 국민국가의 성립과 경제적으로는 상업자본의 축적이 사회 전체의 흐름으로 자리 잡아 가던 당시 상황에서 한가하게 연극 패거리들과 휩쓸려 다니는 아들 빌헬름을 그의 부모가 걱정스러운 눈초리로 바라보는 것은 당연하지 않겠는가?

그러나 시대의 흐름에는 아랑곳하지 않고 빌헬름은 오히려 그의 아버지를 향해 허황되게 돈을 낭비한다고 비난한다. 수수한 주거환경에 만족하지 않고 쓸데없이 새 집을 짓고 새 가구를 들이고 하는 등의 태도에 그는 동의하지 않는다. 부모님이 제안하는 상인의 길은 그가 보기에 비루하기 짝이 없다. 빌헬름의 친구 베르너의 생각 또한 빌헬름의 부모와 다르지 않다. 베르너는 빌헬름이 연극에 심취하고 시작詩作에 몰두하는 행동에 대하여 비현실적인 것에 지나치게 큰 가치를 부여하고 자신의 온 영혼의 무게를 다 싣는다고 안타까워한다. 상인의 길을 칭송하는 베르너에게 빌헬름은 "자네들은 늘 덧셈을 하고 대차대조표를 작성

하느라 정작 더 중요한 인생 결산을 잊어버리는 수가 많아"라고 대꾸한다. 그에게 중요한 것은 금전적 이익을 위한 대차대조표가 아니라 좋은 삶을 위한 대차대조표다.

상업적 이해관계에 치이며 산다는 것은 얼마나 고달프고 비참한가. 이에 비해 예술의 세계는 상업적 이해관계를 떠나 있어서 얼마나 고귀하고 아름다운가. 물질적 이해관계를 따지며 산다는 것은 고귀하고 아름다운 것에서 멀어져 산다는 것을 뜻한다. 빌헬름은 이 맥락에서 이재理財에 밝지 않은 인물로 그려진다. 그는 오직 고상한 영혼의 세계를 탐닉하고 추구한다. 자신의 감정에 충실할 뿐 다른 것들은 부차적이어서 거기에 삶의 긍정적 가치를 부여하지 않는다. 상업적 이해관계 속에 산다는 것은 한시도 긴장을 늦추지 못하고 불안하게 사는 것을 뜻한다. 자신의 재화를 지키고 다른 사람과 경쟁 속에서 그보다 우위에 서기 위해 부단히 노력해야 하기 때문이다. 물질은 생명을 유지하기 위한 수단에 지나지 않는데도 물질의 맛과 힘에 길들여지면 그것의 노예로 전락하기 쉽다. 물질은 그 자체가 유혹의 수렁이다. 인간은 물질 속에서 헤매다가 사라지도록 태어난 게 아니다. 그것은 조건에 지나지 않아서 나머지는 물질적 이해관계를 떠나 자유롭고 유쾌한 삶을 살아야 한다. 빌헬름은 그러한 삶을 꿈꾸고 있기에 연극의 세계를 동경한다.

빌헬름 마이스터의 수업시대

이러한 빌헬름의 생각은 그가 상업의 세계를 '볼품없는 노파'에, 연극의 세계를 '우아한 여신'에 비유한 대목에서 여실히 드러난다. 그는 상업에 종사하는 사람들의 생활상을 노파의 매질 아래에 몸을 굽히고 땀에 젖은 얼굴로 하루하루를 노예처럼 벌어먹고 살아야 하는 비참한 삶으로 묘사한다. 이에 반해 '시의 여신'은 괴로워하고 있는 사람 앞에 나타나 훌륭한 몸매와 성품과 거동으로 '여신의 매혹적인 동작을 되풀이'하여, 보는 이로 하여금 품위와 자긍심을 느끼게 하는 '자유의 딸'이라고 극찬한다. 상인의 예속과 비천함과 불안정과 비루함에 대하여 시인의 자유와 품위와 자긍심을 대비시키면서 빌헬름은 자기가 속하고자 하는 연극의 세계에 삶의 핵심 가치를 부여하여, 그의 자아가 추구하는 방향을 암시한다.

연극은 대사와 행위를 통해 심미적인 것을 추구하고 표현하는 예술의 한 장르다. 그런 점에서 연극은 미학의 탐구 대상이기도 하다. 연극이 미학의 영역에 들어오는 순간 연극 종사자들은 미학 원칙에 지배된다. 그런데 칸트I. Kant에 따르면 미적인 것에 대한 미학의 원칙은 '이해관계interest'를 떠나 있어야 한다. 칸트는 그의 미학 저술인 『판단력 비판』에서 이를 '무관심성'이라고 표현하는데 여기서 관심은 곧 이해관계로서 재무에서는 이자利子를 뜻한다. 그러니까 미적인 것을 추구하는 영역은 실질적인 이해관계에서 벗어나 있으며, 물질적인 목표를 지향하지도 않는다. 심미적인 것이 이해관계와 목적에서 벗어나 있다는 것은 심미적인 행위가 '~을 위한 것'이 아니라는 뜻이다. 다시 말해, 그 행위를 통하여 추구하는 어떤 실용적인 목적이 없다. 예를 들어 우리가 저녁노을을 바라보면서 '아름답다!'고 느끼는 것에는 아무런 이해관계가 따르지 않는다. '아름답다'고 느끼는 심정적인 만족은 우리가 안락한 소파에 앉을 때 느끼는 만족과도 다르며, 우리가 선행善行을 했을 때의 만족감과도 다르다고 칸트는 설명한다. 후자의 경우들은 그 행위가 '~을 위한' 수단이지만 전자의 경우에는 수단이 아니라 그 자체가 목적이기 때문이다.

연극이라는 심미적인 행위는 그 자체로 가치 있는 일이지 다른 것의 수단으로 전락할 때 그 심미적 가치는 사라지게 된다. 물론 그렇다고 해서 연극배우들이 무보수로 연기를 해야 한다는 말은 아니다. 다만 그들에게 주어지는 보수는 연극이 구현하는 아름다움에 대한 대가가 아니라 행위로서의 연기 그 자체에 주어지는 것이다. 백작의 성에서 공연이 끝난 후 백작이 금화를 지급하자 빌헬름이 처음에 이를 거절한 것도 이런 맥락에서 이해할 수 있다. 그는 단원들의 숙식을 제공 받은 것으로 공연에 대한 대가가 이미 지불되었다고 생각했기 때문에 연극이 준 감동이 돈으로 처리되기를 원치 않았던 것이다. 공연에 대한 대가가 돈으로 '처리'될 경우 공연의 가치가 백작의 기억 속에서 사라져 빛을 잃게 되는 것을 빌헬름은 염려한 것이다.

빌헬름은 연극배우인 마리아네를 사랑하게 되는데 그에게는 그녀와의 사랑이 결실을 맺는 것과 연극배우로서의 삶을 선택한다는 것이 동일한 의미를 지닌다. 그래서 그녀가 배신했다는 생각이 들자 연극의 세계를 외면하지만 결국 다시 그 세계로 돌아온다. 연극의 세계가 그를 끌어들이는 까닭은 그것이 보다 고상한 느낌을 불러일으켜 그의 정신을 고양시키기 때문이다. 그리고 그 세계는 빌헬름이 주위의 만류에도 불구하고 스스로 선택한 세계다. 그는 연극의 세계에 몸담음으로써 자기 자신을 더욱 고상한 감정과 고매한 정신의 교양인으로 만들어가기 위해 부단히 애쓴다.

자기를 다 쏟아 붓기

교양은 자율적이고 주체적인 인간을 지향한다. 교양을 지닌 근대적 인간은 예속을 거부하며 자기의 의지와 욕구에 따라 자기의 길을 결정할 수 있어야 한다. 「수업시대」의 빌헬름도 이런 인간상을 지향한다. 자기의 중심에 따라 자기의 삶을 살아야 하는데도 빌헬름은 자주 "남의 등불을 자기의 북극성으로 알고 따라가는 꼴이 되어 자신의 자연스러운 사고방식과 행동방식을 잃는 수가 잦았다." 그는 자신과 합의하기 위해 노력하면서도 바람직한 합의에서 점점 더 멀어져갔다. 남의 장단에 맞추어 춤추지 않고 살기는 어렵다. 그만큼 자기의 길을 올곧게 가기란 쉽지 않다. 남이 켜든 등불인지 내가 켜든 등불인지조차 판단하기 쉽지 않다. 실제로는 남이 닦아 놓은 길을 가고 있으면서도 자기가 정한 방향으로 착각하여 길을 잃고 헤매는 경우가 얼마나 많은가. 주체적이고 자율적인 삶을 산다는 것은 결코 쉬운 일이 아니다. 빌헬름에게 '자신과의 합일'은 결국 삶의 목표이다. 나 자신과 하나가 되는 일이 아니라면 어떤 물질적 풍요도 그에게는 남의 일이다. '나'를 흥분시키고, 그것과 같이 있을 때 내가 신바람이 나고 그것을 통해서만 나를 세상에 드러낼 수 있는 그런 일이 아니라면 빌헬름에게 그것은 아무런 소용이 없다. '있는 그대로의 나 자신을 완성시켜 나가는 것'이야말로 그의 소망이고 의도다.

주체성과 자율성은 괴테 당대의 주된 인문적 가치여서 문학에서뿐만 아니라 철학 일반에서도 핵심 주제로 등장했다. 칸트의 윤리학에서 헤겔의 법철학에 이르기까지 '자유의지'는 개인과 공동체의 실천적 행위를 근거짓는 시금석이었다. 물론 17세기 중반 근대적 사유의 여명을 알리는 데카르트의 코기토cogito, 나는 생각한다 철학에서 주체적 사유의 의미가 부각되기는 했지만 '주체'가 인문학의 전반적인 흐름을 주도하기 시작한 것은 독일의 고전주의 문학과 관념론 철학에 이르러서다. 여기에서 「수업시대」의 교양적 인간상은 주체의 자율성이 근대적 인격person을 형성하는 데 화두로 각광을 받던 시대적 배경과 맞물려 있다. 타인이 아니라 자기 스스로 책임지고 완성한다는 의식이 「수업시대」의 빌헬름에게는 '자기와 합일'이라는 형태로 나타나고 있다.

자기와 합일 혹은 합의를 위해서는 자기 전체를 쏟아 부을 수 있는 일을 찾는 일이 무엇보다 중요하다. 빌헬름은 스스로에게 말한다. "청명한 날도 우리가 감동하지 않고 바라본다면 흐린 날과 다를 것이 없다Ein heiter Tag ist wie ein grauer, wenn wir ihn ungerührt ansehen." 관건은 외부의 상태가 아니라 나의 시선과 감각이다. 날씨가 아무리 청명해도 이를 청명하게 보아주는 나의 눈과 감각이 있어야 한다. 감동은 외부가 아니라 내부에서 일어나는 사건이며, 따라서 자기 안의 취향과 관심에 부합하는 대상을 찾기 위해서는 우선적으로 대상을 접했을 때 자기 안에서 일어나는 움직임을 예의 주시해야 한다. 자기 안의 감정의 동요를 세심히 관찰해야만 자기 전체를 쏟아 부을 만한 대상을 찾을 수 있다. 연극과 시는 빌헬름에게 바로 그런 대상이다.

자기와의 합일은 자기의 일부가 아니라 전체를 자기의 일에 던지는 데에서 가능하다. 마리아네의 배신으로 연극의 세계를 떠날 결심을 하고 자신이 쓴 작품들을 불태우는 빌헬름에게 베르너는 여가를 이용해서 시를 쓰는 일을 취미로 계속하라고 제안한다. 그의 제안에 빌헬름은 작품이란 그 첫 착상부터가 온 영혼을 가득 채우지 않으면 안 된다고 대답한다. 자기를 보다 높은 존재로 드높이는 교양의 길은 자기를 다 쏟아붓지 않고는 결코 나아갈 수 없다. 빌헬름의 이런 생각은 그가 단원들에게 하는 말에도 분명하게 드러난다. "우리는 우리 자신밖에는 아무것도 갖고 있지 못합니다. 우리는 우리 자신 전부를 바쳐야 하는 것이며, 이것이 조금이라도 가치가 있다면 그 사랑하는 사람에게 이 유일한 재산을 영원히 담보로 바쳐야 하는 것입니다."

빌헬름이 여기서 자기 자신밖에는 아무것도 갖고 있지 못하다고 말한 '우리'는 단지 연극배우만을 가리키는 것이 아니라 귀족이 아닌 일반 시민 혹은 평민을 가리킨다고 보아야 할 것이다. 많은 것을 소유하고 누리는 귀족들과 달리 평민은 가진 것이 없어서 그것이 한계일 수 있지만, 달리 보면 그 한계는 곧 평민의 행운이며 특권이기도 하다. 자기 일에 자기 전부를 바칠 수 있는 것은 귀족이 아니라 평민에게서 가능하다는 빌헬름의 판단에는 근대의 주체적인 인간상이 강하게 배어 있다. 귀족은 자기 일에 자기 전부를 던지고 싶어도 이미 소유하고 있는 재력과 권력의 기득권으로 인해 자의반 타의반 그렇게 해야 할 절박함과 필요성이 평민에 비해 턱없이 부족하다. 이에 반해 평민은 수중에 가진 것이 적어 자기 스스로 무언가를 도모하지 않으면 앞으로 살길이 막연할 뿐만 아니라 '자기'를 내세울 수 있는 방도가 빈약하여 자기 전부로 살지 않으면 안 된다. 이런 평민의 상황은 하지만 부정적으로만 평가할 수 없다. 자기의 소유에 얽매인 귀족과 달리 평민에게는 자유로운 삶의 길이 열리기 때문이다. 교양의 길을 걸어가는 빌헬름이 다다르고자 하는 것은 귀족이라는 지위가 아니라 귀족이 지닌 고상함 혹은 고결함이다. 귀족에게는 그것이 주어져 있지만 평민인 빌헬름에게 그것은 자신이 가진 유일한 것, 다시 말해 자기 자신을 온전히 바쳐야만 비로소 얻을 수 있는 것이다. 빌헬름은 「수업시대」의 곳곳에서 귀족의 세계를 인정하고 동경하는 태도를 보인다. 이는 서서히 붕괴되어가는 봉건 체제를 옹호하는 과거 회귀적인 태도라기보다는 이제 막 흥기하고 있는 근대 시민사회의 구성원들도 귀족의 고상한 정신과 태도를 교양의 토대로 삼아야 한다는 제안으로 이해해야 할 것이다.

행복한 뫼르소

고난과 역경을 넘어서

하지만 교양의 길을 올곧게 가기란 쉬운 일이 아니다. 「수업시대」는 독일의 대표적 교양소설Bildungsroman이며 성장소설로 알려져 있다. 엄밀하게 말하면 '교양소설'이란 괴테의 「수업시대」(1796) 이후 토마스 만의 「마의 산」(1924)에 이르기까지 독일의 고전주의 문학에서 발생한 역사적으로 특정한 시대의 장르이다. 그런 만큼 괴테의 이 작품은 교양소설의 효시를 이룬다고 할 수 있다. 여기서 '교양'이라는 용어의 뜻을 잠시 살펴볼 필요가 있다. '교양'을 뜻하는 독일어 'Bildung'은 만들다, 형성하다, 세우다 등을 뜻하는 'bilden'에서 파생한 명사이다. 그러니까 '교양'은 '자기를 만드는 것, 형성하는 것, 세우는 것'이다. 이를 뒤집어 말하면 '본래의 자기'는 '아직 만들어지지 않은 것, 형태를 갖추지 못한 것, 서지 못한 것'이라는 뜻을 내포한다. 유럽의 다른 나라, 예를 들면 프랑스와 영국에 비해 정치와 경제의 측면에서 후진성을 면치 못한 18세기 말의 독일프로이센은 정신문화의 진작을 통해 자기혁신을 도모했으며, 여기서 '교양'이 부상했다. 인간이 인간답게 살기 위해 요구되는 고상한 가치를 발견/발굴하여 이를 갈고닦음으로써 독일인의 품격을 높이고자 하는 열망이 당시에 가득했다. 「수업시대」도 이러한 시대적 배경에서 나왔다.

거친 성향과 투박한 태도의 독일인에서 벗어나는 일은 당대의 독일 지식인들에게 던져진 화두였다. 독일 고전주의 문학에 종사하던 작가들뿐만 아니라 「독일 국민에게 고함」(1806)이라는 강연으로 조국 독일에 대한 우국충정을 드러낸 철학자 피히테도 그 문제에 큰 관심을 가졌다. 이 소설 「수업시대」에서도 "독일인이란 정말이지 외국인에게 배우지 않으면 구두끈도 제대로 못 맨단 말이야!"라고 하소연하거나, 독일인의 기질에 대해 "좋은 일을 호들갑 떨지 않고 해치우는 것이 우리 독일 국민의 특징인지라, 우리 국민은 정당한 일이라도 모양과 멋을 내어 행하는 방법도 있다는 것은 거의 생각하지도 못하고, 오히려 반대하고 싶은 기질의 충동을 받아, 그들의 가장 좋은 미덕을 무뚝뚝한 성질을 통해 정반대로 표현하는 실수를 저지르기가 십상"이라고 표현한다. 이로써 괴테는 독일인의 투박하고 질박한 기질을 두둔하는 것 같으면서도 그들의 세련되거나 우회적이지 못한 태도를 에둘러 비판한다. 독일인의 정신과 취미와 태도를 '바로 세우는 일'을 '교양'이 떠맡은 것이다. 독일어 'Bildung'을 '교양'뿐만 아니라 맥락에 따라 '교육', '문화' 그리고 '도야陶冶'로 옮기는 데에서 '교양'이 단순히 '인간이 기본적으로 갖추어야 할 덕목을 갖춤'이라는 뜻을 넘어 '밭을 갈듯이 가꿈', '흐린 것을 갈고 닦아 투명하게 만듦' 그리고 '야만적인 것에서 벗어남'이라는 뜻을 읽어낼 수 있다.

하지만 교양이 지향하는 이러한 문화적 인간상을 현실에서 실현하기란 여간 어려운 일이 아니다. 「수업시대」는 전권을 통해이 작업이 얼마나 지난한 과제인가를 보인다. "좋은 것만을 좋다고 하고 아름다운 것만을 아름답다고 할 수 있을 정도로 내 정신과 취미를 닦고 가꾸어야 할 필요성"이 있다거나, "무슨 노력을할 때나 다 그런 것이지만 정신과 육체는 동일한 보조를 취하지않으면 안 된다"는 사실은 교양의 여정이 얼마나 험난한지를 암시한다. 지금 빌헬름이 가고 있는 연극의 길도 예외일 수 없다. 빌헬름의 도움으로 위기에서 구출된 멜리나는 연극배우로서 사는 삶이 얼마나 궁핍 속에서 인내하며 비굴하게 살아야 하는지를 힘주어 말하면서 서기나 징수원 자리를 얻게 도와달라고 빌헬름에게 간청한다. 멜리나가 무대로 돌아갈 것이라고 생각했던빌헬름은 분통을 터뜨리며 이렇게 외친다. "불행한 멜리나! 자네가 이겨내지 못하는 초라함의 원인은 자네의 직업이 아니라 자네 자신에게 있는 것이다! 내심에서 우러나오는 사명감 없이 어떤 기술이나 예술 또는 그 어떤 직업을 택했다면, 이 세상의 어느누구도 틀림없이 자네처럼 자신의 처지를 견디지 못할 수밖에없지! 재능을 갖고 태어나 그 재능을 발휘할 운명을 타고난 사람은 그 재능 속에서 자기의 가장 아름다운 현존재를 발견하는 법이지!" 자신의 길을 선택한 이상 그 어떤 고난과 역경도 극복해야 하는데 현실에서 닥치는 어려움이 너무 커서 이를 피해 자기의 길이 아닌 길로 도망치고 싶어 하는 나약한 심정을 꾸짖고 있는 것이다.

빌헬름은 세상에 까다롭고 어렵지 않은 일은 없으며 단지 내적인 충동과 의욕과 사랑만이 우리가 장애를 극복해 나가도록 도와준다고 강조한다. 그리고 멜리나에게 현실의 궁핍 때문에 근심에 차서 정작 중요한 것이 무엇인지 알아채지 못한다고 비난한다. "자네는 오직 정신에 의해서만 발견되고 이해되며 수행되는 전체, 즉 초점에서 함께 만나 타오르는 전체를 느끼지 못하고 있어. 자네는 인간의 마음속에는 계속 연료를 공급받지 못하고 계속 부채질을 해주지 않으면 일상의 욕구들과 무관심이라는 재에 의해 두껍게 덮여버리는, 그렇지만 상당히 오랫동안 꺼지지 않는, 아니 거의 꺼질 줄 모르는 그런 보다 나은 불씨가 살아 있다는 사실을 느끼지 못하고 있어." 내면의 보다 나은 불씨! 인간으로서의 격格을 높이기 위해 일상에서의 궁핍과 불편을 감수해야 하며, 무엇보다 자기 안에 지금의 삶보다 나은 불씨가 살아 숨 쉬고 있다는 사실을 자각하여 외부의 동요에 흔들리지 않고 자기의 길을 굳건하게 가기를 빌헬름은 멜리나에게 역설한다. 관건은 내면의 불씨가 외부의 불순물에 덮여 가리지 않도록 계속 부채질을 하는 일이다.

오류의 잔을 남김없이 마시기

앞서 말했듯이 교양을 뜻하는 독일어 'Bildung'은 '교육'의 의미도 담고 있다. 교양은 기본적으로 형태를 갖추지 않은 것에 형태를 부여하여 세우는 일이고, 그 점에서 교육도 차이가 없기 때문에 교양과 교육은 사촌지간인 셈이다. 그래서 「수업시대」에는 교양뿐만 아니라 교육과 관련되는 언급이 수시로 등장한다. 이와 관련하여 루소가 교육학 저서 『에밀』(1762)에서 인간이 자연의 길에서 벗어나지 않기 위해 어른이 아이에게 어떻게 처신해야 하는지를 서술한 내용을 들어보자. "어린이에게 도움을 줄 때, 한결같이 실제적으로 필요한 경우에만 한정하도록 할 것이며 변덕이나 까닭 없는 요구에 동조하는 일이 없어야 한다. 왜냐하면 변덕이란 자연 본래의 것이 아니어서 사람이 그것을 조장해주지 않으면 절대로 어린이가 그로 인해 시달리는 일은 없기 때문이다." 루소의 자연주의적 교육관은 괴테의 「수업시대」에서도 나타난다. "아, 자연은 자애롭게도 우리를 마땅히 그렇게 되어야 할 모든 존재 양식으로 만들어주는데, 도덕은 불필요하게도 엄격하구나! …… 처음에는 우리를 방황케 하고 오도해놓은 다음, 나중에는 자연 자체보다도 더 까다로운 요구를 해오는 시민사회의 요청들은 이상도 하구나! 진정한 교양의 가장 효과적인 수단을 파괴해버리는 온갖 교양이 다 무슨 소용이며, 우리에게 최후의 목적지만을 제시하면서 그리로 가는 과정 속에서 우리를 행복하게 만들어주지 못하는 온갖 교육이 다 무슨 소용이란 말인가!" 자연 자체 속에 깃들어 있는 개인의 잠재된 가능성을 발굴하여 이를 빛나게 하는 일이 교육의 목적인데도 불구하고 시민 교육이라는 미명 아래 외부의 인위적인 잣대를 통해 인간 교육을 재단하는 부조리한 현실을 괴테도 한탄한다.

교육은 임의로 만든 틀에 맞추어 아이들을 훈육하는 일이 아니다. 타고난 성향은 사람마다 달라서, 교육자는 자신의 교육 이념이나 목표에 따라 아이들을 일률적으로 통제하고 교육할 수 없다. 교육자는 피교육자의 타고난 천성을 조기에 발견하여 계발하는 일에 몰두해야 한다. 그러나 이 일은 쉽지 않다. 교육자가 자기의 욕구를 억제해야 할뿐더러 피교육자의 성향과 재능을 면밀히 관찰하여 파악해야 한다. 타고난 천성 혹은 재능은 그 개인에게는 운명으로 점지된 것이나 다름없다. 운명은 태어날 때부터 자연적으로 정해진 것이기 때문이다. 그러나 무엇이 한 개인의 운명인지를 알고 계발하기란 만만한 일이 아니다. 하지만 누군가가 자신의 운명을 발견하여 계발하게 되면 그는 자신의 운명에 속한 일을 다른 일에 비해 덜 힘들이고 수행할 수 있다. 자신이 자연에게서 부여받은 능력을 발휘하는 일은 그렇지 않은

행복한 뫼르소

경우에 비해 얼마나 수월하겠는가?

그런데 현실의 교육은 종종 운명적으로 타고난 재능을 키우는 방향과는 반대로 진행된다. 나탈리에는 그런 현실에 대하여 빌헬름에게 교육이 본능에 활기를 불어넣어주지는 않고 욕망만 자극하고 있다고 하소연한다. 진정한 소질이 싹을 틔우도록 도와주지는 않고, 그런 소질을 향해 나아가려는 본성에는 전혀 어울리지도 않는 대상들을 지향하도록 부추기기만 한다는 것이다. "나는 한 아이나 젊은이가 자신의 길 위에서 방황하고 있는 모습이 낯선 길 위에서 바르게 걷고 있는 것보다 훨씬 바람직하다고 생각해요. 전자는 자기 혼자서나 남의 안내를 통해 올바른 길, 즉 자기 천성에 알맞은 길을 한번 찾기만 하면, 다시는 그 길을 놓치지 않을 것입니다. 그러나 후자는 낯선 굴레를 떨쳐버리고 절대적 방종의 늪에 빠져버릴 위험에 시시각각으로 봉착하게 된단 말입니다." 자신의 길 위에서 방황하는 것이 낯선 길 위에서 바르게 걷는 것보다 낫다! 자기의 재능이 운명적으로 점지되어 있어도 운명의 길을 절망과 회의 없이 걸어가기란 또한 쉬운 일이 아니다. 중요한 것은 '타인에 따르는 길'이 아니라 '자기의 길'을 걸어간다는 신념으로 고통과 회의를 뚫고 전진할 수 있으려면 그 길을 안내하는 조력자의 역할 또한 적지 않다는 사실이다.

괴테는 여기서 테레제의 입을 빌려 인간을 교육하는 데에서 요구되는 교육자조력자의 태도에 대해 이렇게 말한다. "우리가 사람들을 대할 때 그들이 현재 있는 상태 그대로만 취급하면, 우리는 그들을 더 망치게 돼. 마땅히 그렇게 되어야 할 사람으로 이미 되어 있는 것처럼 대해주면, 우리는 그들이 올라갈 능력이 있는 데까지는 함께 데리고 올라갈 수 있어." 이 말은 무척 의미심장하다. 특별히 교육을 목표로 하지 않아도 서로 아끼는 인간관계에서 불만과 갈등이 생기는 원인은 대개가 상대방을 자기의 욕구 수준에 맞춰 그의 현재 상태에서 판단하는 데에서 비롯한다. 교육자의 경우 피교육자에 비해 학식과 경험이 풍부하기 때문에 그의 눈에 피교육자가 부족하게 보일 수밖에 없다. 이때 교육자가 자기 기준에 맞춰 피교육자를 대하기보다는 피교육자가 아직 도달하지 못한 지점에 이미 도달한 것으로 가정하여 그를 대한다면 그는 예상보다 빠르게 성장하리라는 것이다. 이런 가정에 따르면 피교육자는 '가상적인 그'로 설정되어 교육자와 대화하겠지만 '가상적인 그'는 교육자의 욕구에 부합하기 때문에 상호간에 갈등 없이 교육이 진행될 수 있고, 피교육자는 교육자가 설정한 목적이 무엇인지 더 잘 파악하여 그 목적을 향해 한층 더 확신을 가지고 노력함으로써 좀 더 손쉽게 목표에 도달하게 될 것이다.

이러한 교육자의 배려에도 불구하고 매사에 미숙한 피교육자

행복한 뫼르소

는 실수를 저지르고 오류를 범하기 마련이다. 이런 경우에 교육자는 어떻게 대처해야 하는지 시골 목사는 빌헬름에게 이렇게 충고한다. "교육자의 의무는 오류를 범하지 않도록 막는 것이 아니라, 오류에 빠진 사람을 인도하는 것, 즉 그로 하여금 자신의 오류의 잔을 완전히 마셔보도록 해주는 것입니다. 그것이 남을 가르치는 지혜입니다. 오류의 잔을 조금만 맛본 사람은 그것을 아끼며 오랫동안 마시게 되고, 그것을 희귀한 행운이라고 기뻐하게 되지요. 그러나 그 잔을 완전히 다 비운 사람은 미쳐버리지 않는 한 그것의 정체를 알게 되는 법이지요." 피교육자가 오류를 범한다고 초기에 바로 교정해주는 자세는 교육 효과 면에서 바람직하지 않다는 것이다. 그런 경우 피교육자는 자신이 저지른 오류의 크기를 가늠하지 못한다. 오류가 드러나자마자 교육자가 바른 해법을 제시하면 그는 바로 교육자의 안전한 품으로 들어오기는 하겠지만 그건 '자기와 합일'이라는 교육의 목표와는 어긋나게 된다. 오류의 잔을 완전히 비우는 행위란 오류의 의미를 확실하게 깨닫는 길이다. 오류의 잔을 끝까지 마실 때 오류의 의미를 자기 전체로 감지할 수 있고, 그럴 때 비로소 자기 안의 스승이 깨어나 자기 교정이 가능해진다. 확실하게 틀려야 제대로 고칠 수 있는 법이다. 적당히 틀리면 적당히 고칠 수 있을 따름이다. 루소의 교육법도 이와 다르지 않다. 아이가 거칠게 놀이를 하

빌헬름 마이스터의 수업시대

다가 자기 방의 창문을 깼을 때 부모는 바로 새로운 유리창을 끼워주면 안 된다고 루소는 충고한다. 유리창이 깨져서 찬바람이 부는 방에서 잠을 자도록 방치하는 게 옳다는 것이다. 그래야 그 아이는 장난을 심하게 하여 창문을 깨서는 안 되겠다고 다짐할 수 있기 때문이다.

'탑의 모임'에 초대받은 빌헬름은 자기에게 관심이 많은 사람들이 왜 자기를 더 엄격하게 이끌어주지 않았는지, 왜 자기가 하고 있는 장난을 못 하도록 막기는커녕 오히려 그것을 장려했는지 의문을 품는다. 그 의문에 답하는 목소리는 이렇다. "당신은 구원되었소. 그리고 목표를 향해 바로 가고 있는 중이오. 당신은 당신이 행해온 어리석은 짓들 중 아무것도 후회하지 않을 것이며 그중 아무것도 되풀이하고 싶어 하지 않을 것이오. 한 인간에게 이 이상 행복한 운명이 점지되기는 어려울 것이오." 오류의 잔을 남김없이 마시는 것 또한 그가 받은 수업이었다. 연극의 세계를 선택했으나 결국 연극배우로서의 삶을 포기하는 결정을 내린 그가 어떤 다른 길을 걸어가게 되는지 「빌헬름 마이스터의 수업시대」에는 나와 있지 않지만 그 속편인 「빌헬름 마이스터의 편력시대」에서 그는 외과의사가 된다. 결과적으로 그가 받은 수업은 연극의 세계에 몸담았던 동안 그가 경험한 모든 것이다. 빌헬름이 그 모든 과정을 거치면서 자기를 형성해나간 일은 당시에 괴테의 작품을 즐겨 읽었던 헤겔이 『정신현상학』에서 교양Bildung, 도야·교육·문화을 "정신적 실체가 자기의식을 갖추고 자기의 생성과 자기 내 반성을 산출하는 것"이라고 말했던 교양의 의미에 부합한다.

자기에서 벗어나기

자기 형성으로서의 교양은 기본적으로 자기의 가능성을 계발하는 일이지만 그것이 주변 세계를 자기중심적으로 파악하여 자기의 확장이나 자기 이익을 위한 수단으로 간주하는 일이어서는 안 된다. 자기 성숙에 관련되는 한에서 교양을 추구하는 이는 오직 자기에 몰두하여 그 안에 갇힐 공산이 크다. 빌헬름은 뒤늦게 알게 된 친아들 펠릭스가 주변의 자연과 사물에 대해 호기심과 지식욕을 보이며 던지는 질문에 충분히 답변하지 못하는 자신을 발견한다. "내 자신 이외의 사물에 대해서 얼마나 관심이 적었으며 내 지식이 얼마나 보잘것없는가를 절실히 느낀다." 그러면서 자기의 교양이 이제야 비로소 시작되는 것만 같다고 고백한다.

진정한 자기 교양의 형성은 자기에 갇힌 인물에게서 실현될 수 없다. 오히려 거기서 벗어나 자기 바깥의 더 넓은 세계의 존재를 깨닫는 데에서 교양은 비로소 현실성을 갖추고 자리매김할 수 있다. 이 일은 곧 현실 안에서 자기가 얼마나 작은 존재인지를 깨닫는 일과 통한다. 젊음의 패기는 종종 자기를 지나친 과대평가로 이끈다. 자기만의 꿈을 갖고 이루기 위해 노력하라는 모토가 우리 주위에 넘쳐나지만 정작 현실에 나가면 나의 꿈을 이루기가 만만치 않다. '자기의 크기'를 자기중심적으로 판단할 때 자기의 불행과 몰락을 초래할 수 있다. 내가 하면 잘할 수 있고, 내가 그 일에 관여하는 순간 주위는 밝아져 사람들은 나의 가치를 높이 사게 될 것이라고 생각할 수 있지만 이러한 태도는 현실의 논리를 고려하지 않은 망상에 지나지 않는 경우가 많다. 멜리나 부인이 빌헬름에게 떠나는 이유를 묻자 그는 이렇게 답한다. "우리는 자신이 활동하는 단체에서 활기를 불어넣어주는 것은 오직 자기뿐이라고 생각합니다. 그러나 우리 자신이 없음으로써 생기는 공백은 거의 눈에 띄지도 않게 되고 다시 메워지죠." 그 자리에 내가 없어도 그 조직이 움직이는 데 하등 어려움이 생기지 않는다는 의식은 내 입장에서는 무척 서글픈 이야기지만 사회생활에서는 지극히 현실적인 이야기가 아닐 수 없다.

현실감은 모든 개인이 지녀야 할 필수적인 감각이며 능력이다. '현실'은 내가 생각하는 것과 같지 않으며 현실 안에서 나는 한낱 전체의 미미한 일부에 지나지 않는다. 내 관점에서는 내가 현실에 대해 큰 힘을 발휘하는 것처럼 생각할 수 있으나 이것은 대개가 착각이다. 내가 현실 속에서 무언가를 추구하고 실현하고자 할 때 현실은 내 뜻대로 움직이지 않는다. 현실은 나의 의지와 상관없이 그 자체로 독자적인 힘을 가지고 나를 움직이는 주체이다. '내가 생각하는 나'와 '현실이 생각하는 나' 사이의 격차는 내가 감당할 수 없을 만큼 크다. 사회심리학자 미드G.H. Mead는 이를 'I'와 'Me'의 차이로 설명했고 사회학자 뒤르켐E. Durkeim이 말하는 '사회학적 사실'도 이러한 차이를 우회적으로 입증한다. 괴테가 「수업시대」에서 내면적인 교양에 큰 관심을 두는 사람들은 외적인 여건을 아주 소홀히 하게 된다고 지적한 것은 교양을 향한 자기의 꿈은 자기 안에 갇히지 않고 자기를 외부 세계와의 관계에서 인식하고 그 안에서 행위할 때 실현된다는 사실을 강조하기 위해서다. 교양을 추구하는 이들의 가장 큰 결점은 주위의 사소한 일에 무관심하면서 더 큰 무엇을 위해 '현재와 여기'는 희생해도 좋다고 생각하는 데 있다. 자기의 꿈을 이루기 위하여 먼 곳만 바라보는 것은 어리석다. 교양은 여기와 현재를 넘어 어떤 다른 곳에서 촉진되는 것이 아니다. 생각은 꼭대기에 두고 있어도 마음은 발바닥에 있어야 한다.

자기를 벗어난다는 것은 자기 밖의 보다 넓은 세계와 관계를 맺는 일이다. 야르노는 빌헬름이 '탑의 모임' 일원이 되었음을 알려주면서 이렇게 말한다. "처음으로 세상에 나가는 인간이 자기 자신을 굉장한 존재로 생각하고 많은 재능을 습득하려고 하며 무엇이든지 다 가능한 것으로 만들려고 애쓰는 것은 좋은 일이지요. 그러나 그의 형성이 어느 정도의 수준에 이르게 되면, 보다 큰 집단에 들어가 자기 자신을 잃어버리는 것을 배우고 다른 사람들을 위해 사는 것을 익히며 의무에 따라 활동하는 가운데 자기 자신을 망각할 줄 아는 것이 유리합니다. 그때 비로소 그는 자신을 알게 되지요." 야르노는 빌헬름에게 현실적 삶의 중요성을 일깨우면서 현실과의 타협과 화해를 강조하고, 나아가 그 안에서 자기를 잃어버리라고까지 조언한다. 그는 사회에서 자기를 잃는 것이야말로 곧 자기를 찾는 것이라는 역설을 피력한다.

이 대목에서 우리는 괴테가 인간을 심리학적이고 철학적으로 이해하는 틀에서 벗어나 사회학적이고 역사학적으로 파악하기 시작한다는 사실을 확인하게 된다. 사회학적 그리고 역사학적 개인은 철학적, 심리학적 개인과 다르다. 개인은 누구나 자기를 중심으로 살고 생각하기 마련이다. 나를 중심으로 좌표를 정하여 타인과 세상의 위치를 정한다. 하지만 이건 어디까지나 나의 관점이고 현실의 좌표는 이것과 전혀 다르게 설정되기 쉽다. 이 현실의 좌표를 무시하거나 간과하는 순간 나 자신의 위치도 모호해진다. 인간에 대한 철학적이고 심리학적인 이해는 종종 개인으로 하여금 무모한 도전의식을 부채질하고 현실을 과소평가하게 함으로써 개인이 현실 앞/속에서 겪는 좌절에 속수무책이기 일쑤다. 야르노는 여기서 '자기 인식'이 단순히 자기 계발이나 자기의 욕구 충족이 아니라 사회 속에서 타인들에 대한 책무를 느끼고 사회 안에서 자기의 유용성을 입증하는 일이라는 사실을 깨우친다.

교양이 자기를 벗어나 보다 더 큰 세계와의 연관성 안에서 자기를 확장하고 형성하는 일이라고 이해할 때 「수업시대」에서 주인공 빌헬름이 참여한 연극 「햄릿」이 윌리엄 셰익스피어의 작품이었다는 것은 우연으로 보기 어렵다. 야르노의 권유를 받고 셰익스피어의 작품을 접한 빌헬름은 셰익스피어 작품의 위대성에 대해 이렇게 칭송한다. "제가 지금까지 인간과 인간의 운명에 대해서 지녔던 모든 예감들, 그리고 제가 어릴 적부터 저 자신도 모르는 가운데 지니고 다녔던 모든 예감들이 셰익스피어의 작품들 속에서 실제로 나타나고 전개되는 것을 봅니다. 셰익스피어는 우리에게 모든 수수께끼를 다 풀어 보여주는 듯합니다." 빌헬름의 입을 빌려 표현되고 있는 셰익스피어에 대한 괴테의 평가는 곧 두 인물 사이의 인문적 통찰력과 상상력의 교감을 가늠하게 한다.

여기서 괴테는 빌헬름을 매개로 하여 자기와 셰익스피어의 연결고리를 찾고자 시도한다. 자기는 예감만 했는데 셰익스피어는 그것을 언어로 구현했다는 말에서 빌헬름은 자기와 셰익스피어가 인간과 인간의 운명에 대해 같은 생각을 지닌 만큼 사태에 대한 인식 지평을 공유하고 있다는 점을 강조한다. 셰익스피어의 이름 '윌리엄William'이 '빌헬름Wilhelm'의 영국식 표기인 것을 자랑스러워하고 급기야는 셰익스피어를 자기의 "대부代父이자 친구"로 여기겠다는 빌헬름의 말에서 세계문학의 획을 긋는 거장 셰익스피어의 정신을 잇겠다는 괴테의 강한 의지를 읽을 수 있다. 글쓰기는 자기를 가장 잘 드러내는 작업이다. 이 작업에서 자기를 넘어서는 것은 결국 자기와 같은 일을 했던 이전의 인물과 자기를 연결시켜 이전 인물의 정신을 계승하는 데까지 이르러야 완성된다고 할 수 있다. 어떤 일을 하는 데에서 정통正統의 맥을 잇는 일은 당사자에게는 역사의 진행 속에서 특정한 위상을 지닌 거장으로 거듭나려는 의지와 떼어놓고 생각할 수 없다.

소설가 최인훈이 「화두」에서 자신을 한국 문학의 적통이며 적자로 파악하여 희열에 휩싸이는 대목도 위의 경우와 유사하다. "내가 곧 이상이며, 박태원이며, 이태준이며 그리고 조명희이기까지 하다는 느낌이 주는 이 법열法悅을 어떻게 부인할 수 있겠는가." 선배 작가들의 정신을 수용하는 일은 최인훈에게 그들에 대한 "육체적인 빙의憑依의 감각"에 따라 이루어진 것이지 그들의

"기술적인 양식을 차용"하여 착상된 것이 아니다. 여기서 '빙의'
는 "1920, 30년대의 식민지 지식인들이 인생을 던져 풀려고 그렇
게 몸부림쳤던, 그 몸부림 자체가 나의 몸으로 알아진 상태라기
보다는 나 자신이 그 몸부림이 되는 실감이 온다는 사정"을 뜻한
다. 과거 '그들'의 실존적 고뇌와 방황은 현재 최인훈의 그것으로
육화된다. 그들의 의식은 최인훈에게 더 이상 객관적인 앎의 영
역에 속하거나 지나간 시대의 본보기에 그치지 않고, 최인훈으로
환생한다. 그리하여 "'자기'를 확립하는 방법이 선행의 어떤 세대
의 환생으로서 자기를 인식하는 데서 찾아진다." 최인훈이 그들
의 지적인 호흡에 맞추어 자기를 확립하려고 할 때, 이 자기 확립
은 종래와 구별되는 새로운 것을 만들어낸다는 단절 의식이 아
니라 오직 옛것을 잇는다는 연계 의식 안에서만 가능하다는 점을
그는 자각한다. 여기서 그에게 글쓰기와 역사의식은 하나가 되
며, 이러한 사정은 괴테에게도 해당된다.

보다 고상한 느낌

괴테의 「빌헬름 마이스터의 수업시대」는 8부로 구성되어 있는
데, 원래는 별도로 구상했던 「연극적 사명」(1~5부)과 「수업시대」

(7~8부) 사이에 「어느 아름다운 영혼의 고백」(6부)을 추가하여 단행본으로 출간됐다. 그래서 독자는 5부가 끝나고 6부에서 갑자기 「어느 아름다운 영혼의 고백」을 만나면서 소설의 스토리 전개와 다소 동떨어진 내용을 접하는 느낌을 갖게 된다. 하지만 이 6부는 예술가소설인 「연극적 사명」과 철학적 교양소설인 「수업시대」의 낙차를 줄이는 데 일조하고 있을뿐더러 소설에서 신비스럽게 등장하는 인물들 간의 관계를 연결하는 실마리가 되며, 나아가 괴테가 「수업시대」를 통하여 제시하려는 기본 메시지를 담고 있다는 점에서 주목을 요한다.

일인칭 서술자의 고백 형식으로 씌어진 「어느 아름다운 영혼의 고백」은 기본적으로 교양소설로서 「수업시대」의 성격과 방향을 안내한다. 나중에 로타리오 남매의 이모로 알려지는 이 여인은 이렇게 고백한다. "이 세상에는 보다 고상한 느낌이 존재하며, 이 느낌이 쾌락 속에서는 도저히 찾을 수 없는 모종의 즐거움을 실제로 우리에게 선사한다는 사실을 알고 있습니다. 또, 이러한 보다 고상한 기쁨 가운데에는 동시에, 우리가 불행해졌을 경우에 우리의 마음을 굳세게 북돋워주는 신비롭고도 소중한 힘이 비장되어 있다는 사실도 알았습니다." 아름다운 영혼은 '보다 고상한 느낌'이 인간의 보편적 가치로서 존재한다고 깨달은 뒤, 이 고상한 느낌에 근거하여 우리는 삶의 어둠 속에서도 희망을 잃지 않을 수 있다고 말한다. 영혼의 아름다움은 삶의 진정한 기쁨과 활기를 담보하는 신비로운 힘을 지니고 있다. 아름다운 영혼이 지향하는 '보다 고상한 느낌'은 곧 빌헬름의 '수업'이 지향하는 방향과 궤를 같이한다.

'보다 고상한 느낌'은 대상의 내용이 아니라 대상을 대하는 태도와 관련된다. 태도는 대상을 대하는 방식, 즉 대상을 생각하고 감각하는 방식이나 관점을 뜻한다. 문학과 예술을 포함한 인문학은 기본적으로 세계를 대하는 태도와 관련된다. 태도는 창窓과 같아서 자연과 인간에 대해 어떤 태도를 갖느냐는 곧 내가 어떤 삶을 사는지를 결정한다. 그런 점에서 인문학은 세계를 대하는 인간의 태도에 관계한다. 인문학이 교양에 필수적이라고 할 때, 교양은 단순히 인문학적 지식의 배양이 아니라 인간의 정신적 성향의 향상을 뜻하며 이 향상은 세계를 대하는 태도의 고양을 뜻한다. 물질적인 것을 배척하기보다는 그것을 대하는 태도의 성격이 '인간의 품격'을 결정한다. 삶의 문제는 기본적으로 사태를 대하는 태도attitude의 문제다. 내가 어떤 태도로 세상을 바라보느냐에 따라 세상은 나에게 다른 모습으로 다가온다. 그런 점에서 사회심리학자 프롬E. Fromm은 『사랑의 기술』에서 '사랑'을 태도의 문제로 파악한다. 여기서 태도는 사랑의 대상이나 내용이 아니라 상대방과 관계하는 방식이다. 사랑은 상대가 누구인가 혹은 상대와 어떤 사랑을 하는가가 아니라 사랑에 대한 나의 태도에 따라 달라진다. 사랑을 상대방의 소유로 볼 것인가, 상대방의 인정으로 볼 것인가 하는 태도의 차이에 따라 사랑의 내용은 달라지기 마련이다.

아름다운 영혼처럼 세상에서 보다 고상한 느낌을 발견하여 그것에 따라 자신을 고양시킬 경우 세상을 대하는 나의 태도는 고상해진다. 어느 평자는 빌헬름이 당대의 귀족사회를 인정하여 그들에게 봉사하려는 마음을 지닌 것에 대해 괴테 사유의 한계라고 불만을 표시했으나 괴테가 인정한 것은 봉건적인 귀족사회가 아니라 귀족이 지닌 고상한 정신이었다. 이는 비록 봉건사회가 몰락하고 근대의 부르주아 사회가 출현해도 인간세계에 유지되어야 할 소중한 덕목이며, 괴테는 귀족들의 이러한 고상한 정신을 평민들도 자기 내면에서 계발해야 하고 또 계발할 수 있다고 믿었다. 그리고 그 가능성을 「수업시대」를 통하여 열어 보인다.

삶에서 '보다 고상한 느낌'은 '보다 실용적인 행위'와 달리 의식적으로 계발해야 할 성질의 것이다. 우아한 감정과 고상한 정신은 삶에 대한 일차원적인 태도에서 벗어나야만 가능한 새로운 지평이다. 먹고사는 문제와 직결되는 실용적인 행위는 누가 시키지 않아도 자연발생적으로 진행되지만 그런 문제와 직접 연관이 없는 교양과 관련되는 사항은 의식과 의지를 매개로 모든 인간 속에서 계발해야 한다. 야르노는 빌헬름에게 수업증서의 내용을 설명해주면서 그 모든 것들이, 아니 그 이상의 것들이 인간에게는 들어 있어서, 뻗어나가게 해주고 갈고 닦아주기를 기다리고 있다고 말한다. 그리고 유용성과 아름다움에 대하여 이렇게 덧붙인다. "어떤 사람은 아름다움만을 촉진하고 다른 사람은 유용성만을 촉진하지만, 이 두 사람이 함께 모여야 비로소 한 인간이 되는 것이다. 유용성의 촉진은 저절로 이루어지는데, 대중이 스스로 그것을 생산해내는 까닭이다. 그리고 이 유용성이 없이는 아무도 살아갈 수 없다. 그러나 아름다움은 촉진되지 않으면 안 된다. 왜냐하면 그것을 표현할 수 있는 자는 적은데, 많은 사람들이 그것을 필요로 하기 때문이다. 한 힘이 다른 힘을 다스릴 수는 있지만, 그 어떤 힘도 다른 힘을 만들어낼 수는 없다. 자신을 완성할 힘은 오직 각자의 소질 속에 들어 있을 따름이다." 이렇듯 괴테가 지향하는 교양은 모든 개인 안에 잠재된 아름다운 영혼을 밖으로 드러내는 일이다.

이러한 맥락에서 시인 실러F. Schiller는 『인간의 미적 교육을 위한 편지』에서 인간 내부의 아름다운 영혼을 계발하기 위해 아름다움美에 대한 교육의 필요성을 역설하고 있다. 그는 인간이 현실에서 부딪치는 문제를 해결하기 위해 아름다움에 대한 교육을 제안하며 이렇게 말한다. "우리가 경험하고 있는 정치적인 문제를 해결하기 위해서는 미학적인 길을 택해야 하는데, 그 이유는 아름다움을 통하여 우리는 자유에 이를 수 있기 때문이다." '아름다운 영혼'은 자연스럽게 드러나지 않고 의도적으로 촉진되어야 하는 성질의 것이다. 그런 한에서 '우리' 안에 잠자고 있는 아름다운 영혼을 깨우는 일이야말로 교양의 길이 따라가야 할 이정표다. 야르노가 빌헬름에게 사실 모든 인간이 다 자신의 교양을 생각하는 것은 아니라면서 "우리는 우리 나름대로 판단할 때, 자신들이 타고난 사명을 생생하게 느끼고 분명히 고백할 수 있으며 자신들의 길을 어느 정도 즐겁고 편안하게 갈 수 있을 만큼 충분히 연습한 사람들에게만 수업시대가 끝났음을 알려주었어요" 라고 말하는 데에서 알 수 있듯이 빌헬름이 받은 수업증서는 그가 그 길을 충실하게 따라갔음을 의미한다. '연습이 대가大家를 만든다Übung macht Meister'는 독일어 속담처럼 빌헬름은 그의 성姓 마이스터에 걸맞은 사람이 된 것이다. 테레제는 나탈리에에게 보내는 편지에서 빌헬름에 대하여 "사실 그는 더 나은 것을 찾아 지향적으로 노력해나가는 네 고귀한 성격을 그대로 쏙 빼놓은 것 같아"라고 말하고, 나탈리에에게는 '네 아름답고 고상한 영혼' 때문에 이 세상에 명석함과 총명함보다 더 높은 개념이 있다는 것을 알게 되었다고 고백한다. 빌헬름이 결국 나탈리에와 맺어지는 결말은 두 아름다운 영혼의 결합이라고 보아야 할 것이다. 그

리고 그 결합은 빌헬름에게 이 세상의 그 무엇과도 바꾸고 싶지
않은 행복을 선사한다.

줄거리

주인공 빌헬름은 상인의 아들로 태어나 유복한 환경에서 성장한다. 어렸을 때 인형극을 본 뒤로 그는 연극의 세계에 매혹되고 극장에서 만난 여배우 마리아네와 사랑에 빠진다. 마리아네와의 사랑에 고무된 빌헬름은 친구 베르너의 만류에도 불구하고 부모의 세계를 떠나 연극의 세계에 몸담기로 결심한다. 하지만 예고 없이 마리아네를 찾아갔다가 그녀의 집에서 나오는 남자를 목격한 후 그는 심한 배신감과 참담한 고통을 느끼고 장사 일에 몰두하기로 마음을 바꾼다.

아버지의 뜻에 따라 사업차 여행길에 오른 빌헬름은 호흐도르프라는 마을에서 우연히 곡마단 단장에게 폭행을 당하던 미뇽을 구출하고 그녀를 딸처럼 돌본다. 그리고 그곳에서 예전에 구출해준 적이 있는 연극배우 멜리나를 다시 만나 그가 극단을 만드는 데 도움을 준다. 길거리를 떠돌던 하프 켜는 노인을 포함하여 몇 명의 배우를 단원으로 채용한 멜리나의 극단은 호흐도르프를 지나던 백작의 초대로 백작의 성에서 공연을 하게 되고 빌헬름도 일행에 합류한다. 빌헬름은 성을 방문한 공작 앞에서 자신의 극본을 공연할 기회를 얻게 되고 공작의 참모 야르노 소령을 통해 셰익스피어의 작품을 접한 후 큰 감동을 받는다.

백작의 성을 떠나 다른 공연 장소로 이동하던 빌헬름 일행은 도둑 떼의 습격을 받는다. 빌헬름이 총상을 입고 쓰러져 있을 때 그리스 신화의 여전사족인 '아마존'과 같은 모습의 백마 탄 여인이 나타나 그를 구해준다. 빌헬름은 자기와 친분이 있는 극단장 제를로에게 멜리나와 단원들을 보낸 후 그곳에 남아 치료를 받으면서 아마존 여인의 행방을 수소문하지만 그녀의 신원조차 파악하지 못한다. 구원의 여성을 찾는 데 실패한 빌헬름은 제를로를 찾아가고 거기서 제를로의 여동생 아우렐리에와 그녀가 돌보는 어린 소년 펠릭스를 만나게 된다. 멜리나와 단원들을 채용하겠다는 제를로의 조건부 제안에 고민하던 빌헬름은 아버지의 사망 소식을 듣고 자신이 무대에 선다는 조건을 받아들인다. 빌헬름이 주인공 역을 맡은 「햄릿」 공연은 성공적이었지만 옛 연인과의 이별에 상심해 병을 앓고 있던 아우렐리에가 죽음을 맞자 빌헬름은 그녀가 옛 연인 로타리오에게 쓴 편지를 전하기 위해 길을 떠난다.

　로타리오의 장원을 찾아간 빌헬름은 그곳에서 야르노를 다시 만나고 그의 부탁을 받아 여행하던 중 테레제를 알게 된다. 그녀는 로타리오와 결혼이야기가 오가다가 불가피한 사정으로 헤어지게 되었는데 빌헬름은 그녀의 진실한 현실감각에 좋은 인상을 받는다. 빌헬름은 펠릭스가 자기 아들이라는 사실을 알게 되자, 베르너에게 편지를 써 무대를 떠나 순수하고 확실한 활동에 참여하겠다고 알린다. 빌헬름이 다시 로타리오의 장원으로 돌아오자 야르노는 빌헬름을 '탑의 모임(Turm Gesellschaft)'에 초대하고 신부는 빌헬름에게 '수업증서'를 건네준다.

　빌헬름은 테레제에게 청혼 편지를 보낸 후 답신을 기다리던 중 미뇽의 생명이 위태롭다는 소식에 펠릭스를 데리고 미뇽을 만나러 간다. 그곳에서 그는 로타리오의 여동생 나탈리에를 만나는데 그녀가 바로 예전에 자신을 구출해주었던 아마존 여인임을 알아차린다. 이미 테레제에게 청혼을 한 상황에서 자신이 오랫동안 그리워해왔던 나탈리에를 마주치자 빌헬름은 혼란스러움과 고통을 느낀다. 빌헬름은 테레제를 펠릭스와 이룰 가정에 적합한 아내로서 원했을 뿐 자신이 진정으로 사랑하는 사람이 나탈리에임을 고백하고 나탈리에는 빌헬름의 마음을 받아들인다.

요한 볼프강 폰 괴테Johann Wolfgang von Goethe, 1749~1832

세계적인 문호로 칭송받는 요한 볼프강 폰 괴테는 독일의 한 유복한 가정에서 태어나 훌륭한 교육을 받은 덕분에 문학과 신학, 철학과 역사 등 인문학 분야에서만이 아니라 자연과학 분야에서도 풍부한 지식을 쌓을 수 있었다. 다양한 분야에 걸친 이 지식은 인간과 예술에 대한 그의 이해를 깊게 했으며 후에 그가 작가로서만이 아니라 과학 관련 저술가로서도 뛰어난 역량을 발휘하는 데 크게 도움이 되었다. 대표작으로는 「젊은 베르테르의 슬픔」, 「빌헬름 마이스터의 수업시대」와 「빌헬름 마이스터의 편력시대」 그리고 불후의 명작으로 꼽히는 「파우스트」가 있으며, 14권의 과학 관련 저서 가운데에는 『색채론』이 가장 널리 알려져 있다. 여기서 다루는 「빌헬름 마이스터의 수업시대Wilhelm Meisters Lehrjahre」(1795~1796)는 독일 고전주의 문학의 대표적인 교양소설로서 이후 독일 소설이 토마스 만의 「마의 산」(1924)에 이르기까지 인간의 심성에 계몽주의적 교육 효과를 유발하는 교양소설의 성격을 띠게 하는 데 효시를 이룬다.

8

뱀파이어와의 인터뷰

비인간성의 덫에서 나를 구하다

"

하지만 그의 말은 틀렸다.

나는 단 한 번도 죽음을 보고 웃어본 적이 없다.

비록 매일 살인을 범할지라도 나는 웃을 수가 없다.

"

지속적인 거리감

주인공 루이스는 동생의 죽음으로 인한 죄책감에 괴로워하고 죽음을 갈망한다. 그래서 일부러 죽음의 위험 속에 몸을 던진다. 암흑가를 혼자 걷기도 하고 결투에서는 고의로 무릎을 꿇기도 한다. 그런 그를 뱀파이어 레스타가 습격했을 때 그는 뱀파이어가 되기로 결심하는데 그 이유는 두 가지였다. 첫째는 매혹, 즉 레스타가 죽음의 침상에서 그를 압도했던 그 매혹 때문이었고, 다른 하나는 자기 파멸에 대한 열망, 철저하게 저주받고 싶다는 열망 때문이었다.

루이스를 뱀파이어의 길로 이끈 것은 기본적으로 프로이트가

뱀파이어와의 인터뷰

말한 자기 파괴의 충동, 죽음의 충동인 타나토스다. 뱀파이어가 되는다는 것은 인간으로서는 죽는 것이다. 레스타가 루이스에게 "이제 네 몸에 있는 인간의 찌꺼기를 모두 벗겨내야 해"라고 말하는 것이나 루이스가 "나의 인간으로서의 육체가 다 몸 밖으로 나오려 하고 있었다"라고 고백하는 것은 그런 의미다. 루이스는 이제 인간으로서는 죽어가고 뱀파이어로서 살아나는 과정을 겪는다.

뱀파이어가 되면서 루이스가 겪게 되는 변화에서 무엇보다도 주목할 점은 '인간으로서의 몸'은 죽었다는 사실을 깨닫고 인간적인 감정에서 벗어나게 된다는 점이다. 인간의 몸을 가지고 인간의 세계에 속해 있다가 거기에서 떨어져 나온 이상 그는 이제 인간의 세계에 속할 수 없는 존재, 인간으로부터 분리된 존재이다. 그리고 그는 자신의 처지에서 '지속적인 거리감constant detachment'을 느낀다. "이런 모든 일을 지켜보는 가운데 나는 모든 일과 지속적인 '거리감'이 생겼다." "갑자기 내 마음은 고요해지면서 마음이 몸을 떠나는 것 같기도 하고 몸이 마음으로 변하는 것 같기도 했다. 그럴 때 내가 느끼는 건 거리감이었다. 그것은 인간이었을 때에는 전혀 없던 것이다. 그리고 이 거리감이 뱀파이어 특유의 성질의 일부라는 것도 깨닫게 되었다."

거리감에 해당하는 영어 'detachment'는 원래 어딘가에서 떨어져 나왔다는 뜻의 '분리'를 의미한다. 떨어져 나왔으니 그것으로부터 거리를 둔다는 의미도 있고 냉정함, 무심함, 초연함 등의 의미도 있다. 인간의 피로 연명해야 하는 뱀파이어에게 인간과 거리를 유지하는 일, 인간에게 냉정하고 무심한 태도는 불가피하다. 냉정하고 무심한 태도, 인간의 고통과 죽음에 초연한 태도가 없이는 인간을 오로지 자신의 생명 유지 수단으로 여기는 일이 불가능할 것이기 때문이다. 따라서 냉정과 잔혹은 뱀파이어가 자기를 유지하기 위한, 그리고 유지할 수 있는 방편인 셈이다.

'detachment'에는 또한 거리를 두고 있으니 사태를 냉정하고 객관적으로 바라볼 수 있다는 의미에서 객관성과 공평성의 뜻도 들어 있다. 뱀파이어들은 이런 detachment의 성향을 가지고 있기 때문에 객관적으로 냉정하게 인간의 삶을 바라볼 수 있다. 그래서 루이스는 어느 날 동생의 삶을 생각해보고는 이렇게 고백한다. "이내 그것이 얼마나 짧고, 깊이도 모를 어둠 속에서 빙빙 돌다 만 것이었는지 깨달았고, 내가 그의 죽음을 슬퍼하며 다른 사람들에게 미친 동물처럼 반항한 것이 얼마나 부질없고 몰지각한 일이었는지 알게 되었다. 인간이었을 때 느낀 내 혼란이 안개 속에서 미친 듯이 춤춘 것처럼 느껴졌다." 루이스가 동생의 죽음 앞에서 느끼는 고통과 회한과 혼란은 그가 '인간적인 것'에 머물러 있기 때문이다. '인간'은 상대의 처지에 동감할 줄 아는 존재다.

뱀파이어가 된 루이스는 detachment를 통하여 이제는 더 이상 그런 몰지각한 인간적 감정에 휘말리지 않는다. 동생의 죽음으로 인한 인간적인 연민의 감정에서 벗어나는 데 성공한 것이다.

뱀파이어는 영생하는 존재다. 뱀파이어가 된 루이스에게 유한한 생명을 지닌 존재인 인간의 모습은 어떤 깊은 슬픔을 일깨운다. 여동생을 지켜보면서 그는 "이 아련하고 귀중한 존재가 곧 늙어 죽게 되고, 우리 뱀파이어들은 부당할 만큼 영생을 약속받는 반면에 그녀는 이 귀중한 순간을 곧 잃고 말겠구나 하는 생각이 들었다." 죽지 않는 뱀파이어가 된 그가 죽을 운명의 여동생을 보면서 느끼는 슬픔을 견디게 해주는 것이 바로 '거리감'이다. 거리감이 그로 하여금 인간의 세상에 살고는 있으나 인간의 세상에 속하지 않고 깊은 고독을 품은 채 그들의 삶을 초연하게 지켜볼 수 있게 하는 것이다.

루이스가 뱀파이어로서의 삶에 익숙해질수록 그가 느끼는 초연함은 커진다. "내 주위에는 사람들, 맥박이 뛰는 내 희생물들이 가득했고, 나는 그들을 내 여동생이나 바베트에게 느꼈던 그런 사랑이 아니라 새로 느끼게 된 초연함으로 보게 되었다." 그래서 뱀파이어가 된 지 얼마 되지 않아 동정과 연민, 사랑의 감정으로 대했던 바베트라는 여자가 결국 미쳐서 젊은 나이에 죽어버렸다는 소식에도 그는 그다지 동요하지 않는다. "사실 밤마다 인간을 죽이게 되면서부터 예전에 그녀나 내 여동생, 또는 다른 인간에게 느꼈던 애착이 어디론가 사라져버렸다. 즉 극장에서 연극을 보고 감동은 하지만 난간을 뛰어넘어 무대 위 배우들에게 끼어들지는 않는 관객 같은 기분으로 그녀의 비극을 관망할 수 있게 된 것이다."

이렇게 초연함은 뱀파이어로서의 본성에 충실할수록 더 강하게 나타난다. 그래서 아르망과 클라우디아는 인간적인 감정을 완전히 버리지 못하는 루이스와는 달리 완벽하게 초연함을 지닐 수 있는 것이다. 아르망에 대해 루이스는 말한다. "그의 행동에는 인간적인 습관이 전혀 남아 있지 않았다. 그의 고요함은 세상의 것 같지가 않았다. 또한 클라우디아도 이제까지 내가 보지 못한, 똑같이 고요한 태도로 앉아 있었다. 그들은 내가 끼어들 수 없는 초자연적인 교감을 나누듯 서로를 쳐다보고 있었다."

흡혈의 공포와 쾌감

루이스는 레스타에게 피를 빨린 후 레스타의 피를 마심으로써 뱀파이어가 되었다. 클리우디아는 루이스에게 피를 빨린 후 레스타의 피를 마시고 뱀파이어가 된다. 이처럼 뱀파이어가 되는 과정은 피의 교환으로 이루어진다. 생명을 유지시키는 가장 근원적인 요소인 피를 교환하는 행위는 가장 극단적인 소통의 방식, 가장 극단적인 사랑의 방식이다. 인간 세계에도 사랑의 가장 극단적이고 최종적인 단계는 사랑하는 남녀 사이에 2세가, 두 사람과 피로 맺어진 존재가 태어나는 것이 아닌가. 그래서 인간 세상에서 혈연으로 맺어진 관계 사이에 강하고 끈끈한 감정이 형성되듯 루이스와 레스타 그리고 클라우디아 사이에도 강력한 애착심과 적개심, 강렬한 사랑과 증오의 감정이 교차한다.

뱀파이어는 피를 마시는 행위를 통해 생존한다. 뱀파이어에게 피를 마시는 행위는 생명의 근원이 서로 소통하는 경험이다. 그것은 "다른 사람의 생명을 경험하는 일이고, 피를 통해서 그 생명이 사라지는 것을 경험하는 일이다." 뱀파이어가 된 루이스가 처음으로 인간의 피를 빨아 마셨을 때 그는 희생자의 심장 소리와 자신의 심장 소리가 서로 어울려 완벽한 리듬을 이루고 영원히 계속될 것 같은 부드러운 울림으로 바뀌는 것을 경험한다. 뱀파이어는 피를 흡입함으로써 상대방의 심장 리듬을 느끼며, 이에 따라 두 인물의 심장 박동은 하나의 선율로 공유된다. 음악의 화음처럼 서로 조화를 이루어 진행되는 심장의 리듬은 아름답기까지 하다. 흡혈을 통해 뱀파이어는 삶을 얻고 희생자는 삶을 잃는 섬뜩한 순간에도 뱀파이어는 은밀하게 생명의 쾌적한 율동을 감지한다.

그런데 흡혈을 위해 뱀파이어가 희생자의 목에 송곳니를 박는 행위는 무언가 에로틱한 느낌을 불러일으킨다. 뱀파이어가 인간의 피로 연명하되 그것이 병원에서 수혈하는 장면처럼 튜브를 통해 피가 공급된다고 상상해보라. 그 행위는 그저 단순한 생명 유지의 수단으로만 여겨질 것이다. 그러나 흔히 뱀파이어를 소재로 한 영화나 소설에서 흡혈 행위는 마치 진한 사랑의 표현처럼 친밀한 접촉을 통해 이루어짐으로써 흡혈은 마치 극단적인 혹은 최종적인 사랑의 방식인 것처럼 나타난다. 인간관계의 가장 친밀한 관계가 '피'라는 생명의 근원이 소통되는 형태로 표현되고 있는 것이다. "나는 그를 바닥에서 안아 올렸다. 그의 쿵쾅대는 심장의 물결, 물결, 물결이 내 속으로 지나가는 동안, 나는 그를 붕 뜬 기분으로 안아 올린 채 그를, 의식 있는 그의 쾌락을 실컷 마셨다."

피를 흡입하는 행위, 죽음을 가져오는 행위가 마치 사랑을 나누는 행위처럼 쾌락과 연결되어 뱀파이어라고 하는 캐릭터를 통해서 죽음과 성性이 사실 떼어놓을 수 없는 관계에 있다는 것을 우회적으로 보여주고 있다. 루이스가 "나는 죽음을 초래하는 자이기는 하지만, 내가 사람을 죽이면 죽음이 한순간 무의식중에 지나가기 때문에 희생자는 황홀한 잠에 빠진 것처럼 죽게 된다"라고 말했던 것이나 "뱀파이어가 육체적 쾌감의 절정을 맛보고 만족을 얻을 수 있는 방법은 단 한 가지, 살인의 순간뿐"이라고 고백하는 것은 그런 맥락에서 이해할 수 있겠다.

이렇게 뱀파이어가 피를 마시는 행위는 희생자의 생명을 담보로 하여 자신의 생명을 보장받는 방법, 상대방의 죽음을 통해 자신이 살아가는 방법이다. 뱀파이어가 죽음을 가져오는 존재라는 사실, 이것이 바로 뱀파이어가 등장하는 영화나 소설이 관객과 독자에게 공포를 불러일으키는 이유다. 아르망의 뱀파이어 극장에서 관객들이 뱀파이어 분장을 한 배우들의 공연이라고 생각하는 장면은 실제로는 뱀파이어가 어느 젊은 여자를 제물로 삼아 그녀의 피를 취하는 장면이다. 그가 여자에게 "죽음으로부터 사랑받는다는 게 어떤 것인지 아는가? 죽음이 당신의 이름을 기억해준다는 게 어떤 것인지 아는가?" 하고 묻는 대목에서도 알 수 있듯이 뱀파이어가 곧 죽음이다. 죽음으로부터 사랑받는 일은 당사자에게는 곧 죽음에 이르게 됨을 의미하지만 죽음의 사자인 뱀파이어 입장에서 그것은 곧 상대를 사랑하는 행위이기도 하다. 당사자는 원치 않는 사랑을 뱀파이어가 상대에게 강제로 주입하는 데 따른 뱀파이어의 일방적인 사랑 행위에 희생자가 보이는 거부와 저항의 태도에 공감하면서 관객은 극심한 공포를 느끼게 된다.

뱀파이어라는 존재가 불러일으키는 공포는 그의 공격으로 무력하게 죽을 수 있다는 공포만은 아니다. 그것은 인간이 뱀파이어가 되는 것에 대한 공포이기도 하다. 뱀파이어는 인간에게는 완전히 낯선 존재, 인간의 사고방식과 감정으로는 도저히 이해할 수 없는 타자의 세계에 속해 있다. 그런데 인간이었던 존재가, 인간적인 감정을 가졌던 존재가 뱀파이어라는 완전히 낯선 존재가 되어 인간을 죽이지 않으면 살 수 없게 되는 상황이 전개되고, 이는 인간의 입장에서는 지극히 낯설고 기괴하고 섬뜩하게 다가온다. 뱀파이어를 다룬 작품을 접하면서 독자나 관객은 '세상에, 어떻게 저런 일이 벌어질 수 있을까!' 하면서 희생자를 불쌍하게 여기고, 그런 일이 발생할 수 있는 가능성 앞에서 몸서리친다.

이와 관련하여 아리스토텔레스가 『시학』에서 연민과 공포를 비극의 핵심 요소로 들고 있다는 사실에 주목할 필요가 있다. 관객들이 비통한 심정으로 눈물을 흘리게 하려면 연극은 반드시 연민elos, pity과 공포phobos, fear를 불러일으키는 플롯을 지녀야 한다는 것이다. 아리스토텔레스는 비극의 대표적인 예로 소포클레스의 「오이디푸스 왕」을 든다. 오이디푸스 왕은 신탁에서 그가 자기 아버지를 죽이고 자기 어머니와 결혼할 것이라고 예언하자 그 예언이 실현될까 두려워 자기 부모의 땅을 떠난다. 그리고 우연히 길에서 만난 어떤 사람과 시비가 붙어 그를 살해하고 나중에 미망인인 어떤 왕비와 결혼하여 테베의 왕이 된다. 그런데 알고 보니 그가 부모라고 알고 있던 사람들은 친부모가 아니었으며 그가 죽인 사람이 생부인 라이오스였고 그가 결혼한 여인이 생모인 이오카스테였다. 신탁에서 예언한 죄악을 저지르게 될까 두려워 그것을 피하고자 고향을 떠나 고생스럽게 떠돌았건만 결국 신탁의 예언대로 그 죄악을 저지르고 말았던 것이다. 마치 운명이 그것을 피하려는 인간의 노력을 비웃기라도 하듯 결코 일어나서는 안 되는 일이 결국 일어나고야 마는 상황에서 관객이 느끼는 연민과 공포야말로 훌륭한 비극의 성립 요건이다.

가장 피하고 싶었던 것이 현실로 나타나는, 그런 끔찍하게 배반적인 상황이 「뱀파이어와의 인터뷰」에도 나타난다. 피를 마신다는 것이 곧 살인이기 때문에 어떻게든 피해야겠지만 또한 피를 마시지 않고는 살 수 없기 때문에 피에 대한 갈증과 욕망을 동시에 느끼는 루이스에게 독자는 연민과 공포를 느낀다. 살인을 피해야 하는데 피할 수 없는 저주스러운 운명을 한탄하는 루이스는 아버지를 살해하고 어머니와 결혼하는 운명을 피하려다 오히려 그 운명을 실현하고 마는 오이디푸스만큼이나 비극적이다.

뱀파이어와 경계인

뱀파이어로 산다는 것이 루이스에게는 저주스러운 운명이다. 그는 인간과의 동질성을 느끼기 때문에 자신이 살기 위해서 인간의 피를 마셔야 한다는 사실에 공포를 느낀다. 하지만 다른 한편으로는 더 이상 인간이 아니기 때문에 인간과의 이질성을 느끼고 인간의 피에 끌린다. 이렇게 인간의 피에 대한 욕망을 거부하면서도 동시에 그 욕망에 이끌리는 탓에 그에게는 뱀파이어로 산다는 것이 지극히 고통스럽다.

처음 그가 뱀파이어가 되었을 때 뱀파이어로 산다는 것이 어떤 것인지 직접 보게 하려는 의도에서 레스타는 그에게 인간의 피를 마셔 죽음에 이르게 하는 것을 지켜보게 한다. "인간의 생명을 빼앗는 것을 지켜보는 것이 내 약속의 증표이자 변화의 일부였다." 그것은 루이스에게 너무도 고통스러운 날이었고 그는 역겨움을 참지 못한 나머지 구토 증세를 일으킨다. 그러자 레스타는 웃으면서 루이스에게 일단 뱀파이어가 되고 나면 그 역시 죽음을 보며 웃게 될 것이라고 태연하게 말한다. 하지만 루이스는 리포터에게 이렇게 고백한다. "하지만 그의 말은 틀렸다. 나는 단 한 번도 죽음을 보고 웃어본 적이 없다. 비록 매일 살인을 범할지라도 나는 웃을 수가 없다." 루이스에게 일말의 인간성,

즉 인간에 대한 애정이 남아 있는 데 따른 불가피한 현상이 아닐 수 없다.

레스타는 루이스에게 아직도 인간성에 대한 미련을 버리지 못하고 있다고 비난하면서 뱀파이어의 본질은 살인을 의미한다고 강조한다. "나는 네가 나처럼 이런 것들을 본능적으로 느끼게 될 거라고 기대했다. 너에게 살인을 시키고 나면 너 스스로 더 갈증을 느껴 다음, 또 다음 희생물을 잡을 것이고, 내가 그랬듯이 포만감을 느낄 때까지 인간을 죽일 줄 알았다. 하지만 너는 그러지 않더군." 루이스와는 달리 레스타는 뱀파이어로서의 본성에 충실한 뱀파이어다. "뱀파이어는 살인자야. 육식동물이라고. 무엇이든 다 볼 수 있는 눈을 가진 탓에 우리에게는 초연함이라는 것이 있지. 우리에게는 인간의 삶을 전체적으로 파악할 수 있는 눈이 있단 말이야. 감상적인 슬픔이 아니라 가슴이 두근대는 만족감을 느끼며 우리는 인간들의 삶에 종지부를 찍어줌으로써 신의 계획의 한몫을 담당하는 거야." 뱀파이어는 인간의 삶을 총체적으로 볼 수 있는 혜안을 가진 존재이기 때문에 인간의 실상을 파악하면 인간적인 감정이란 게 얼마나 치졸하고 가소로운 것인지 알 수 있으며, 이러한 제3자적 관점을 견지하는 태도야말로 신이 인간에게 보이는 태도에 근접한다고 레스타는 말한다. 그래서 그는 자기가 뱀파이어로 만든 어린 소녀 클라우디아에게 썩어가는 여자의 시체를 가리키며 이렇게 말한다. "이게 죽음이란다. 우리는 이런 고통을 겪지 않아도 돼. 우리의 몸은 이대로 변하지 않고 늘 신선하고 생기가 넘칠 거야. 다만 우리는 절대 살인을 망설여서는 안 돼. 우리는 그래야 살 수 있으니까." 이런 식으로 레스타는 뱀파이어로서의 삶을 유지하고 긍정하기 위해 살인을 정당화한다.

어떤 망설임도 없이 살인을 하고 심지어는 그것을 즐기기까지 하는 레스타의 행동에 대하여 루이스는 이렇게 평가한다. "그에게 뱀파이어로 산다는 것은 복수를 의미했다. 인생 자체에 대한 복수 말이야. 생명을 하나 빼앗을 때마다 그것은 그에게 복수를 의미했다. 그는 자신이 포기할 수밖에 없었던 인간의 삶에 복수하겠다는, 그런 광적인 기분에 사로잡혀 있었으니까. 질투에 사무쳐 그는 그것을 빼앗지 않는 이상 행복해질 수 없음을 알았을 것이다. 그러나 막상 그것을 빼앗아도 그는 여전히 만족스럽지 못했고 그것 자체를 사랑할 수도 없었다. 그래서 그는 또 다른 목표물을 좇아야 했다. 맹목적이고, 무모하고, 경멸할 만한 복수심이었다." 레스타의 거침없는 살인에 담긴 진실을 루이스는 정확하게 꿰뚫고 있다. 레스타는 자신이 유지하고 싶었지만 그럴 수 없었던 인간 삶에 무한한 동경심을 가지고 있었고, 이 동경심은 인간의 삶에 대한 사랑과 존중이 아니라 정반대로 질투와 파

뱀파이어와의 인터뷰

괴의 길로 그를 이끈다. 자신이 소유할 수 없는 것을 극복하는 길은 두 가지로서 하나는 그것을 인정하는 길이고 다른 하나는 그것을 파괴하는 길인데, 레스타는 후자를 선택한 것이다.

클리우디아 역시 레스타와 마찬가지로 아무런 거리낌이 없이 살인을 저지른다. 그녀에게는 인간이란 존재에 대한 동정심 따위는 추호도 없다. 그러나 이 둘과는 달리 루이스는 계속 인간과 뱀파이어 사이의 경계에 머문다. "나는 낯선 사람만 공격했다. 그들의 맥박 치는 아름다움과 독특한 표정과 새롭고 정열에 찬 목소리가 들릴 정도만 가까이 간 후 내 속에서 그 혐오감이, 그 공포가, 그 슬픔이 일어나기 전에 재빨리 그들을 해치웠다. 반면에 클라우디아와 레스타는 살인을 즐겼다." 그래서 클라우디아는 루이스에게 살인이야말로 책이나 음악보다 훨씬 중대한 일임을 깨닫기 전까지는 절대로 그가 자기보다 성숙해질 수 없을 거라고 말한다. 희생물로 삼은 상대에 대한 연민과 혐오와 공포를 극복하지 못한 루이스는 클라우디아가 보기에 아직 성숙하지 못한 뱀파이어에 지나지 않는다.

루이스는 뱀파이어가 되었으면서도 뱀파이어로서의 본성에 완전히 충실하게 행동할 수가 없다. 인간의 생명을 빼앗는 것이 그에게는 끔찍한 악惡이다. "만일 신이 없다면 우리가 전 우주에서 가장 뛰어난 의식을 가진 존재이기 때문에. 우리만이 시간의 흐름을 이해하고 인간의 삶의 일 분 일 초의 귀중함을 알고 있죠. 따라서 진짜로 악한 것은 인간의 생명을 빼앗는 일입니다. ……신이 존재하지 않으면 내세도 없으니, 인간이 가진 것은 오직 그의 삶, 일 분 일 초밖에 없는 셈이니까요." 작가는 루이스를 인간과 뱀파이어의 경계인으로 설정함으로써 자신이 악을 행하고 있다는 것을 알고 있으면서도 악을 행하지 않을 수 없는 그가 느끼는 고통의 극단 또는 핵심을 그리고 있다.

경계인으로서 느끼는 고통을 벗어나지 못하는 루이스는 '나는 어디에서 왔는가?' '나는 악마의 자식인가?'라는 의문에 답하기 위해 필사적으로 애쓴다. 루이스가 바베트에게 "나도 내가 악마에게서 온 건지 아닌지 모르겠소! 나도 내가 뭔지 알았으면 좋겠단 말이오!" "나는 이 세계의 종말이 오는 날까지 살도록 되어 있소. 그런데도 나는 내가 무엇인지 모른단 말이오!" 하고 외치는 것은 바로 그런 이유 때문이다. 그래서 그는 자신을 괴롭히는 문제의 답을 찾기 위해 바다를 건넌다. "악마의 존재를 알 수 있다면, 아무리 흉측하더라도 그의 얼굴을 볼 수 있고 내가 악마에게 속한 존재라는 것을 확인할 수 있다면 최소한 무지에서 오는 괴로움은 종식시킬 수 있을 텐데. 그러면 다소나마 위안이 될 텐데. 베일을 넘어, 내가 인간성이라고 부르는 모든 감정과 성질로부터 나를 영원히 떼어놓을 수 있는 영역으로 넘어갈 수 있을 텐데." 루이스가 뱀파이어의 악의 원인이라 믿는 악마의 존재를 찾는 까닭은 그것을 통하여 악을 극복하기 위해서가 아니라 악마의 존재를 확인하면 뱀파이어로서 자신의 정체성을 깨달아 더는 인간적인 감정에 소모적으로 휘말리지 않을 것이기 때문이다. 뱀파이어와 인간의 경계에서 방황하는 루이스에게 악마의 존재 확인은 처신의 방향을 결정하는 중대 사안인 것이다.

도덕적 선택의 문제

경계인 루이스가 느끼는 고통은 곧 선과 악의 갈등에서 오는 고통이다. 도덕적인 의식을 가진 인간으로서 살인이 죄악이라고 여기는 한편 뱀파이어로서 살아가기 위해서는 살인이라는 악을 저지를 수밖에 없는 자신의 처지에서 오는 고통이다. 그는 살인이 죄악이기 때문에 "한편으로는 아무것도 하지 않고 굶주려 죽고픈 욕구를 느끼고, 또 한편으로는 살해의 충동을 느낀다." 클라우디아를 처음 만나는 순간에도 그 아이에게 동정심을 느끼는 한편 "내 저주받은 존재를 유지하기 위하여 이 아이를 음식 이상의 것으로 취급하지 말아야 하지 않을까?" 갈등한다. 선과 악은 단순히 이론적인 문제가 아니라 실천적인 사항이다. 선과 악은 구체적인 행동과 연관된 도덕적인 기준이다. 인간적인 선을 위해 굶을 것인가, 아니면 뱀파이어의 악에 충실하기 위해 인간을 죽일 것인가?

이런 루이스에게 레스타는 "악은 관점의 차이야. 우리는 영생하는 존재다. 우리 앞에 놓인 건, 양심을 가진 자는 절대로 인식할 수 없어. 죄책감을 느끼는 인간들은 결코 맛볼 수 없는 풍요로운 향연이란 말이야"라고 말한다. 이 말은 두 측면에서 생각해볼 수 있다. 먼저 뱀파이어에게서 살인은 뱀파이어의 생존 수단인 한에서 그것을 과연 악이라 할 수 있을까? 그것을 악으로 규정하는 것은 인간의 관점인 것이지 뱀파이어의 관점은 아니다. 인간이 자신의 생존을 위해 다른 동물을 죽이는 행위를 악이라 규정하지 않는 것과 마찬가지 논리다. 양심이란 인간의 관점에서 고안된 용어에 지나지 않는다. 따라서 죄책감도 인간의 관점에서만 유효한 감정이다.

다음으로, 영생하는 존재에게 선과 악이 어떤 의미를 지니는가 하는 점이다. 요컨대, 영생하는 존재에게 양심은 무의미하다. 해체론의 철학자 데리다J. Derrida는 「죽음의 선물」에서 "나는 나의 대체 불가능성의 장소인 죽음의 현장, 즉 나의 개별성의 장소인 그곳에서 책임 있는 행동을 해야 한다고 느낀다. 이런 의미에서 오직 죽는 자만이 책임감을 가질 수 있다"라고 말한다. 오직 죽는 자만이 책임 있게 행동할 수 있다는 말은 죽는 자에게만 도덕이 가능하다는 뜻이다. 여기서 죽는 자란 언젠가는 죽을 테지만 지금은 살아 있는 자다. 하이데거의 표현을 빌리면 인간은 "죽음을 향해 있는 현존재Dasein zum Tode"이기 때문에 도덕적으로 행위할 수 있다. 언젠가는 죽음을 맞이하기 때문에 인간은 지금 자신의 행위에 책임감을 가지고 도덕적인 선택을 한다. 따라서 죽지 않는 뱀파이어는 도덕적인 선택과 무관한 존재, 본질적으로 선하게 살 수 없는 존재다.

마찬가지로 죽음을 눈앞에 두어 자신의 행동에 더 이상 책임지지 않아도 되는 자에게도 도덕적인 행동은 의미가 없다. 코엘료의 소설 「베로니카, 죽기로 결심하다」에서 베로니카는 자신의 틀에 박힌 일상에 권태와 환멸을 느껴 자살을 결심하고 기도했으나 실패로 끝난 뒤, 정신병원으로 이송되어 의사에게서 자살 기도의 후유증으로 앞으로 살날이 얼마 남지 않았다는 말을 듣고는 주위 사람들에게 철저히 무례하게 행동한다. 머지않아 죽게 된 마당에 도덕적으로 행위해야 할 아무런 이유가 없었기 때문이다.

책임감 있는 행동이란 유한한 삶에서 그 끝을 현재로서는 알수 없는 존재에게만 기대할 수 있다. 따라서 영생의 존재 뱀파이어에게 도덕적인 선택은 아무런 의미가 없다. 루이스가 자신

310

이 행하는 악의 문제로 괴로워하는 것은 그가 인간의 관점을 버리지 못하고 있기 때문이다. 그래서 아르망은 루이스에게 외친다. "악마의 아이들, 신의 아이들! 이것만이 네가 내게 궁금해하는 의문점인가? 세상에 존재하는 유일한 힘은 우리 자신 속에 있는데도 왜 우리를 위해 스스로 신이나 악마를 만들어야 한단 말인가?" 아르망에 따르면 뱀파이어는 악마의 자식도, 신의 자식도 아니다. 악마와 신은 모두 고안물에 불과하다. 뱀파이어는 선악의 판단을 초월한 존재라는 사실을 아르망은 루이스에게 상기시키고 있다.

도덕적인 선택의 문제와 관련하여 리포터의 질문에 대한 루이스의 대답 가운데 흥미로운 부분이 있다. 인간 대신 짐승의 피를 마신 건 도덕적인 선택이었는지 아니면 미학적인 선택이었는지 묻는 리포터에게 루이스는 다음과 같이 대답한다. "그때 네가 그런 질문을 했다면 미학적인 선택이었다고 말했을 것이다. 나는 죽음을 단계별로 이해하고 싶었다. 동물을 죽이는 것만으로도 꽤 큰 즐거움과 대단한 환희를 느꼈고, 그것도 겨우 음미하기 시작하는 참이었기에 인간을 죽이는 경험은 아껴 두었다가 좀 더 깊게 천천히 이해하고 싶었다. 하지만 지금 생각해보면 그것은 도덕적인 선택이기도 했다. 왜냐하면 모든 미학적인 선택은 도덕적인 선택과 일치하기 때문이지." 리포터는 루이스가 처음에 인간에 앞서 동물의 피를 마신 것이 조금이라도 더 즐겁게 피를 마시는 것이 조금이라도 덜 즐겁게 피를 마시는 것보다 낫다고 판단한 결과가 아닌가 하고 물으면서, 이러한 결과를 미학적인 선택이라고 부른다. 이에 대해 루이스는 처음에는 그랬지만 지금은 그렇지 않아서, 인간의 피를 마시는 것은 동물의 피를 마시는 것보다 도덕적으로 더 큰 죄책감을 야기하기 때문에 결국 미학적인 선택과 도덕적인 선택은 같은 것이라고 답한다.

이 말에 리포터는 이렇게 묻는다. "제 생각에는 미학적인 선택이 때로는 아주 비도덕적인 경우도 있을 것 같은데요? 흔히 있는 이야기 중에 그림을 그리려고 처자식을 버리는 예술가도 있잖아요. 그리고 로마가 불에 탈 때 하프나 뜯고 있었던 네로는 어떻고요." 리포터의 질문에 루이스는 다음과 같이 답한다. "둘 다 도덕적인 선택이다. 둘 다 예술가의 정신세계에서는 더 높은 경지의 선을 달성했으니까. 그 갈등은 예술가의 도덕관과 사회적인 도덕관의 차이에서 비롯된 것이지 미학과 도덕의 차이에서 비롯된 것이 아니다." 어떤 행위를 도덕이라는 기준으로 평가할 때 도덕을 말하는 지평이 지금 관건이 되고 있다.

여기서 리포터가 염두에 두고 있는 예술가는 폴 고갱이다. 화가로서의 길을 걷기 위해 가장으로서의 의무를 외면한 고갱의 선택은 미학적 선택이었을지언정 도덕적인 선택은 아니었다는 주장이다. 로마가 불타고 있는 모습을 보면서 하프를 켠 네로의 행동 또한 용납될 수 없는 비도덕적 행동이라고 리포터는 비난한다. 이에 대해 루이스는 둘 다 도덕적인 선택이라고 고갱과 네로를 옹호한다. 이는 아멜리 노통브가 「적의 화장법」에서 인용한 "진정한 도덕은 도덕을 비웃는다"는 파스칼의 말을 떠올리게 한다. 여기서 '진정한 도덕'이란 우리가 일상에서 지켜야 한다고 말하는 어떤 규율이나 규칙 혹은 도덕과는 차원을 달리하는, 더 높은 단계의 선善이다. 루이스가 미학적인 선택이 도덕적인 선택과 일치한다고 말한 것은 바로 그런 의미에서다. 미학적인 선택 안에 이미 통상적인 의미의 도덕을 넘어서는, 더 높은 단계의 선을 지향하는 도덕적인 선택의 의미가 들어 있다는 뜻이다. 니체가 『선악의 피안』에서 세속적인 도덕의 의미를 능가하는 미학적인 사태의 실존적 의미를 부각한 것도 이러한 맥락이라고 볼 수 있다.

뱀파이어의 시간

뱀파이어는 뱀파이어가 된 순간의 나이로 영원히 사는 존재다. 그래서 뱀파이어의 시간관념은 보통 인간들의 시간관념과 질적으로 다르다. 뱀파이어에게는 "날과 날이 고리처럼 잘 연결되어 정리되지 않고, 계속 겹쳐지는 물결 위에 달이 뜨는 것처럼 느껴진다." 뱀파이어에게 시간은 마치 바닷가 모래사장에 파도가 밀려왔다가 사라지고 다시 그 자리에 다음 파도가 밀려오듯이, 계속해서 겹쳐지는 물결처럼 존재한다. 앞으로 나아가는 형태로 존재하는 것이 아니라 끊임없이 하나의 시간 안에 다른 시간이 중첩되는 형태로, 영원히 반복을 거듭하는 형태로 시간은 존재한다.

따라서 뱀파이어의 시간은 반복만 있을 뿐 진행은 없어서 엄밀한 의미에서 시간이 흐른다고 볼 수 없다. 그런 의미에서 루이스는 이렇게 말한다. "이미 나는 두 세기에 걸쳐 살았고 영원히 젊으면서도 영원히 늙었고 아무런 꿈도 없는 상태에서 째깍대는 은빛 시계처럼 순간순간을 살고 있다. 신이 세상을 창조하는 데 사용했을 법한, 우주만큼 광대한 방에서 계속 째깍째깍 돌고 있는 정밀한 시계처럼 말이다." 자신이 인간으로서 죽은 나이에 시간이 멈추었으니 그는 영원히 젊다. 하지만 다른 한편으로 뱀파이어의 시간은 시계의 반복적인 회전처럼 진전하지 않고 제자리걸음하고 있으니 그에게는 시간의 전진적인 흐름을 통해 의미를 갖는 젊음과 늙음은 더 이상 의미가 없다. 뱀파이어는 그저 순간순간을 살고 있을 뿐이고, 그 순간들은 영원히 째깍대는 시계처럼 무한히 반복될 뿐이다.

이처럼 시간의 흐름에 따른 변화를 겪지 않는 뱀파이어는 동시대를 사는 인간들과 시간을 공유할 수 없기 때문에 자신이 속한 인간 세계에서 철저히 소외된 삶을 살아가야 한다. 그래서 루이스는 "나는 영원히 끊어지지 않는 고리로 이 세계에 꽁꽁 묶여 있지만, 나는 영원히 이방인이자 방관자에 불과하지 않은가!"라고 한탄한다. 시간의 흐름과 더불어 살고 있는 인간들 틈에서 뱀파이어는 고독감을 느낀다. 레스타가 루이스를 동료로 만들어 자기 곁에 두고 싶어 했던 것도 고독감 때문이고 뱀파이어가 된 루이스가 바베트와 이야기하고 싶은 욕구를 느끼는 것도 고독감 때문이다. 자신이 떠나온 인간 세계와 단절되어 있고 그 세계로부터 소외되어 있는 그에게 다른 인간과의 소통을 원하는 욕구는 강렬하며 또한 그 욕구가 강렬한 만큼 그의 고독감도 깊어진다. "그때 내가 바베트에게 느낀 것은 그녀와 이야기하고 싶은 욕구였다. 그 욕구가 너무 커서 나는 더욱 깊은 고독감을 느꼈다."

뱀파이어는 뱀파이어가 된 이후로 정지된 시간 속에서 산다. 오래전에 뱀파이어가 된 자는 자기가 몸담고 있는 시대를 공감할 수가 없다. 그래서 시대를 만나기 위해 아르망은 그 시대에 뱀파이어가 된 루이스를 자기 곁에 두고 싶어 한다. "너를 통해서만 나는 이 19세기라는 시대와 연계를 갖고 이해할 수 있게 될 것

뱀파이어와의 인터뷰

이다." 아르망은 그 시대와 접촉하기 위해 루이스를 필요로 하지만 루이스는 자신조차 어느 시대, 어떤 장소, 어떤 존재에도 속하지 못했다고 답변한다. 아르망은 또한 루이스가 클라우디아에게 애착을 느끼는 것도 같은 방식으로 설명한다. "그녀는 네게 한 시대다. 네 인생 중의 한 시대란 말이다. 만약 네가 그녀와 헤어지게 된다면 너는 한 시대를 함께 나눈 하나밖에 없는 존재와 헤어지게 되는 셈이 되는 거야. 너는 그것을 두려워하는 것이다. 고립된다는 것, 영생의 끝없음, 영생의 짐을 견디기 힘들어 그런 것이다."

영생의 시간이 뱀파이어에게 어떤 의미를 갖고 있는가는 아르망의 다음 말에서 더욱 잘 드러난다. "얼마나 많은 뱀파이어에게 영생을 감당할 힘이 있다고 생각하나? 우선 뱀파이어들은 영생에 대해 암담한 생각을 갖고 있다. 영생을 얻게 되더라도 그들은 자신들의 삶의 형태가 고정되어 변하지 않기를 바라거든. 자신들이 이해할 수 있고 가치 있게 생각하던 방식대로 먹고 꾸미고 언어를 사용하고 싶어 하지만, 뱀파이어 자신만 빼고 세상은 다 변하게 마련이다. 결국 뱀파이어만 소외된 채 모든 것이 변하고 타락하며 사라지는 것이다." 뱀파이어는 자신만의 삶의 방식과 취향을 고수하고자 하여, 자신의 삶이 변화하는 것에 저항한다. 보수적 성향은 생존을 도모하는 모든 존재에게 공통적이기 때문

행복한 뫼르소

이다. 하지만 자기를 현재에 묶어둘 수는 있으나 그럴 경우 시대의 흐름에 따른 주변의 변화에 뒤쳐져 적응하지 못하게 된다.

영생의 저주

아르망의 말처럼 뱀파이어만 소외된 채 모든 것이 변하는 한 영원히 죽지 않는다는 것은 더 이상 축복이 아니다. "그러니 얼마 안 있어 융통성 있는 마음을 가진 자들을 빼면, 아니 가장 융통성 있는 뱀파이어라 할지라도 영생은 절망스러운 것이 된다. 전혀 이해할 수도 없고 가치관에도 맞지 않는 사람들, 형태들, 형상들로 가득 찬 정신병원에서 무기형을 선고받고 사는 것이나 다름없지 않은가." 삶이란 기본적으로 동시대인들과 호흡을 공유하는 삶을 뜻한다. 그런데 뱀파이어의 삶의 시간은 과거에 묶여 있으면서 물결처럼 새로운 시간이 거기에 덧없이 덧붙여지는 시간이기 때문에 동시대인들처럼 '살아 있는 현재'를 살아가지 못한다. 드라마 〈별에서 온 그대〉에서 조선시대의 도민준이 천송이의 시대에 섞이지 못하고 배회하는 것과 같은 이치라고 할 수 있다.

레스타는 루이스와 클라우디아에게 "너희에게 영생을 주었는데도 만족하지 못하다니! 너희는 신이 내린 선물을 고마워할 줄 모른다고" 하면서 비난하지만 루이스에게 영생은 축복이 아니다. 끝없는 고통일 뿐이다. "나는 우리의 삶을 축복이나 선물, 또는 능력으로 보지 않아요. 나는 이게 저주라고 생각하죠. 나는 그저 죽을 용기가 없을 뿐이에요. 그런데 그런 내가 또 다른 뱀파이어를 만들다니! 이런 고통을 다른 자에게 또 주다니!" 클라우디아에게도 영생은 절망스럽다. 자기가 뱀파이어가 된 시기의 나이로 더 이상 나이 들지도, 죽지도 않기 때문에 클라우디아의 육체는 다섯 살 나이에서 성장을 멈췄지만 그녀의 정신은 뱀파이어의 정신이다. 비록 다섯 살의 육체에 갇혀 있지만 그녀의 작은 몸에 깃들어 있는 것은 성숙하고 예민한 여자의 마음이고 그녀의 태도는 여인의 태도이다. 그래서 그녀는 "이런 형편없는 꼴일 때, 혼자 아무것도 할 수 없는 꼴일 때 영생을 주다니!" 하면서 레스타와 루이스를 원망한다.

영생의 저주를 이와는 다른 관점에서 접근한 작품도 있다. 19세기 영국의 계관시인 테니슨이 쓴 『서정시집』에 수록된 「티토노스」라는 시를 살펴보자. 새벽의 여신 에오스는 인간인 티토노스를 사랑한다. 그런데 자기는 신이니까 불사의 존재이지만 티토노스는 인간이라서 언젠가는 죽게 될 운명이라는 사실을 안타깝게 여겨 아버지인 제우스에게 티토노스를 불멸의 존재로 만들어달라고 요청한다. 그런데 '영원히 살게 해달라'고만 청했지, '영원히 지금 그 젊음을 유지한 채로 늙지 않게 해달라'는 말을 빠뜨린 탓에 티토노스는 영생은 얻었으나 시간이 흐를수록 계속 늙어간다. 늙지도 죽지도 않는 에오스는 젊고 아름다운 여인으로 남아 있는데 늙고 추해진 모습으로 영원히 살아야 하는 티토노스에게 영생은 저주였다.

티토노스가 영생을 저주하는 까닭은 뱀파이어처럼 젊음을 계속 유지하면서 영원히 살기 때문이 아니라 영원한 젊음을 누릴 수 없기 때문이다. "강력한 시간들이 분개하여 …… 나를 죽일 수는 없어도 불구로 남겨놓아 영원한 청춘 앞에 살게 했다. 영원한 청춘 앞에 영원한 노쇠. …… 나를 놓아 달라. 선물을 가져가라." 티토노스에게 젊음을 유지할 수 없는 영생은 신의 선물이 아니다. 하지만 뱀파이어처럼 젊음을 유지하는 영생 또한 신의 선물이 아니다. 어느 경우든 영생은 저주이다. 뱀파이어의 경우 시간의 흐름에서 소외된 채 다른 것들이 변하는 동안 자신만 변치 않고 남아 있는 데 따른 고독과 고통은 하늘이 내린 형벌이 아닐 수 없다.

영생을 부여받은 그들이 견딜 수 없는 것은 영생永生에서 생生이 아니라 영永이다. 죽어야 하는 운명을 피할 수 없는 존재가 죽음의 공포에서 벗어난다고 생각하면 생은 축복처럼 여겨질지도 모른다. 하지만 그것이 영원토록 계속된다면 그것은 결코 축복이 될 수 없다. 영원히 사는 것은 오래 사는 것이 아니라 끝없이 사는 것이다. 끝없이 산다는 것은 시간의 흐름이 무의미하다는 것을 뜻하며, 이는 곧 시간이 멈춘 것이나 다름없다. 그는 시간 속에서만 가능한 '새로운 것'을 경험할 수 없기 때문이다. 그래서 루이스는 말한다. "나는 뱀파이어로서 세상의 아름다움을 마셨다. 하지만 나는 죽은 것이나 다름없었다. 내게는 전혀 변화가 생기지 않았으니까."

영원히 사는 삶의 혼란과 고통에서 벗어나는 길은 영생에서 벗어나는 길, 즉 뱀파이어로서의 삶을 마감하는 길밖에 없다. 그래서 뱀파이어 루이스는 아르망에게 이렇게 고백한다. "나는 우리처럼 살아 있지만 죽은 존재에게도 사랑과 선이 존재하기를 바랐어요. 하지만 그건 처음부터 불가능한 일이었어요. 자기가 악행을 저지르고 있다는 것을 알면서, 그릇된 존재라는 것을 알면서 사랑과 선을 지닐 수는 없는 것이니까요. 그래 봤자 절망적인 혼란감만 느끼게 될 뿐이죠. 자신의 존재 속에서 허황된 선을 동경하고 쫓게 될 뿐이에요. 내가 선을 실행할 수 있는 유일한 방법은 바로 나의 죽음뿐이란 것을 말이에요." 도덕적인 자가당착의 상황에서 루이스는 해결의 실마리를 '죽음'에서 찾고 있다.

루이스에게 영생은 뱀파이어로서는 살아 있지만 인간으로서는 죽은 상태, 영원히 사는 자이면서 동시에 영원히 죽은 자인 상태를 의미한다. 선을 실행할 수 있는 유일한 방법이 죽음인데 영원히 죽지 않는 것은 저주이다. 그가 자기에게도 사랑과 선이 존재하기를 바랐던 것은 그가 인간성을 완전히 버리지 못했기 때문이다. 그런데 뱀파이어는 결코 사랑과 선을 선택할 수 없는 운명이어서 괴로워한다. 그리고 그 고통에서 벗어나기 위해 소극적으로 죽음의 길을 택하기보다는 적극적으로 아르망과 같은 초연함, 가장 뱀파이어다운 그런 초연함을 받아들인다. "당신은 강인하고 아름다우며 후회 없이 사는 존재같이 보이더군요. 그리고 나도 그것을 원했죠. 나의 고통을 끝내기 위해서는 그 깊은 사악함과 지극한 냉정함이 꼭 필요했고 그래서 나는 그것을 받아들였지요."

그러나 아르망과 같은 초연함을 지님으로써 고통에서 벗어나게 되는 대신 루이스는 아르망이 그에게서 보았던 정열과 사랑을 잃어버린다. 아르망이 루이스에게 "무대 위의 여자에 대해 네가 느끼는 고통과 동정심을 볼 수 있었다. 살인을 할 때 너는 자기도 같이 죽는 기분일 것이다. 자신이 죽어 마땅하다고 느끼고 있으니까"라고 말한 것처럼 동정심과 고통을 느낄 수 있었던 그가 이제 인간성을 잃어버리고 만 것이다. "이제 너는 내가 사랑할 수도 이해할 수도 없는, 저 기괴한 현대 미술의 낯선 선과 차가운 형태처럼 냉정하고 거리감이 느껴지는 존재가 돼버렸다.

비인간적 형태를 지닌, 이 시대의 딱딱하고 기계적인 조각품처럼 이질적인 존재가 되고 만 거야." 아르망을 따르는 길은 루이스에게 최선으로 보였으나, 그의 선택은 루이스가 인간적인 감정을 가졌기 때문에 그를 동경하고 사랑했던 아르망 자신에 의해 다시 거부되고 만다.

경계인으로 느끼는 고통에서 벗어나기 위해 완전한 뱀파이어로서의 삶을 선택했을 때 그가 선택한 삶에서는 사랑도, 정열도, 도덕적인 선도 가능하지 않았다. 그리고 그런 삶을 영원토록 살아야 한다는 것은 끔찍한 절망이다. 소설의 마지막 부분에서 리포터는 "우리 같은 수백만의 인간들은 평생 맛보지도, 이해하지도 못할 것"을 누리는 뱀파이어를 부러워하면서 자기를 뱀파이어로 만들어달라고 부탁한다. 이 부탁을 듣고 루이스는 "나는 실패했다. 완전히 실패했어"라고 말하며 한숨을 쉰다. 영생은 선물이 아니라 저주이며, 영원히 사는 자가 실은 영원히 죽은 자라는 사실을 루이스가 힘들게 알렸는데도 리포터는 그 사실을 체감하지 못하고 '영생의 꿈'에 매달린다. '삶의 끝을 만나야 하는 존재', '살아 있으면서도 언젠가는 죽어야 하는 존재'인 인간리포터에게 영생의 존재인 뱀파이어는 매력적으로 다가왔던 것이다. 살아 있는 자에게 유혹으로 다가오는 부조리한 욕망이 아닐 수 없다.

행복한 뫼르소

줄거리

이 소설은 루이스라는 이름의 뱀파이어가 라디오 방송에 쓸 인터뷰를 하러 온 젊은 리포터에게 200년 동안 뱀파이어로 살아온 자신의 삶을 얘기해주는 내용으로 되어 있다. 루이지애나에 살고 있던 농장주 루이스는 1791년 자신의 남동생이 자신과 대화를 나눈 직후 죽었다는 이유로 죄책감에 빠져 죽음에 대한 갈망을 느끼는데 그런 그에게 뱀파이어인 레스타가 접근한다. 루이스는 레스타에게 매혹되는 한편 철저하게 저주받고 싶다는 열망으로 뱀파이어가 되기로 결심, 레스타의 동료가 된다. 그러나 루이스는 뱀파이어로서 살아가기 위해 당연히 해야 할 살인 행위에 대해 죄의식을 느끼고 인간 대신 동물의 피로 연명하려고 하며 레스타가 아무런 감정 없이 살인을 저지르는 데 대하여 역겨움을 느낀다. 그들의 뱀파이어 행각이 탄로 날 위험에 처하자 루이스와 레스타는 머물고 있던 농장에 불을 지르고 농장의 모든 사람을 죽인 후 뉴올리언스로 떠난다.

어느 날 밤 루이스는 죽은 어머니 곁에서 울고 있던 어린 소녀를 우연히 발견하고 흡혈의 욕구를 견디지 못한 나머지 그 아이의 피를 마시게 된다. 그 광경을 목격한 레스타가 루이스를 비웃자 루이스와 레스타의 갈등은 극심해지고 루이스는 레스타를 떠나려고 한다. 레스타는 루이스를 곁에 두기 위하여 루이스가 해쳤던 소녀를 뱀파이어로 만들고 클라우디아라는 이름을 지어준 후 세 명은 함께 지내게 된다. 오랜 시간이 흐른 뒤 클라우디아는 의식은 어른인 데 반하여 신체는 여전히 다섯 살인 자신의 상태를 원망하고 자기를 뱀파이어로 만든 레스타를 죽여 늪지대에 버린다. 루이스와 클라우디아가 다른 뱀파이어들을 찾아 유럽으로 떠나려는데 죽은 줄 알았던 레스타가 나타나 둘을 공격하자 루이스는 불을 지른 후 클라우디아와 도망친다.

루이스와 클라우디아는 동유럽을 돌아다니다가 그곳의 뱀파이어들을 보게 되지만 자신들과 동류가 아님을 확인하고 실망하여 파리로 간다. 파리에서 그들은 비로소 자신들과 비슷한 뱀파이어들을 만나게 되는데 이 뱀파이어들은 아르망이라는 이름의 400살 된 뱀파이어와 그가 운영하는 뱀파이어 극장에 소속된 여러 명의 뱀파이어들이었다. 클라우디아는 아르망과 루이스가 서로에게 끌리는 것을 눈치 채고 루이스가 떠나면 혼자 남게 될 것이 두려워 루이스에게 마들랭이라는 여자를 뱀파이어로 만들어달라고 간청하자 루이스는 그녀의 부탁을 들어준다. 세 명이 함께 지낸 지 얼마 되지 않아 화재에서 살아남은 레스타가 찾아와 뱀파이어 극장의 단원들과 함께 셋을 납치한다. 루이스는 아르망의 도움으로 탈출하지만 클라우디아와 마들랭은 햇빛에 노출되어 죽게 된다.

복수심에 사로잡힌 루이스는 한밤중에 극장으로 돌아가 불을 질러 안에 있던 뱀파이어들을 모두 죽인 후 아르망과 함께 파리를 떠난다. 오랜 세월 유럽을 떠돌다 뉴올리언스로 돌아간 루이스는 거기서 우연히 레스타를 보게 되고 그 직후 아르망과 헤어진다. 뉴올리언스를 떠난 얘기를 끝으로 루이스가 인터뷰를 마쳤을 때 리포터가 루이스에게 자기를 뱀파이어로 만들어달라고 부탁한다. 루이스는 뱀파이어로서 살아온 시간에 그가 느낀 모든 고통과 절망을 얘기해주었음에도 뱀파이어가 갖는 힘에만 매혹되어 그런 부탁을 하는 리포터에게 화가 나서 그를 공격한 후 종적도 없이 사라진다. 다음 날 아침에 잠에서 깨어난 리포터는 불멸의 삶을 꿈꾸며 레스타를 찾으러 떠난다.

앤 라이스 Anne Rice, 1941~

미국의 작가 앤 라이스는 어린 나이에 백혈병으로 세상을 떠난 딸의 죽음을 계기로 '영원히 사는 자'인 뱀파이어를 주인공으로 하여 「뱀파이어와의 인터뷰」를 집필한다. 이 작품은 완성 후 오랜 시간이 지난 1976년에 비로소 출판되며 1994년 같은 제목으로 제작된 영화가 크게 성공을 거두면서 베스트셀러 목록에 오르게 된다. 샌프란시스코 주립대학을 졸업한 앤 라이스는 이 소설을 시작으로 뱀파이어 연대기라는 제목 하에 여러 편의 작품들을 발표했으며 그녀의 작품들은 지금까지도 가장 강렬하고 아름다운 뱀파이어 소설 가운데 하나로 꼽힌다.

대우휴먼사이언스 015

행복한 뫼르소
소설 속 주인공과 함께하는 철학 산책

1판 1쇄 펴냄 | 2017년 5월 15일
1판 4쇄 펴냄 | 2023년 3월 10일

지은이 | 유헌식
펴낸이 | 김정호
펴낸곳 | 아카넷

출판등록 | 2000년 1월 24일(제406-2000-000012호)
주소 | 10881 경기도 파주시 회동길 445-3
전화 | 031-955-9511(편집)·031-955-9514(주문)　팩시밀리 | 031-955-9519
www.acanet.co.kr | www.phildam.net

ISBN 978-89-5733-549-9 03100

이 도서의 국립중앙도서관 출판예정도서목록(CIP)은 서지정보유통지원시스템 홈페이지(http://seoji.nl.go.kr)와
국가자료공동목록시스템(http://www.nl.go.kr/kolisnet)에서 이용하실 수 있습니다.(CIP제어번호:CIP2017010318)